Ingelid Brand
Erwin Breitenbach
Vera Maisel

Integrationsstörungen

Ingelid Brand
Erwin Breitenbach
Vera Maisel

Integrationsstörungen

Diagnose und Therapie im Erstunterricht

6. Auflage

edition bentheim Würzburg 1997

Umschlagfoto: Tobias Bonhoeffer/Manfred Caeser
Zeichnungen: Christine Harisch

Die Deutsche Bibliothek – CIP-Einheitsaufnahme

Brand, Ingelid:
Integrationsstörungen: Diagnose und Therapie im Erstunterricht/Ingelid Brand; Erwin Breitenbach; Vera Maisel. – 6. Aufl. Würzburg: Ed. Bentheim, 1997

ISBN 3-925265-55-4
NE: Breitenbach, Erwin:; Maisel, Vera:

Tel. 0931/2092-167 (Vertrieb), Fax: 0931/2092-170

Lektorat: Dr. W. Drave
Herstellung: CityDruck GmbH, Würzburg

Für

Jürgen, Dieter, Barbara, Oliver, Stefi, Tobias, Stefan, Sven, Günter, Mario, Benjamin und Bernd.

Inhaltsverzeichnis

Vorwort

Eine Schule als Herausgeber eines Buches - das ist sicher nicht alltäglich.

Wir haben uns dazu entschlossen, weil wir gemerkt haben, daß die dargestellten Störungen und die sich ergebenden unterrichtlichen Konsequenzen für viele Kollegen sehr aktuell geworden sind. Noch mehr zur Veröffentlichung bewogen aber hat uns die Tatsache, daß dieser Behandlungsansatz Kindern hilft, bei denen bisher unsere pädagogischen Bemühungen erfolglos schienen. Wir haben gemerkt, daß der Hebel offensichtlich an der richtigen Stelle angesetzt wird, wenn wir die Integrationsstörungen in den Mittelpunkt aller therapeutischen Bemühungen stellen.

Die Erfolge, die unseren Kindern möglich wurden, und die Begeisterung, mit der sie die Angebote annahmen, haben uns Mut gemacht, möglichst viele Kollegen auf diesen Weg hinzuweisen. Wir hoffen, daß es gelingen möge, behinderten Kindern in ihren schulischen Sorgen in Zukunft besser zu helfen.

Besonders danken möchte ich all denen, die das Erscheinen dieses Buches ermöglicht haben:

Das Bayer. Staatsministerium für Unterricht und Kultus hat uns nicht nur verbal ermutigt, sondern auch finanzielle Mittel locker gemacht.

Nicht zuletzt danke ich den Verfassern, daß sie ihre Erfahrungen zur Verfügung stellen.

Möge dieses Buch dazu beitragen, daß Kinder in der Schule glücklich sein können.

Würzburg, den 10. Januar 1985 — Otto Wappes, Rektor

Vorwort

Die sonderschulische Therapie und Förderung teilleistungsgestörter Kinder beschränkt sich bisher mehr oder weniger additiv eingerichtet auf die Therapie einzelner Störungsbereiche wie Sprache, Wahrnehmung, Motorik.

Der in diesem Buch vertretene Ansatz betrachtet Lernstörungen und -schwächen von einer ganzheitlichen Sichtweise aus: Im Zentrum der Förderung stehen nicht mehr Einzelbereiche sondern die Integrationsfähigkeit des Zentralnervensystem als Grundlage für schulisches Lernen. Eine solche Vorgehensweise beinhaltet das Eingehen auf den jeweiligen Entwicklungsstand eines jeden teilleistungsgestörten, behinderten und von Behinderung bedrohten Kindes. Differenzierte Diagnostik mit standardisierten Verfahren sowie lernprozeßbezogene Beobachtungen und geeignete didaktisch-methodische Analysen werden somit zu unabdingbaren Bestandteilen des Unterrichts und der Förderung. Die individuelle Förderung erfolgt schwerpunktmäßig unterrichtsbestimmend. Sie ist orientiert sowohl an der ontogenetischen Entwicklung als auch an den Funktionsweisen des Gehirns. Daraus ergibt sich zwangsläufig ein differenziertes Denken und Handeln in Didaktik und Methodik der Schule für Behinderte.

In dieser Veröffentlichung - erwachsen aus sonderpädagogischpsychologischer Praxis - wird aufgezeigt, wie sich schulische Lerninhalte aus den verschiedenen Unterrichtsfächern in ein ganzheitliches, systematisch aufgebautes Therapie- und Förderkonzept einpassen lassen. Mit diesem Ansatz wird auf einen Weg hingewiesen, der, sollten die Sichtweisen weiterverfolgt und umgesetzt werden, Entscheidendes zur Weiterentwicklung des Unterrichts und der Förderung lernbeeinträchtigter Schüler beitragen kann.

Ich wünsche diesem Werk eine weite Verbreitung in der Hoffnung, daß immer mehr Sonderschullehrer in stärkerem Maße sensibel und couragiert ihre Unterrichts- und Therapiemaßnahmen diagnosegeleitet gestalten. Der von den Verfassern dargestellte, an den Funktionsweisen des Zentralnervensystems orientierte Ansatz führt zu einem Konzept hin, das die besondere unterrichtliche und therapeutische Betreuung behinderter und von Behinderung bedrohter Kinder zu bereichern vermag.

München, den 28. Dezember 1984 Dr. Elmar Schaar, Ministerialrat

Vorwort zur 6. Auflage

Zwölf Jahre sind nun seit der ersten Auflage ins Land gegangen. Gerade auf dem Gebiet der Neuropsychologie, aber auch in Bereichen der Entwicklungspsychologie hat sich in diesem Zeitraum einiges an neuem Wissen angesammelt. Dies führt zwangsläufig dazu, daß der eine oder andere in diesem Buch vertretene Standpunkt überdacht werden muß, daß sich veränderte Perspektiven bei der Betrachtung bestimmter Phänomene ergeben.

Als wir dieses Buch schrieben, war unsere Vorstellung von Entwicklung eine streng hierarchische. Wir schlossen uns Entwicklungsmodellen an, die Entwicklung als eine Aufeinanderfolge einzelner Entwicklungsschritte beschrieben. Grundlegende Fähigkeiten und Fertigkeiten bilden die Basis für komplexere und differenziertere. Höhere Funktionen wie Sprechen, Lesen oder Schreiben entwickeln sich aus visuellen und auditiven Einzelfunktionen heraus, die ihrerseits entwicklungsmäßig auf Funktionen der taktil-kinästhetisch-vestibulären Wahrnehmung aufbauen. Als Folge dieser Sichtweise unterteilten wir unser Förderkonzept in eine Basis- und Individualtherapie. Die Basistherapie sollte bei allen Kindern gleichermaßen die notwendigen Voraussetzungen für eine gezielte und spezifische Individualtherapie schaffen. Die Förderung integrationsgestörter Kinder hatte demzufolge immer an der Basis, das heißt am taktil-kinästhetisch-vestibulären Wahrnehmungssystem anzusetzen.

Eine Reihe entwicklungspsychologischer Forschungsergebnisse widersprechen nun eindeutig der Vorstellung, daß die taktil-kinästhetische-vestibuläre Wahrnehmung entwicklungsmäßig als primär zu betrachten ist, und daß die übrigen Sinnessysteme, insbesondere die Entwicklung des visuellen und auditiven Systems auf ihr aufbaut und ihre Intaktheit voraussetzt. Ein drei Monate alter Säugling reagiert zum Beispiel mit vermehrtem Blinzeln und leichtem Zurückweichen, wenn sich ein Objekt auf seinen Kopf zu bewegt. Visuelles räumliches Wahrnehmen ist also bereits zu einem sehr frühen Zeitpunkt entwickelt. Erst einige Monate später ist das Kind in der Lage, sich eigenständig im Raum zu bewegen. Die bisher nur visuell aufgenommenen räumlichen Bewegungsinformationen können nun mit den Bewegungsinformationen aus dem eigenen Körper integriert werden. Die Entwicklung des visuellen Systems geht in diesem Fall der Entwicklung des taktil-kinästhetisch-vestibulären Systems voraus. Luria geht in seiner neuropsychologischen Theorie über die Funktionsweise des Zentralnervensystems davon aus, daß komplexe Verhaltensweisen erst durch das Zustandekommen funktionaler Systeme möglich werden. Die Wahl des Förderansatzes und der Förderstrategien hängt somit ab von der diagnostisch aufgedeckten individuellen Verteilung der Stärken und Schwächen innerhalb des funktionalen Systems, das einer bestimmten komplexen Anpassungsleistung zugrunde liegt. Förderung integrationsgestörter Kinder beginnt demzufolge nicht immer und selbstverständlich an der Basis, das heißt mit der Basistherapie.

Die in unserem Förderkonzept vorgeschlagene klare Trennung zwischen Basis- und Individualtherapie ist aus diesem Grunde überholt. Die Basistherapie läßt sich jedoch problemlos in die Individualtherapie integrieren. Der Förderschwerpunkt taktil-kinästhetisch-vestibuläre Wahrnehmung tritt gleichwertig neben die Förderschwerpunkte der Individualtherapie. Bei vielen Kindern beginnt die Förderung nach Abwägen aller diagnostischer Informationen weiterhin mit der Basistherapie (taktil-kinästhetisch-vestibuläre Wahrnehmung), bei einigen jedoch wird die Förderung begründeterweise mit irgendeinem Schwerpunkt aus der Individualtherapie einsetzen. Ein Benutzen unserer Fördervorschläge in diesem Sinne würde dem Erkenntnisgewinn der letzten zehn Jahre Rechnung tragen und den dadurch entstandenen Fehler in unserem Konzept ausgleichen.

Würzburg, den 6. Juli 1997 — Dr. Erwin Breitenbach

Einleitung

Dieses Buch ist das Ergebnis langjähriger Arbeit mit lern- und entwicklungsgestörten Kindern. Es dokumentiert unseren jetzigen Wissensstand in der theoretischen und praktischen Auseinandersetzung mit den Problemen dieser Kinder. Uns ist bewußt, daß der in diesem Buch erläuterte Therapieansatz kein endgültiges Konzept darstellt. Eine Reihe offener Fragen, die auch von wissenschaftlicher Seite bisher nicht beantwortet werden können, zwingen uns, die Therapie in bestimmten Bereichen auf Hypothesen und Annahmen aufzubauen.

Obwohl unsere Vorgehensweise auf dem Konzept der Teilleistungsstörungen basiert, wurde der Begriff selbst bewußt vermieden. In der Literatur findet sich keine einheitliche Definition dieses Begriffes, sondern verschiedene Autoren füllen ihn mit unterschiedlichen Inhalten (BERGER 1977, FROSTIG u. MÜLLER 1981, GRAICHEN 1973, LEMPP 1980, SCHMIDT 1985).

Davon abgesehen muß die Vokabel „Teil“ in den Begriffen Teilleistungsstörung oder Teilleistungsschwäche als problematisch angesehen werden. Die damit gegebenen Assoziationen zu Lokalisationstheorien verhindern möglicherweise eine ganzheitliche Betrachtungsweise der vorliegenden Störungen und verleiten in Diagnostik und Therapie zu einer punktuellen Vorgehensweise.

Aus den genannten Gründen werden hier also die Begriffe Teilleistungsstörung und Teilleistungsschwäche vermieden. In Anlehnung an AYRES (1979, 1984) und GRAICHEN (1981) soll stattdessen die Bezeichnung „Integrationsstörung“ verwendet werden. Dieser Begriff schließt atomistische und ganzheitliche Gesichtspunkte mit ein. Sowohl Funktionen des gesamten Zentralnervensystems (ZNS) als auch Teilfunktionen werden verstanden als integrierte und organisierte Aktivität verschiedener Hirnzonen. Integration ist also das adäquate Funktionieren der Teile im Gesamtsystem.

Im ersten Teil des Buches beschreiben wir die neuro- und entwicklungspsychologischen Grundlagen, aus denen wir unseren Therapieansatz entwickelt haben. Der folgende Teil beschäftigt sich mit diagnostischen Möglichkeiten zur Feststellung von Integrationsstörungen. Auf der Basis dieser Diagnostik läßt sich ein Ansatz für das individuelle therapeutische Vorgehen gewinnen. Die Erläuterung des Therapiekonzeptes und seine Umsetzung im Erstunterricht schließen sich an.

Mit der Veröffentlichung dieses Buches möchten wir möglichst viele Kolleginnen und Kollegen anregen, mit uns weiter über die Probleme lern- und entwicklungsgestörter Kinder nachzudenken.

1 Neurophysiologische Grundlagen

Der Zusammenhang zwischen Lernen und neurologischen Funktionen wurde lange Zeit übersehen. Einer der Hauptgründe hierfür ist in der Tatsache zu suchen, daß es sich dabei gewöhnlich um äußerst subtile und somit schwer feststellbare Funktionsstörungen handelt. Mit der Entwicklung differenzierter diagnostischer Verfahren wurden jedoch Lernstörungen auch immer häufiger als Probleme von solchen Kindern erkannt, „die nicht geistig retardiert sind, aber aufgrund leichter Dysfunktionen des Zentralnervensystems Schwierigkeiten beim Lernen haben" (TARNOPOL 1981, S. 10).

Somit wird für jeden, der mit der Therapie von Lernstörungen befaßt ist, eine intensive Beschäftigung mit neurologischen und neurophysiologischen Grundlagen des Lernens und der Lernstörungen unabdingbar.

1.1 Die Nervenzelle

Die wichtigsten Bausteine des Nervensystems sind die Nervenzellen oder Neurone. Unser Gehirn besitzt davon nach Schätzungen die unvorstellbar große Zahl von 15–25 Milliarden (KIPHARD 1983, SCHMIDT 1977, AYRES 1984). Die Größe und Form der Neurone ist sehr unterschiedlich, aber der Bauplan ist immer gleich.

1.1.1 Aufbau der Nervenzelle

Wie jede andere Zelle besitzt das Neuron eine Zellmembran, Zellflüssigkeit und einen Zellkern. Das Soma oder der Zellkörper eines Neurons verfügt, wie in Abb. 1 zu sehen ist, in der Regel über zahlreiche Fortsätze. Sie lassen sich nach ihrer Länge und Verzweigung, aber vor allem nach ihrer Funktion, in zwei Typen unterteilen.

Der eine Typus, Axon oder Neurit genannt, weist nur wenige Verzweigungen auf, kann eine Länge von mehr als einem Meter erreichen und stellt die Verbindung zu anderen Neuronen, Muskel- oder Drüsenzellen her. Über das Axon verlassen Impulse, und damit Informationen, die Nervenzelle und werden auf nachgeschaltete Zellen übertragen.

Die zweite Art der Fortsätze wird als Dendriten bezeichnet. Diese sind meistens weit verzweigt und besitzen in verschiedenen Teilen des Zentralnervensystems eine sehr unterschiedliche Anordnung. Dadurch er-

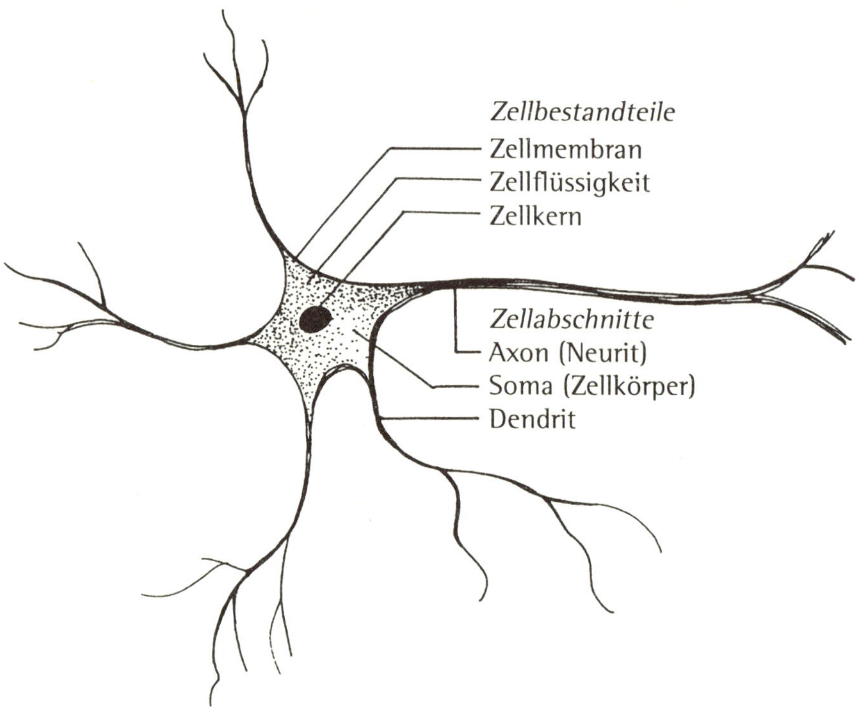

Abb. 1 Schematische Umrißzeichnung eines Neurons mit Benennung der verschiedenen Zellbestandteile und der für ein Neuron typischen Zellabschnitte.

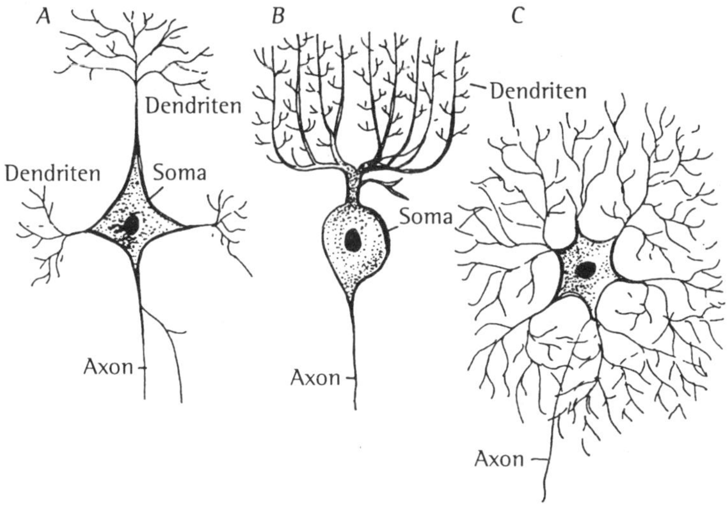

Abb. 2 Charakteristische Anordnung der Dendriten verschiedener Neurone im Zentralnervensystem. Typische Nervenzelle der Großhirnrinde (A), der Kleinhirnrinde (B) und des Rückenmarks (C).

halten die Nervenzellen ihre verschiedenen und charakteristischen Formen (siehe Abb. 2). Dendriten bilden ihrerseits aktiv keine Verbindungen zu anderen Zellen, sondern sie stellen Zielpunkte für die Axone anderer Neurone dar. Nach REXRODT (1981) fungieren sie gewissermaßen als „Radarantennen“ des Neurons, weil sie Impulse, Informationen von anderen Zellen auffangen. KIPHARD (1983) schätzt, daß eine Nervenzelle mit Hilfe des Dendritenbaums weit über 10000 Kontakte zu anderen Zellen herstellen kann. An den Dendritenästen befinden sich zahlreiche kleine Dornen oder Spines, von denen wir wissen, daß sie die eigentlichen Kontaktstellen für die Axone anderer Neurone darstellen.

1.1.2 Entwicklungsstörungen der Nervenzelle

In der Literatur der modernen Hirnforschung findet sich immer wieder die Beschreibung der explosiven Dynamik der vor- und nachgeburtlichen Hirnentwicklung, die in unwahrscheinlich kurzer Zeit eine Vervielfachung des Gehirnvolumens erzeugt.

Gegen Ende der 22. Schwangerschaftswoche ist nach AKERT (1979) der Prozeß der Zellteilung bei Neuronen im Wesentlichen abgeschlossen.

Die Nervenzellen verlieren ihre Teilungsfähigkeit, und somit sind zu diesem Zeitpunkt bereits alle Nervenzellen vorhanden. Das Wachstum des Gehirns beruht im weiteren Verlauf vor allem auf der Entwicklung der Dendriten, der Entwicklung des Dendritenbaums (vgl. dazu Abb. 3).

Eine Reihe von Untersuchungen an Tieren und an Menschen begründen mehr und mehr die Annahme, daß durch Reizentzug, durch geringes Reizangebot während wichtiger Phasen der Gehirnentwicklung oder durch Mangelernährung eine Störung im Bereich des Dendritenbaumes eintritt.

Der Dendritenbaum entwickelt sich insgesamt zurück oder wird spärlicher ausgebildet. Vor allem ist jedoch ein deutlicher Mangel an dendri-

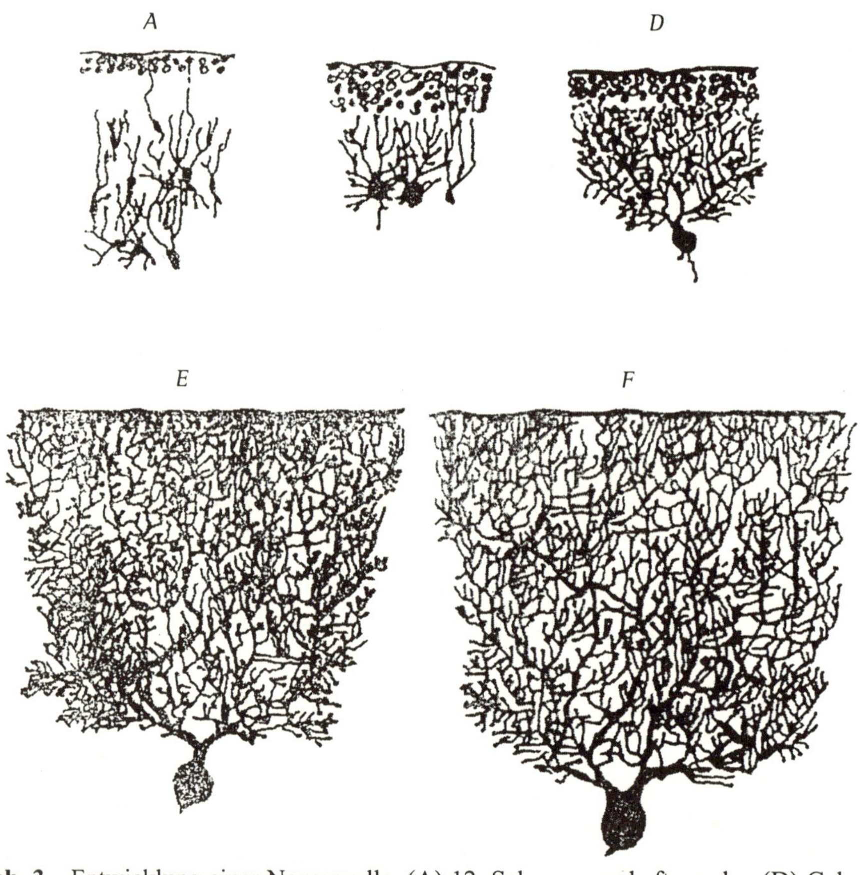

Abb. 3 Entwicklung einer Nervenzelle, (A) 12. Schwangerschaftswoche, (D) Geburt, (E) 2 Jahre nach der Geburt, (F) Erwachsenenalter.

tischen Dornen, also an Kontaktpunkten für Axone anderer Nervenzellen festzustellen (FROTSCHER et al. 1975, MARIN-PADILLA 1975, PURPURA 1975, 1977, SALAS et al. 1974, VALVERDE 1971).

Diese Störung im Bereich des Dendritenbaums schränkt die Funktion des Gehirns erheblich ein. Sie beeinträchtigt den Informationsaustausch zwischen den Neuronen, da Informationen nicht verglichen, interpretiert und integriert werden können. Das Kommunikationssystem des Gehirns, das zur Bewältigung komplexer Anpassungsleistungen störungsfrei funktionieren muß, wird dadurch erheblich geschwächt.

1.2 Die Synapse

Die Verbindungsstelle eines Axons mit einer anderen Zelle wird Synapse genannt. Da eine Nervenzelle mit zehntausenden anderer Neuronen in Kontakt steht, kann, so schätzt KIPHARD (1983), die astronomische Zahl von 500 Billionen Synapsen im Gehirn erreicht werden.

1.2.1 Aufbau der Synapse

In Abb. 4 sieht man, daß das Axon einer Nervenzelle in die präsynaptische Endigung übergeht. Diese Auftreibung oder Verdickung am Ende eines Axons wird auch als „synaptischer Endkopf" bezeichnet. Die prä-

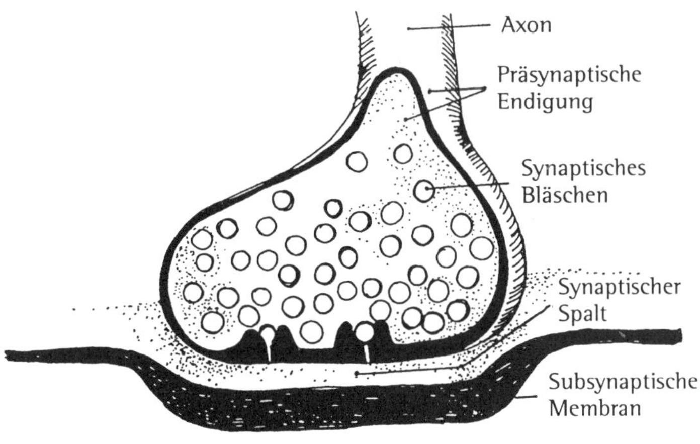

Abb. 4 Schematischer Schnitt durch eine chemische Synapse.

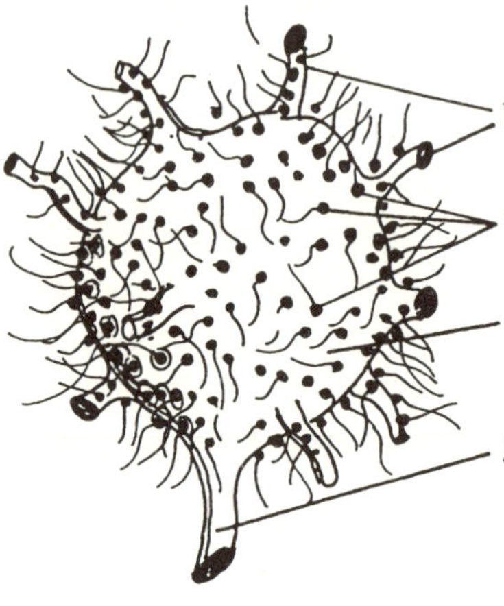

Abb. 5 Das Ansetzen von Synapsen an einem einzelnen Neuron.

synaptische Endigung ist durch einen schmalen Spalt (10–50 nm), den synaptischen Spalt, von der subsynaptischen Membran getrennt. Die subsynaptische Membran ist der Teil eines Dendriten, Zellkörpers oder Axons, der direkt unter der präsynaptischen Endigung liegt (vgl. dazu Abb. 5). Die präsynaptische Endigung enthält zahlreiche kugelförmige Strukturen, die synaptischen Bläschen oder synaptischen Vesikel. Sie enthalten die Überträgersubstanz (Neurotransmitter), die bei der Erregung der Synapse in den synaptischen Spalt freigesetzt wird.

1.2.2 Funktionsstörungen der Synapse

Nach der Art des Funktionierens kann man zwei Typen von Synapsen unterscheiden: die chemischen und die elektrischen Synapsen. Da elektrische Synapsen im Zentralnervensystem sehr selten sind, beschränken wir uns bei der Darstellung auf die chemischen Synapsen.

Durch die Synapsen „werden Nachrichten entweder weitergegeben, umgelenkt oder auch gestoppt. Wie bei einem Stellwerk bei der Bahn werden auch hier die Weichen für die eintreffenden Informationen gestellt, auf welches ‚Gleis' sie kommen sollen, für welchen ‚Bestimmungsort' sie vorgesehen sind. Steht ein ‚Synapsenschalter' auf ‚An', geht die Information durch. Dann handelt es sich um eine ‚aktivierende, erregende Synapse', die in der Fachbezeichnung exzitatorische Synapse genannt wird. Steht der Schalter dagegen auf ‚Halt', wird der Informationsfluß gestoppt, weshalb von einer ‚hemmenden' oder inhibitorischen Synapse gesprochen wird" (REXRODT 1981, S. 72).

Wird nun eine chemische Synapse erregt, so wandern die synaptischen Bläschen zur synaptischen Membran und entleeren sich in den synaptischen Spalt. Die auf diese Weise freigesetzte Neurotransmittersubstanz diffundiert im Bruchteil einer Millisekunde zur subsynaptischen Membran und wirkt auf diese entweder erregend (exzitatorische Synapse) oder hemmend (inhibitorische Synapse).

Dieser hochkomplizierte Übertragungsmechanismus funktioniert nach AYRES (1979, 1984) nur dann reibungslos und mit der notwendigen Schnelligkeit, wenn die Synapse „in Übung ist", d.h. wenn sie ständig benutzt wird. Je häufiger eine Synapse gebraucht wird, umso schneller kann eine Verbindung durch sie hergestellt werden, und umso größer ist die daraus resultierende Lernkapazität des Organismus. Ein Ruhen der Synapse „schläfert" sie ein, reduziert ihre Funktionstüchtigkeit. „Jedes Mal, wenn eine Nervenbotschaft die Synapse durchquert, passiert etwas in den Nerven und ihren Synapsen, was es der Synapse für die Zukunft erleichtert, ähnliche Botschaften weiterzuleiten" (AYRES 1984, S. 65). Diese Behauptung von JEAN AYRES basiert auf einer Reihe von Untersuchungen, die nachweisen konnten, daß bei Reizentzug, was eine reduzierte Aktivität des Gehirns mit sich bringt, ein Schwund der synaptischen Kontakte eintritt, wie er analog im normalen Alterungsprozeß zu beobachten ist (DIAMOND et al. 1974, SCHEIBEL/SCHEIBEL 1977). RAKIC (1976) bemerkte bei seinen Untersuchungen, daß sich bei einer Störung im Reifungsprozeß der Nervenzellen auch die synaptische Organisation fehlerhaft vollzieht. Die Axone bilden „ungewöhnliche" Kontakte mit den „falschen" Zellen, d.h. abweichend vom normalen Bauplan des Gehirns.

Die Auswirkung dieser synaptischen Störungen auf die Funktion des gesamten Gehirns ist eine ähnliche, wie sie bereits in Kapitel 1.1.2 beschrieben wurde. Der Informationsfluß innerhalb des Gehirns ist gestört, die Zusammenarbeit der einzelnen Neurone und Neuronenverbände erschwert oder unterbunden.

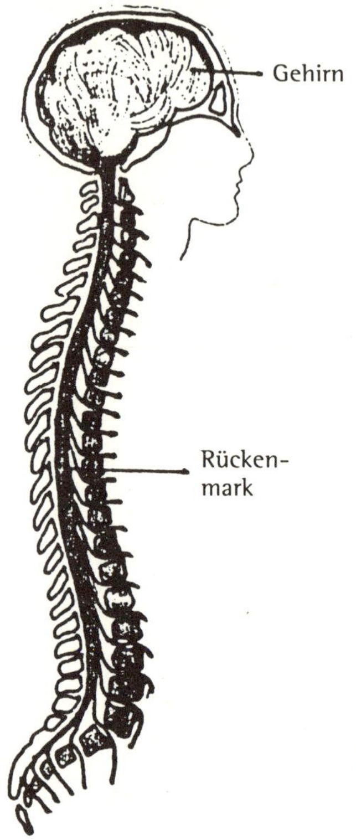

Abb. 6 Schematischer Längsschnitt durch Schädel und Wirbelsäule.

1.3 Das Zentralnervensystem (ZNS)

Das ZNS besteht aus Gehirn und Rückenmark. Diese beiden Anteile des ZNS liegen in knöcherne Hüllen eingebettet: das Gehirn in der Schädelhöhle und das Rückenmark im Wirbelkanal. Damit ist das hochempfindliche Nervengewebe des ZNS optimal vor mechanischer Beschädigung geschützt.

1.3.1 Gliederung des Zentralnervensystems

Der Aufbau des Gehirns läßt sich nach AYRES (1979) mit Hilfe des „Konzepts der Funktionsniveaus" beschreiben. Aus der Gehirnevolution kann man ableiten, daß neuere Hirnstrukturen zu den bereits vorhandenen hinzukamen und diese überlagerten. Dadurch entstanden höhere Gehirnniveaus, die zu komplexeren Funktionen fähig waren. „Diese Organisation von Struktur und Funktion des Nervensystems plaziert die phylogenetisch älteren Strukturen auf das anatomisch niedrigste Niveau und die neueren (...) in die höchste Position“ (AYRES 1979, S. 29).

Aus dem Rückenmark entwickelte sich der Hirnstamm und das Zwischenhirn, das in einer späteren Evolutionsphase vom limbischen System – auch alter Cortex genannt – überlagert wurde. Im weiteren Verlauf der Phylogenese legte sich der Neocortex wie ein Mantel um die bereits vorhandenen Gehirnstrukturen. Die jeweils neu hinzugekommenen, „höheren“ Strukturen „verrichten zwar dieselben Dinge, wie die älteren ‚niederen‘ Strukturen, jedoch vollbringen sie dieses auf einem etwas komplexeren Wege. Ein einfaches Rückenmark kann Berührung mit einer Körperbewegung beantworten, jedoch nur in einer diffusen und undifferenzierten Weise. Der Hirnstamm kann die Berührung schon besser deuten und darauf reagieren, aber erst die Hirnrinde der Großhirnhemisphären kann eine wirklich präzise Interpretation des Reizes sowie eine entsprechende Antwort geben“ (AYRES 1984, S. 54).

Das „Konzept der Funktionsniveaus“ beinhaltet weiter, so AYRES (1979), daß höhere Gehirnniveaus ohne entsprechende intakte niedrige Funktionen nicht optimal arbeiten. Die niedrigen Gehirnebenen bilden eine Basis, auf der höhere Funktionsebenen im Gehirn aufbauen.

Im folgenden sollen die einzelnen Funktionsniveaus dargestellt werden.

Rückenmark

Im Rückenmark werden die aufsteigenden (Afferenzen) und die absteigenden (Efferenzen) Nervenbahnen zusammengefaßt. Sie stellen eine Verbindung zwischen Gehirn und Körperperipherie her. Eine zweite Funktion des Rückenmarks besteht nach AYRES (1979) in der Integration taktiler und kinästhetischer Reize und der Organisation einfacher motorischer Antworten, den spinalen Reflexen.

Hirnstamm

Im Hirnstamm lassen sich, wie Abb. 7 zeigt, drei große Gebiete gegeneinander abgrenzen:

- Medulla oblongata (verlängertes Mark)
- Pons (Brückenhirn)
- Mittelhirn

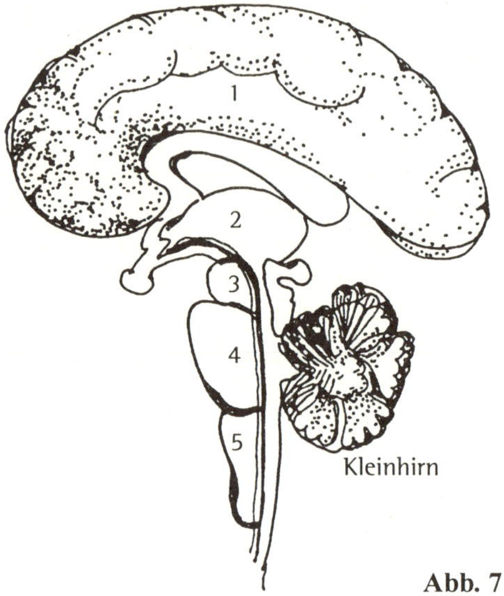

Abb. 7 Seitenansicht des menschlichen Gehirns.

Der Hirnstamm nimmt in unserem Nervensystem eine zentrale Stellung ein. „Man könnte diesen Hirnteil vergleichen mit einem großen Eisenbahngelände: Hier findet sich einerseits eine Durchgangsstation mit vielen Nervenbahnen zum und vom Großhirn, Kleinhirn und Rückenmark, andererseits ein Rangierbahnhof mit vielen Weichen, wo Impulse mit örtlichen Kerngebieten Synapsen finden“ (SCHADE 1970, S. 48).

Der Hirnstamm regelt wichtige lebenserhaltende Funktionen wie Atmung und Kreislauf. Auch hat sich nach SCHMIDT (1979) herausgestellt, daß der Hirnstamm über die Steuerung der einfachen Halte- und Stellreflexe für die Kontrolle der Körperstellung im Raum verantwortlich ist. Saugen, Schlucken, einfache Kopf- und Augenbewegungen werden ebenfalls von Hirnstammechanismen mitgeleistet. Die Aktivitäten im Hirnstamm laufen zum größten Teil automatisch, ohne willentliche Kontrolle ab.

Formatio reticularis

Die zentral im Hirnstamm gelegene Formatio reticularis (vgl. Abb. 8) erhält sensorische Informationen aus allen Sinnesgebieten und hat somit einen weitreichenden Einfluß auf den Rest des Gehirns. Sie stellt ein wichtiges Zentrum zur Integration aller hier einlaufenden Informationen dar. Sie ist so bedeutend, daß sie von FRENCH (1960) als der Hauptkon-

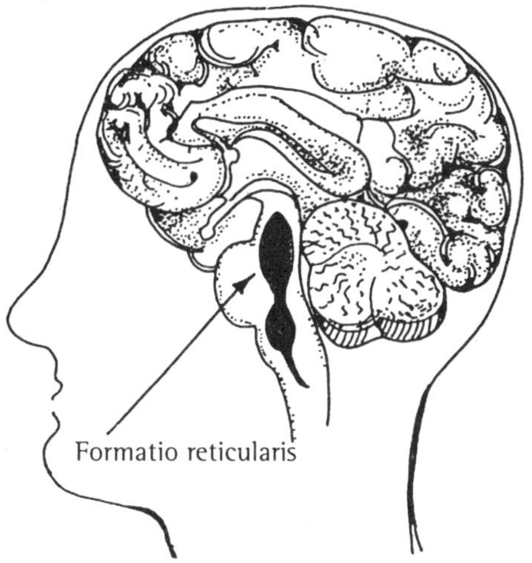

Abb. 8 Lokalisation der Formatio reticularis im Hirnstamm des Menschen.

trollmechanismus des ZNS betrachtet wird. Ayres (1979) vergleicht diese netzartige Formation im Hirnstamm mit der Nabe eines Rades. „Sie erhält Einflüsse aus allen Teilen des Gehirns und sendet ihren Einfluß in alle Richtungen“ (Ayres 1979, S. 31). Einen bevorzugten Zugang zur Formatio reticularis, so Ayres (1979), haben taktil-kinästhetisch-vestibuläre Reize. Schade (1970) schreibt dieser Hirnstruktur zwei Funktionen zu: Einmal wirkt sie auf die absteigenden Bahnen zum Rückenmark und beeinflußt so z.B. Atmung, Herzregulation und andere vegetative Funktionen. Zum anderen gelangen aufsteigende Impulse von der Formatio reticularis zur Großhirnrinde und steuern den allgemeinen Erregungszustand, den Wachheitsgrad des gesamten ZNS.

Kleinhirn (Cerebellum)

Das Kleinhirn befindet sich in der Hinterkopfregion (vgl. Abb. 7). Rexrodt (1981) bezeichnet es als das zentrale Bewegungskoordinationszentrum, das dem Menschen eine harmonische, flüssige Koordination von Bewegungsabläufen ermöglicht. Jeder Mensch kann z.B. selbstverständlich auf einem weißen Strich geradeaus gehen oder bei geschlossenen Augen mit den Fingern seine Nasenspitze berühren. Ist jemand aber stark angetrunken, so beeinträchtigt der Alkohol diese vom Kleinhirn gesteuerten Bewegungen. Schmidt (1979) nennt zusammenfassend drei Leistungen des Kleinhirns:

- Programmierung rascher Bewegungen
- Kurskorrektur solcher Bewegungen
- Verknüpfung von Haltung und Bewegung

Dies vermag das Kleinhirn, weil es in enger Verbindung mit dem Hirnstamm und der Großhirnrinde steht, sowie Informationen aus den taktilen, vestibulären und somatosensorischen Sinnesbereichen erhält.

Limbisches System (alter Cortex)

Das limbische System besteht aus einer Vielzahl von Strukturen, Kernen und Faserverbindungen. Es steht mit allen sensorischen Systemen in Verbindung. Ein besonders enger Kontakt besteht, so SCHMIDT (1979), zum Hirnstamm und der Formatio reticularis, sowie zum Neocortex. Auf dem Hirnniveau des limbischen Systems werden nach AYRES (1979) einfache Grobbewegungen und Fortbewegungsmuster gesteuert.

Weiterhin scheint das limbische System nach SCHMIDT (1979) ein wichtiges Zentrum für den Bereich der Emotionen und des affektiven Verhaltens zu sein. Die Ereignisse der Umwelt, die der Organismus registriert, erhalten über das limbische System ihre affektive Färbung und ihre Bewertung. Ereignisse werden hierdurch z. B. zu wichtigen oder unwichtigen, zu angenehmen oder unangenehmen Erlebnissen. Wissenschaftler, die annehmen, daß Lernen und Gedächtnis an bestimmte Gehirnstrukturen gebunden sind, schreiben dem limbischen System, und hier vor allem der Hippocampusformation, dem Mandelkern und dem Corpus mamilare beim Speichern von Informationen eine besondere Bedeutung zu (MILNER 1970, PERRET 1973).

Abb. 9 Ausdehnung und Lage des limbischen Systems.

Großhirnrinde (Neocortex)

Die Großhirnrinde ist eine dünne, stark gefaltete Nervengewebsschicht, deren Oberfläche nach SCHMIDT (1979) etwa 2200 cm^2 beträgt. Sie läßt sich grob in spezifische und unspezifische Gebiete einteilen. Als spezifische Rindenareale werden die Bereiche betrachtet, die in einer festen Beziehung zu bestimmten Sinnesbereichen stehen oder von denen aus spezifische Muskelgruppen aktiviert werden können (siehe Abb. 10).

Mit Hilfe der unspezifischen Gebiete, vor allem im Bereich des Stirnhirns, vermag der Mensch „die ganze Fülle typisch menschlicher Verhaltensweisen, Phantasien, Denkmodelle, Wesenszüge in den widersprüchlichsten Ausprägungen von Gut bis Böse zu bilden. ... Das Stirnhirn wird daher als der Sitz der Persönlichkeit (Ich), des sozialen Verhaltens (Über-Ich), des Selbstbewußtseins, des Antriebs, des Freiheitsgefühls angesehen“ (REXRODT 1981, S. 124).

Der Neocortex als der jüngste Teil des Gehirns interpretiert und organisiert die sensorischen Informationen nicht nur auf seinem Niveau, sondern beeinflußt auch die Integrationsprozesse auf den niedrigeren Hirnfunktionsstufen (Hirnstamm, limbisches System). Gleichzeitig wirken jedoch auch die niederen Strukturen auf ihn ein. „Die Interaktion ist so groß, daß man sich Wahrnehmung nicht als einen Prozeß vorstellen kann, der auf irgendeinem Niveau des Gehirns abläuft, sondern als gleichzeitige Funktion aller Stufen“ (AYRES 1979, S. 39).

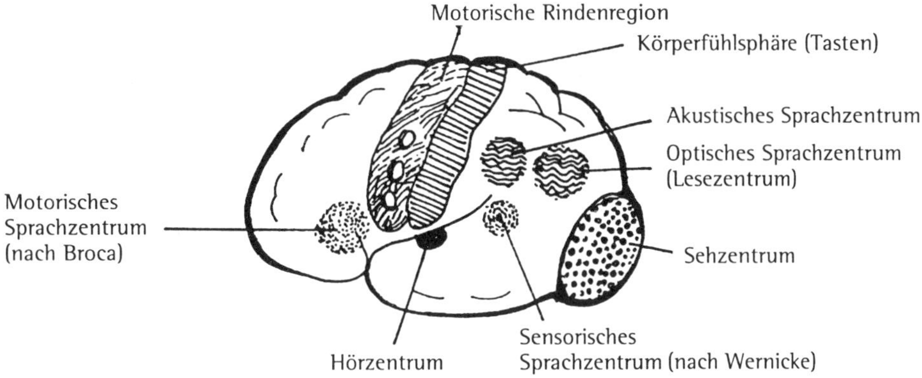

Abb. 10 Schematische Darstellung der wichtigsten Lokalisationen im Gebiet der Großhirnrinde.

Der Neocortex gibt aber in gewissem Sinne seinen „Rat“ und seine „Zustimmung“ zu den „Aktivitäten“ niedriger Strukturen.

Die Großhirnrinde läßt sich der Funktion nach in zwei Hirnhälften oder Hemisphären einteilen. Die linke Hemisphäre wird von REXRODT (1981) als die „sprechende Hemisphäre“ (REXRODT 1981, S. 118) bezeichnet, da sie das Sprachzentrum enthält. ECCLES (1979) schreibt ihr auch noch den Sitz des Bewußtseins und des Selbst zu. Dagegen wird die rechte Hemisphäre allgemein als diejenige betrachtet, die sich hauptsächlich in nichtverbalen Leistungen äußert. In ihr scheinen die schöpferisch-künstlerischen Fähigkeiten des Menschen angesiedelt zu sein. Aufgrund dieser, hier nur grob skizzierten, Leistungsunterschiede der beiden Gehirnhälften sprechen REMSCHMIDT/SCHMIDT (1981) von einer „funktionellen Asymmetrie des Gehirns“ (REMSCHMIDT/SCHMIDT 1981, S. 46). Es ist jedoch irreführend, anzunehmen, daß die Funktionen der beiden Hemisphären sauber voneinander zu trennen wären. Vielmehr scheint für die Bewältigung vieler komplexer Aufgaben das Zusammenspiel beider Gehirnhälften von großer Bedeutung zu sein.

1.3.2 Funktionsweise des Zentralnervensystems

In diesem Kapitel sollen verschiedene Funktionsprinzipien des ZNS dargestellt werden. Dabei werden diejenigen ausgewählt, die als Grundlage für den später zu erläuternden Therapieansatz gelten können.

Lokalisation – Antilokalisation

In der Hirnforschung wird versucht, die Funktionsweise des Zentralnervensystems von zwei gegensätzlichen Denkansätzen her zu verstehen. „Die Extremposition der einen Schule lautet, daß für jeden Verhaltensaspekt eine lokalisierte Gruppe von Hirnzellen verantwortlich sei. Die andere Schule behauptet, Verhalten sei unteilbar, eine Funktion des Gehirns als Ganzes“ (CALANCHINI/TROUT 1981, S. 191). Die Frage, ob das Gehirn immer als Ganzes funktioniert (Antilokalisationstheorie), oder ob es lokalisierbare Gruppen von Hirnzellen gibt, die in einem festen Orts-Funktions-Zusammenhang für spezifische Leistungen verantwortlich sind (Lokalisationstheorie), läßt sich in dieser Form nicht eindeutig beantworten, da für beide Theorien empirische Belege existieren.

Bereits BROCA (1861) und WERNICKE (1874) zeigten, daß nicht nur motorische Funktionen, sondern auch einzelne Sprachfunktionen im Gehirn lokalisierbar sind. In der Gedächtnisforschung tauchen auch immer wieder Untersuchungen auf, die belegen, daß bestimmte Regionen im limbischen System für Gedächtnisleistungen verantwortlich sind (MILNER 1959, HEILMANN u. SYPERT 1977). Diese Bemühungen, feste Orts-Funktions-Zusammenhänge zu finden, gipfelten im Erstellen von „Landkarten des Gehirns“.

Die Antilokalisationisten dagegen fordern, daß das Gehirn an jeder seiner Leistungen als Ganzes beteiligt sei. TEUBER und WEINSTEIN (1956) fanden bei allen ihren Patienten Probleme beim Lösen von Figur-Hintergrund-Aufgaben, gleichgültig, welche Bereiche des Neocortex geschädigt waren. Innerhalb der Gedächtnisforschung vertritt ebenfalls eine Gruppe von Wissenschaftlern die Ansicht, daß die Speicherung von Informationen nicht an bestimmte Gebiete des Gehirns gebunden ist (PRIBRAM 1974, JOHN 1972).

Immer mehr Autoren gehen von einem ganzheitlichen Funktionieren des Gehirns aus, berücksichtigen jedoch die Fülle von Forschungsergebnissen, die feste Orts-Funktions-Zusammenhänge belegen. Dies bedeutet, daß an der Bewältigung einer Aufgabe zwar das gesamte Gehirn beteiligt ist, daß aber einzelne Hirnareale die Rolle von Knotenpunkten haben, deren reibungsloses Funktionieren für die Bewältigung der Aufgabe unabdingbare Voraussetzung ist. Um z.B. Sprache verstehen und produzieren zu können, benötigen wir unbedingt die beiden Sprachzentren BROCA und WERNICKE. Fallen diese Areale durch eine Hirnschädigung aus, ist Sprechen oder Sprache verstehen nicht mehr möglich. Diese beiden Zentren allein können jedoch nie Sprache hervorbringen, sondern dazu brauchen wir mit Sicherheit unser gesamtes Gehirn.

In ähnlicher Weise versucht LURIA (1973) die Bedeutung einzelner Hirnstrukturen in eine ganzheitliche Sichtweise einzubetten. Er gliedert das ZNS in drei funktionale Einheiten (siehe Abb. 11). Zur ersten Einheit zählen alle Teile des ZNS, die an der Aufnahme, Analyse und Speicherung von Informationen beteiligt sind. Dazu gehören vor allem die

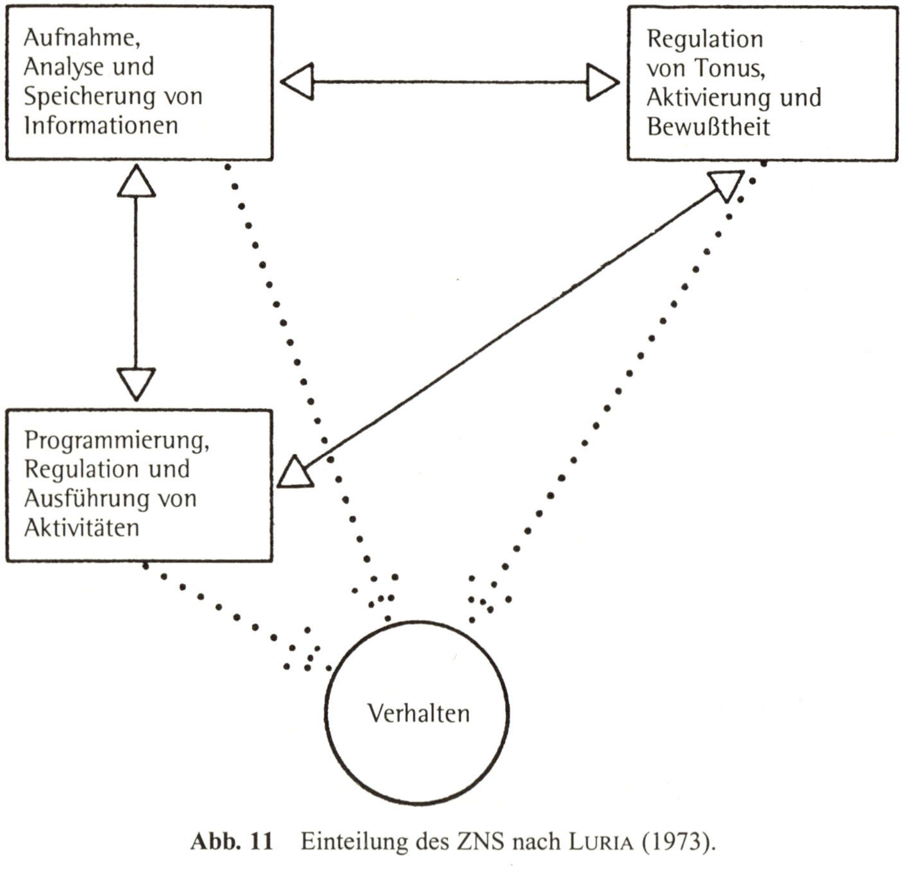

Abb. 11 Einteilung des ZNS nach LURIA (1973).

Sehrinde, das Hörzentrum und der sensorische Cortex. In der zweiten Einheit werden diejenigen Teile des ZNS zusammengefaßt, die mit der Programmierung, Regulation und Ausführung von Aktivitäten befaßt sind. Das Stirnhirn, der motorische Cortex und das Kleinhirn sind in diesem Zusammenhang bedeutsame Areale. Zur dritten Einheit gehören alle Teile des ZNS, die den Tonus, die Aktivierung und den Grad der Bewußtheit regulieren. Wichtige Hirnstrukturen sind hierfür der Hirnstamm und der Thalamus mit dem aufsteigenden reticulären System.

An jeder Verhaltensäußerung sind immer alle drei Funktionseinheiten beteiligt. LURIA geht davon aus, daß bei der Bewältigung komplexer Anpassungsleistungen wie z. B. Schreiben oder Lesen viele weitgestreute Zellgruppen in verschiedenen Gehirnarealen, auf verschiedenen Funktionsniveaus vorübergehend zusammenarbeiten. Ist die geforderte Leistung erbracht, zerfällt das zusammengeschaltete System von Zellgruppen, und diese sind bereit, in einer neuen Kombination neue Aufgaben zu bewältigen.

Dies bedeutet, daß das Gehirn zwar immer als Ganzes funktioniert, daß aber auch einzelne hochspezialisierte Gebiete im Gehirn vorhanden sind. Diese spezialisierten Gebiete (z. B. Sehrinde, Heschel'sche Querwindung, Broca-Zentrum, Wernicke-Zentrum ...) haben die Rolle von Knotenpunkten und ihr reibungsloses Funktionieren ist für bestimmte Leistungen (Sehen, Hören, Sprechen, Sprache verstehen, ...) unabdingbare Voraussetzung. Zur Realisierung dieser Leistungen ist das integrierte Zusammenwirken dieser spezifischen Areale mit vielen anderen Hirnregionen erforderlich.

Dieses integrierte Zusammenwirken vieler Hirnbereiche, das adäquate Funktionieren der Teile im Ganzen ist somit die wichtigste Leistung des Zentralnervensystems. VYGOTSKY (1965) warnt ausdrücklich vor atomistischen wie auch ausschließlich holistischen Vorstellungen über die Funktionsweise des Zentralnervensystems, denn „sowohl die Funktionen des ‚Ganzen' wie auch die der ‚Teile' sind organisiert als integrierte Aktivitäten von untereinander in Beziehung gebrachten Hirnzonen" (VYGOTSKY nach GRAICHEN 1981, S. 282). Die Teileinheiten sind also keine Entitäten, sondern sie weisen neben einer Integration in umfassende Systeme auch eine Integration in sich selbst auf. GRAICHEN (1981) verwendet für ersteres den Begriff „externe" und für letzteres den Begriff „interne" Integration.

Plastizität des ZNS

Das menschliche Gehirn ist zum Zeitpunkt der Geburt noch nicht voll ausgereift. Zwar ist nach AKERT (1979) der Teilungsvorgang der Nervenzellen ab der 22. Schwangerschaftswoche im großen und ganzen abgeschlossen und alle Nervenzellen sind vorhanden, aber es fehlen noch weitgehend die strukturellen und funktionalen Verbindungen zwischen den einzelnen Neuronen. Das weitere Wachstum des Gehirns beruht vor allem auf der Entwicklung der Fortsätze (Axone, Dendriten), der Synapsen und der Myelinisierung der Nervenbahnen. Das ZNS ist in den ersten Lebensjahren dadurch besonders veränder- und beeinflußbar. Die Plastizität geht jedoch mit den Jahren stetig zurück, ohne daß sie jedoch völlig verloren geht.

Sensorische Stimulation

Studien aus der Deprivationsforschung lenkten die Aufmerksamkeit vieler Wissenschaftler auf die Bedeutung der sensorischen Reize für die Entwicklung des Menschen und speziell für die Entwicklung des ZNS. „Eine optimale Hirnfunktion beim Menschen erfordert zu ihrem Gebrauch sowohl für den Empfang als auch für die Integrationsfähigkeit einen konstanten Fluß von Reizen, besonders vom Körper her" (AYRES 1979, S. 15). Sensorische Reize sind die „Nahrung" des ZNS. Ein sensorisches System kann sich nur dann entwickeln, wenn es den Kräften ausgesetzt wird, die es aktivieren.

Interdependenz der Gehirnstrukturen

Wie bereits zu Beginn dieses Kapitels gezeigt, funktioniert das Gehirn durch Zusammenschalten vieler Hirnareale im wesentlichen als Ganzes. Kein Teil des Gehirns arbeitet isoliert oder unabhängig, sondern das optimale Funktionieren bestimmter Hirnstrukturen ist vom störungsfreien Arbeiten anderer abhängig. Die Funktionsebenen des ZNS stehen in ständiger Interaktion und sind aufeinander angewiesen. Solange z.B. „der Hirnstamm die fundamentalen taktilen, optischen und akustischen Informationen nicht in geeigneter Weise verarbeitet hat, kann die Hirnrinde keine präzise taktile, visuelle oder auditive Wahrnehmung ausbilden" (AYRES 1984, S. 54).

Wahrnehmen und Bewegen

In jedem Augenblick stürmt eine Vielzahl taktiler, vestibulärer, kinästhetischer, propriozeptiver, olfaktorischer, akustischer und visueller Reize über die sensorischen Systeme auf unser ZNS ein. Die Hauptaufgabe des ZNS liegt in der „Übersetzung des sensorischen Impulses in bedeutungsvolle Informationen und in der Organisation einer angemessenen Reaktion" (AYRES 1979, S. 16). Unser ZNS muß die vielen gleichzeitig einlaufenden Impulse analysieren und integrieren, sowie mit bereits vorhandenen, gespeicherten Daten vergleichen.

Gelingt dieser komplizierte Integrationsvorgang, so ist das ZNS in der Lage eine adaptive, d.h. angemessene, exakte und sinnvolle motorische Antwort zu organisieren, die ihrerseits über die Umwelt oder direkt wieder auf unsere Sinne einwirkt (siehe Abb. 12). In diesem Kreislauf bilden Wahrnehmung und Bewegung eine Einheit wie dies von v. UEXKÜLL (1947) in seinem „Funktionskreis" und von v. WEIZÄCKER (1950) in seinem „Gestaltkreis" anschaulich beschrieben wird. Wahrnehmen und Bewegen sind unzertrennlich miteinander verknüpft und wirken aufeinander ein. Adaptive Reaktionen gelingen nur dann, wenn vom ZNS die Wahrnehmungsintegration geleistet werden kann. Umgekehrt ist Wahrnehmen ohne Bewegen nicht möglich. So wird die Bewegung zum „tatkräftigsten Organisator des sensorischen Inputs" (AYRES 1979, S. 27).

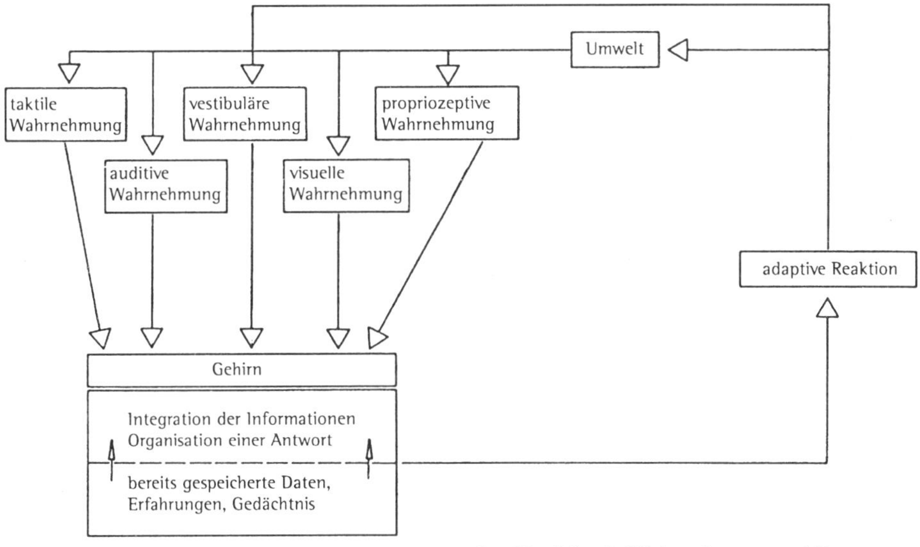

Abb. 12 Kreislauf: Wahrnehmen und Bewegen.

1.3.3 Integrationsstörung des Zentralnervensystems

Bei Kindern mit Integrationsstörungen ist nach AYRES (1984) das ZNS nicht in der Lage „den Zustrom sensorischer Impulse in einer Weise zu verarbeiten und zu ordnen, die dem betreffenden Individuum eine gute und genaue Information über sich selbst und seine Umwelt ermöglicht" (AYRES 1984, S. 71). Integrationsstörungen oder eine sensorisch-integrative Dysfunktion, wie AYRES (1979) es nennt, äußern sich ihrer Meinung nach in folgenden Syndromen:

1. Störungen in der okularen, posturalen und bilateralen Integration,
2. Entwicklungsapraxie,
3. Störungen der Form- und Raumwahrnehmung,
4. Hör-, Sprachprobleme und
5. taktile Abwehr.

In ihrem Buch von 1984 beschreibt AYRES die Syndrome der sensorisch-integrativen Dysfunktion als

- Störungen, die das Gleichgewichtssystem betreffen,
- Entwicklungsbedingte Dyspraxie,
- taktile Abwehr und als
- Störungen der visuellen Wahrnehmung, des Hörens und der Sprache.

Für GRAICHEN (1981) sind Integrationsstörungen und Teilleistungsschwächen begriffliche Fassungen der gleichen Geschehnisse. Integrationsstörungen oder Teilleistungsschwächen werden von ihm definiert als „Leistungsminderungen einzelner Faktoren oder Glieder innerhalb eines funktionellen Systems, das zur Bewältigung einer bestimmten komplexen Anpassungsleistung erforderlich ist" (GRAICHEN 1979, S. 49). In Anlehnung an die Einteilung des ZNS in drei große funktionale Einheiten von LURIA (1973) unterscheidet er zwischen strukturellen, funktionellen und interhemisphärischen Integrationsstörungen. Störungen innerhalb der beiden ersten Einheiten nennt GRAICHEN (1981) strukturelle Integrationsstörungen und Störungen innerhalb der dritten Funktionseinheit bezeichnet er als funktionelle Integrationsstörungen. Bei interhemisphärischen Integrationsstörungen ist auf irgendeine Weise die Zusammenarbeit der beiden Gehirnhälften gestört.

AFFOLTER (1975) geht in ihrem Modell von drei Stufen der Wahrnehmungsentwicklung aus:

- Die modalitätsspezifische oder intramodale Stufe umfaßt die Wahrnehmungsentwicklung innerhalb eines Sinnesbereiches, unabhängig von den anderen Sinnesmodalitäten.
- Unter der intermodalen Stufe ist die intensive Integration der einzelnen Sinnesbereiche untereinander zu verstehen.
- Die seriale Stufe beinhaltet die Integration und das Ordnen der Sinnesinformationen in Zeit und Raum.

Das Integrationsvermögen des ZNS kann, nach AFFOLTER (1975), auf jeder der drei Stufen gestört sein.

Wir sprechen dann von Integrationsstörungen, wenn das ZNS nicht in ausreichendem Maße in der Lage ist, die Fülle der über die Sinne einlaufenden Informationen (sensorischer input) zu ordnen und zu koordinieren, mit bereits vorhandenen Daten zu vergleichen und daraus eine adaptive Reaktion (motorischer output) zu organisieren. Unter adaptiver Reaktion ist eine sinnvolle, exakte, effektive und dem Reiz angemessene Reaktion zu verstehen. Integrationsstörungen sind somit funktionelle oder strukturelle Störungen des ZNS. Sie können als basale Störungen der Lernfähigkeit, als eine Behinderung jeglicher Lernprozesse begriffen werden. Sie äußern sich in einer Vielzahl von Störungsbildern im Bereich der Wahrnehmung, der Motorik und im emotionalen Bereich:

1. *Taktile Abwehr*

   Hierbei handelt es sich um die Tendenz, negativ und gefühlsbetont auf Berührungsreize zu reagieren. Taktile Reize werden als drohende Gefahr interpretiert. Das Kind reagiert darauf mit Abwehrbewegungen, Flucht oder verbaler Abwehr. Gleichzeitig ist meist die Formwahrnehmung, die Diskriminationsfähigkeit im taktilen Bereich stark herabgesetzt.

2. *Gestörte kinästhetische Wahrnehmung*

   Unter kinästhetischer Wahrnehmung versteht man die Wahrnehmung der eigenen Bewegungen durch Informationen aus den Muskeln, Sehnen und Gelenken.

3. *Gestörte Gleichgewichtswahrnehmung*

Sie äußert sich in einer Über- oder Unterfunktion. Bei der Überfunktion reagieren die Kinder sehr stark mit Schwindel und Angst auf Gleichgewichtsreize. Bei der Unterfunktion dagegen zeigen sie selbst bei extremer Stimulation keinerlei Schwindelgefühle.

4. *Störungen der auditiven Wahrnehmung*

Hierzu zählen vor allem die auditive Differenzierungsschwäche, das schlechte Sequenzgedächtnis sowie die verkürzte Hör-Gedächtnisspanne.

5. *Störungen der visuellen Wahrnehmung*

Sie zeigen sich in der Formkonstanzbeachtung und in der Raumwahrnehmung. Bei einer gestörten Raumwahrnehmung haben die Kinder Schwierigkeiten, die Lage im Raum zu erkennen und räumliche Beziehungen herzustellen.

6. *Gestörte Figur-Grundwahrnehmung*

Diese Störung kann im Bereich der visuellen, der auditiven und der taktil-kinästhetischen Wahrnehmung auftreten. Kinder mit einer solchen Störung sind kaum in der Lage, einzelne Reize aus einem gesamten Wahrnehmungsfeld auszuwählen und sie differenziert als Figur wahrzunehmen. Die übrigen Reize werden nicht ausreichend gehemmt, um den ungenau erfaßten Hintergrund zu bilden.

7. *Störungen des Muskeltonus*

Der Muskeltonus ist die Grundspannung der Muskeln, die durch Summation von Einzelzuckungen vieler Muskelfasern entsteht. Er wird als Widerstand bei passiven Bewegungen der Extremitäten spürbar. Der Muskeltonus kann entweder zu gering (Hypotonus) oder zu stark (Hypertonus) sein.

8. *Nicht altersgemäß entwickeltes Körperschema*

Das Körperschema ist ein Konzept, eine Vorstellung vom eigenen Körper. Es enthält Informationen über jeden Abschnitt des Körpers, die Beziehungen zwischen den einzelnen Körperteilen und über deren Bewegungsmöglichkeiten.

9. *Dyspraxie*

Hierunter ist die mangelhaft ausgeprägte Fähigkeit zu verstehen, eine Bewegung zu planen und diese in einer zeitlich geordneten Reihenfolge von koordinierten Bewegungen auszuführen. Bewegungen, die schon sehr oft ausgeführt wurden, sind habituelle Bewegungen und benötigen keine motorische Planung. Dyspraktische Kinder erscheinen ungeschickt, schwerfällig und unkoordiniert. Sie haben meist Probleme mit dem An- und Ausziehen sowie im Gebrauch von Werkzeugen.

10. *Störungen der Grobmotorik*

    Zu diesem Störungsbereich zählen schlecht integrierte reflexhafte Reaktionen und nicht altersgemäß entwickelte Halte-, Stell- und Gleichgewichtsreaktionen.

11. *Störungen der Feinmotorik*

    Sie sind im Finger- und Handbereich, im Mundbereich sowie bei der Steuerung der äußeren Augenmuskeln festzustellen.

12. *Störungen der Seitigkeit*

    Kinder mit Problemen im Bereich der Seitigkeit vermeiden es, ihre Körpermittellinie mit den Händen zu kreuzen. Das Zusammenspiel beider Körperhälften ist noch nicht koordiniert und sie bevorzugen oft auch noch nicht eindeutig eine Hand beim Malen oder Schreiben.

Durch die Störung grundlegender Funktionen in Wahrnehmung und Motorik werden auch komplexere Funktionen und Fertigkeiten beeinträchtigt. Es finden sich deshalb bei integrationsgestörten Kindern häufig auch

- Hyperaktivität,
- Sprach- und Sprechstörungen,
- Konzentrationsstörungen und
- Verhaltensauffälligkeiten.

Werden Kinder mit solchen Störungen eingeschult und nicht individuell und systematisch gefördert, so stellen sich oft Lese- und Rechtschreibschwächen sowie Rechenschwächen ein.

Solch basale Beeinträchtigungen wirken sich natürlich auch auf das Sozialverhalten und die Persönlichkeitsentwicklung aus:

- Ein Kind mit Störungen in der Raumwahrnehmung kann sich im Raum nicht ausreichend orientieren. Es bewegt sich daher meist sehr vorsichtig und ängstlich. Es begibt sich nur zögernd in neue Räume und

Situationen. Ein solches Kind wirkt still, zurückgezogen und ängstlich.

Ein dyspraktisches Kind hat ebenfalls Schwierigkeiten, sich mit den Gegebenheiten seiner Umwelt auseinanderzusetzen. Es fühlt sich hilflos und unsicher. Die Anforderungen aus der Umwelt wirken verwirrend und hindern es am neugierigen Entdecken.

Ein Kind erlebt die Schwerkraft als eine wesentliche Konstante, die auf alles einwirkt, die immer gleich stark ist und die immer da ist. Die erforderliche Auseinandersetzung mit der Schwerkraft läßt im Kind ein elementares Gefühl der Sicherheit entstehen. Erlangt das Kind diese Sicherheit nicht, ist es in seinen Bewegungen unsicher und ängstlich. Diese Schwerkraftunsicherheit kann sich laut AYRES (1984) auch auf zwischenmenschliche Beziehungen übertragen.

- Kinder mit ausgeprägten Integrationsstörungen erleben von klein auf eine immer häufiger werdende Hilfe nächster Bezugspersonen. Dies bedeutet oft für das Kind: „Ich helfe dir, weil du es nicht kannst". Passivität, Entmutigung und damit ein geringes Selbstwertgefühl sind die Folge. Häufig erleben diese Kinder durch ihre Ungeschicklichkeit und Tolpatschigkeit, daß sie bei Spielen mit anderen Kindern erfolglos bleiben, die letzten sind und sich obendrein schnell der Ablehnung der anderen Kinder aussetzen. Die Entwicklung eines gesunden Selbstwertgefühls gelingt unter solchen Bedingungen nur schwer.

- Eltern reagieren in der Regel auf Entwicklungsverzögerungen ihres Kindes mit bewußten oder unbewußten Schuldgefühlen. Um nun diese Schuldgefühle auszugleichen, entwickeln sie meist ein besonders sorgendes, behütendes und beschützendes oder aber auch ein überforderndes Verhältnis zum entwicklungsverzögerten Kind. Die Eltern und andere wichtige Bezugspersonen verhalten sich anders, als sie es tun würden, wäre die Entwicklungsverzögerung nicht gegeben. Ihr Erziehungsverhalten ist unsicher, ängstlich überbehütend oder aber ablehnend. Als Folge erziehlichen Fehlverhaltens stellen sich auf Seiten des Kindes Verhaltensauffälligkeiten ein und verstärken sich.

Bei der Förderung integrationsgestörter Kinder müssen demnach neben den Auffälligkeiten in Wahrnehmung und Motorik vor allem auch die Auffälligkeiten im Sozialverhalten, im emotionalen Bereich berücksichtigt werden.

1.4 Zusammenfassung

Der Aufbau und die Funktion einzelner Nervenzellen und Synapsen, sowie die Organisation des gesamten ZNS sind auf Informationsaustausch, auf Interaktion, auf Zusammenarbeit hin ausgerichtet. Das ZNS arbeitet vor allem bei komplexeren Funktionen wie Lesen und Schreiben immer als Ganzes. Somit ist die koordinierte und integrierende Zusammenarbeit vieler Hirnstrukturen die Basis für alle Anpassungsleistungen. Integration wird zum zentralen Funktionsprinzip innerhalb des ZNS.

Nervenzellen und Synapsen, und somit das gesamte ZNS, können durch die verschiedensten Einflüsse in ihrer Entwicklung und Funktion gestört werden. Diese Entwicklungs- und Funktionsstörungen verhindern vor allem einen optimal ablaufenden Informationsfluß und erschweren die Zusammenarbeit einzelner Nervenzellen oder Nervenzellgruppen. Das ZNS ist folglich nicht in der Lage, seine Hauptaufgabe, die Integration von Informationen und die Organisation von adaptiven Reaktionen, optimal zu bewältigen. Solche Entwicklungs- und Funktionsstörungen lassen sich deshalb auch als Integrationsstörungen beschreiben.

Die Störungsbilder einer Integrationsstörung sind in den unterschiedlichsten Kombinationen und Ausprägungsgraden häufig bei lerngestörten Kindern anzutreffen. Aus diesem Grund ist das Hauptziel unserer Therapie von Lernstörungen die Förderung der Integrationsfähigkeit des ZNS.

2 Entwicklungspsychologische Grundlagen

Neben der Neurophysiologie, die den Aufbau und die Funktion des ZNS beschreibt und erklärt, ist die ontogenetische Entwicklung des Menschen die zweite Säule, auf der unsere Therapie aufbaut.

Wir geben an dieser Stelle keinen allgemeinen Überblick über die Entwicklungspsychologie des Kindesalters, sondern wir greifen nur diejenigen entwicklungspsychologischen Aspekte heraus, die unser therapeutisches Vorgehen begründen und erläutern.

Beschrieben werden deshalb die Bereiche Motorik, Wahrnehmung, Raumwahrnehmung und Lateralität. Dabei beschränken wir uns auf die Entwicklung in den ersten 5 bis 6 Lebensjahren.

2.1 Allgemeine entwicklungspsychologische Grundlagen

Mit Hilfe zahlreicher Modellvorstellungen und theoretischer Konzepte versuchen Entwicklungspsychologen physische und psychische Veränderungen zu beschreiben und zu erklären, die im Laufe des Lebens auftreten. Beim Beschreiben von Entwicklungsverläufen wurden früher vor allem im pädagogischen Bereich Stufen- oder Phasenmodelle bevorzugt. Eine Vielzahl neuerer Forschungsergebnisse lassen sich, so NICKEL (1976), jedoch nicht mehr in diese Konzepte integrieren. Sie sind eher mit Modellen des „Wandels" und des „Fließgleichgewichts" in Einklang zu bringen. An die Stelle eines festen, größtenteils genetisch determinierten Entwicklungsverlaufs in bestimmten Phasen tritt hier die

Vorstellung, daß in einem fortlaufenden Kontinuum Funktionen und Fähigkeiten reifen und wachsen, daß Neues hinzukommt, daß aber auch gleichzeitig Vorhandenes verschwindet oder ersetzt wird. So befinden sich Auf- und Abbauprozesse in einem ständig fließenden Gleichgewicht.

Als Erklärungskonzepte für Entwicklung wurden lange Jahre nur zwei Theorien diskutiert:

- die Vererbungs- oder Anlagetheorie und
- die Umwelttheorie.

Durch heute vorliegende Erkenntnisse kann menschliches Verhalten nicht mehr als alleiniges Produkt von Erbe oder Umwelt gesehen werden, sondern der Mensch entwickelt sich durch eine ständige, mit der Befruchtung beginnenden, Interaktionen zwischen Erbfaktoren und Umwelteinflüssen. Dabei ist der Mensch nicht nur passiver Spielball von Erbe und Umwelt, sondern er setzt sich selbst aktiv mit seinen individuellen Bedingungen und Möglichkeiten auseinander.

Das Konzept der „Differenzierung und Integration“ möchten wir besonders hervorheben, da es die Entwicklungsvorgänge in den für uns wichtigen Bereichen Motorik und Wahrnehmung gut veranschaulicht. Entwicklung wird gesehen als ein Prozeß zunehmender Differenzierung von Merkmalen, Fähigkeiten und Fertigkeiten. Damit diese fortschreitende Differenzierung nicht zu einer immer stärkeren Aufteilung und damit zum Verlust der Einheit des Individuums führt, bedarf es eines zweiten gegenläufigen Vorgangs: der „Zentralisierung“ oder „Integration“. Dieser regulative Prozeß stellt eine Beziehung her zwischen den einzelnen durch Differenzierung entstandenen spezifischen Komponenten einer Fähigkeit, Fertigkeit oder eines Merkmals. Das Zusammenwirken von Differenzierung und Integration läßt auf diese Weise im Verlauf der Entwicklung immer komplexere Systeme und Strukturen entstehen. (Weitere Erläuterungen können z.B. bei OERTER/MONTADA 1982 nachgelesen werden.)

2.2 Entwicklung der Motorik

Die motorische Entwicklung läuft in einer bestimmten, vorhersagbaren Reihenfolge ab. Sie hängt ab sowohl vom Reifezustand der Nervenstrukturen, Knochen und Muskeln und von der Veränderung der Körperproportion als auch von der Gelegenheit, das Koordinieren der verschiedenen Muskelgruppen zu üben.

Sie ist nach Mussen/Conger und Kagan (1976) durch drei Entwicklungstrends gekennzeichnet.

Kephalocaudaler Trend

Die Bewegung des Kopfes, sowie das koordinierte Benutzen der Arme und Hände gelingt eher als das Stehen und Gehen. „Die Gliedmaßen und Muskeln der oberen Körperhälfte werden noch vor den unteren Gliedmaßen funktionstüchtig“ (Mussen/Conger/Kagan 1976, S. 175).

Proximodistaler Trend

Die Entwicklung der motorischen Reaktion verläuft im ersten Lebensjahr von den zentralen zu den peripheren Körperabschnitten. Daher werden z.B. bei der Greifentwicklung zuerst nur Schultern und Ellbogen bewegt, später auch Handgelenk und Finger benutzt.

Trend von pauschalen zu spezifischen Aktivitäten

Zuerst lernt das Kind größere Muskelgruppen und später kleinere Muskeln zu beherrschen. „Die groben, unbeholfenen frühen Greifbewegungen werden durch präzisere, verfeinerte Bewegungen von Daumen und Zeigefinger ersetzt“ (Mussen/Conger/Kagan 1976, S. 176).

Eine weitere, mehr allgemeine Beschreibung der motorischen Entwicklung liefert Kiphard (1979), indem er die für jeden Entwicklungsabschnitt wichtigen Teilaspekte der Bewegung betont.

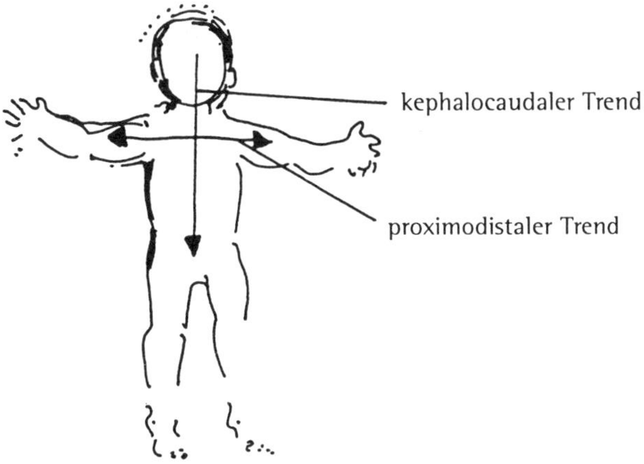

Abb. 16 Entwicklungstrends der motorischen Entwicklung.

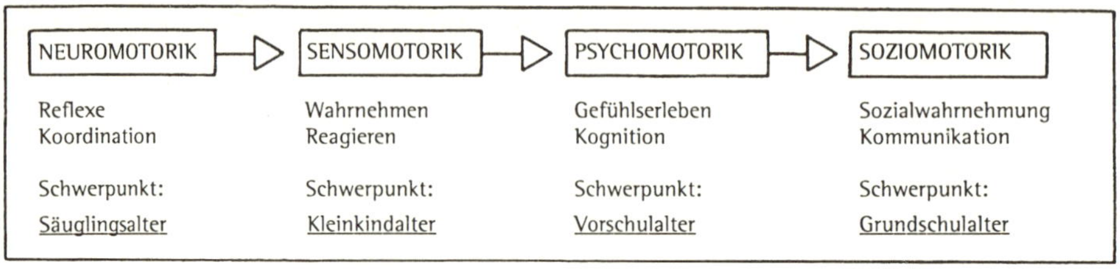

Abb. 17 Teilaspekte der Bewegung (KIPHARD 1979, S. 18).

Mit *Neuromotorik* ist, nach KIPHARD (1979), vornehmlich die Reflexmotorik des Säuglings gemeint, d.h. der neurologisch-koordinative Aspekt der Bewegung.

Unter *Sensomotorik* versteht KIPHARD (1979) die Funktionseinheit von Reiz und Reaktion, von Wahrnehmen und Handeln. Therapie in diesem Bereich zielt auf eine verbesserte Integration zwischen Sinneseindruck und Bewegungsantwort.

Den Terminus *Psychomotorik* verwendet KIPHARD (1979) für die enge Wechselbeziehung zwischen seelischen und körperlichen Vorgängen. Stimmungen und Gefühle drücken sich in Körperhaltung und Bewegung aus. Umgekehrt können Affekte, Emotionen durch körperliche Aktivitäten beeinflußt werden. Der Bereich der Psychomotorik enthält jedoch auch kognitive Aspekte. So kann z.B. eine Bewegungsübung das kindliche Problemlöseverhalten herausfordern.

Zur *Soziomotorik* zählt KIPHARD (1979) vor allem die sozialen Wahrnehmungsprozesse, die Grundlage für eine Begegnung mit anderen Menschen sind. Soziomotorik betont den Sozialkontakt, die unmittelbare körperliche Interaktion und Kommunikation mit anderen. Das Kind lernt soziale Kontakte und Beziehungen über die Soziomotorik aufzubauen, indem es spielerisch mit den Bewegungsmöglichkeiten seines Körpers umgeht.

2.2.1 Reflexe des Neugeborenen

Das Neugeborene verfügt über eine allgemeine motorische Aktivität während der Wachphasen und über eine Reihe spezifischer, gezielt auslösbarer Reflexe. Diese Reflexe sind, nach OERTER/MONTADA (1982),

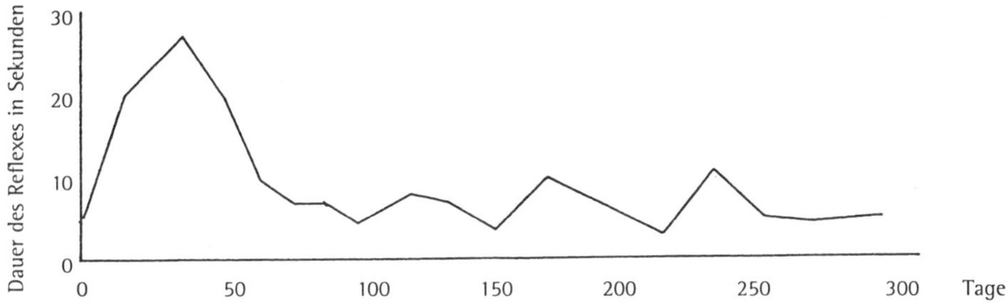

Abb. 18 Veränderung der Stärke des Greifreflexes in den ersten 300 Lebenstagen (LANDRETH 1967).

nicht plötzlich mit der Geburt vorhanden, sondern sie entwickeln sich bereits im Mutterleib. Bei diesem elementaren „Ausgangsverhaltensrepertoire" handelt es sich vor allem, so BECKER (1978), um Nahrungs- und Schutzreaktionen, Orientierungs- und Kontaktreaktionen, die ebenso wie die globalen Massenbewegungen des Säuglings durch subkortikale Mechanismen gesteuert werden. In Tabelle 1 sind die wichtigsten Reflexe des Neugeborenen und die sie auslösenden Reize zusammengestellt.

Die in Tabelle 1 beschriebenen Reflexe lassen sich nur in den ersten Wochen und Monaten auslösen. Im weiteren Verlauf der Entwicklung werden sie mehr und mehr gehemmt oder in komplexere Verhaltensmuster integriert. So taucht z.B. der Schreitreflex nur in den ersten Lebenswochen auf und verschwindet nach ca. 8 Wochen. Als weitere Beispiele für einen solchen Entwicklungsverlauf sollen der Greifreflex und der Moro-Schreckreflex angeführt werden.

Der Greifreflex ist beim normal entwickelten Kind während der ersten 50 Lebenstage extrem stark ausgeprägt und läßt sich nach 7 Monaten nur noch für eine Dauer von 5 Sekunden auslösen.

Ähnlich dem Greifreflex zeigen Säuglinge den Moro-Schreckreflex in den ersten 50 Lebenstagen besonders stark. Zwischen dem 3. und 4. Lebensmonat verschwindet er dann fast völlig. Die weitere Entwicklung der oben aufgeführten und beschriebenen Reflexe wird zusammenfassend in Abb. 20 dargestellt.

Bleiben einige dieser Reflexe über das erste Lebensjahr hinaus noch auslösbar, so ist das meist ein Hinweis auf eine Störung in der motori-

Tabelle 1 Reflexe des Neugeborenen nach Oerter/Montada (1982), Mussen/Conger/Kagan (1976), Flehmig (1983), Feldkamp/Danielcik (1982)

Bezeichnung des Reflexes	wirksamer Reiz	Reflex
Saugreflex	Zeigefinger in den Mund des Babys stecken	Saugen
Greifreflex	In die Hand des Säuglings gelegter Finger drückt gegen die Handfläche	Finger des Säuglings krümmen sich um diesen Finger
Suchreflex	Kitzeln des Mundwinkelbereichs	Baby wendet den Kopf zur Reizseite
Babinski-Reflex	Streichen der Fußsohle	Strecken der Zehen
Asymmetrischer-tonischer Halsreflex (ATNR)	Langsames Drehen des Kopfes nach rechts (links) während das Baby in Rückenlage gehalten wird	Strecken des rechten (linken) Arms, Beugen des linken (rechten) Arms
Schwimmreflex	Wasser im Gesicht	Kraulbewegungen
Schreitreflex	Stellen auf eine Unterlage, Verlagern des Körpergewichtes von der rechten auf die linke Seite und umgekehrt	Baby macht Schritte
Kriechreflex	Liegen auf dem Bauch	Abstemmen von der Unterlage

Tabelle 1 (Fortsetzung)

Bezeichnung des Reflexes	wirksamer Reiz	Reflex
Rückziehreflex	leichtes Pieken der Fußsohle mit einer Nadel	Zurückziehen des Fußes
Moro-Schreckreflex	plötzliche Veränderung der Kopfposition, lautes Geräusch	Baby schlägt mit den Armen seitwärts aus, streckt die Finger, nimmt die Arme wieder zurück und bringt die Hände in der Mittellinie zusammen.
Nackenstellreflex (Halsstellreflex)	Drehen des Kopfes zur Seite	Körper dreht sich mit
Symmetrischer-tonischer Halsreflex (STNR)	– Vorbeugen des Kopfes – Zurücklegen des Kopfes	– Beugung der Arme und Hände + Streckung der Beine – Streckung der Arme und Faustschluß + Beugung der Beine
Magnetreflex	In Rückenlage werden bei gebeugten Hüften und Knien die Daumen des Untersuchers auf die Fußsohlen gedrück und langsam zurückgezogen	Kontakt zwischen Finger und Fußsohle bleibt erhalten. Fuß bleibt am Daumen „kleben“
Glabellareflex	Druck auf die Mitte der Stirn	Schließen der Augen

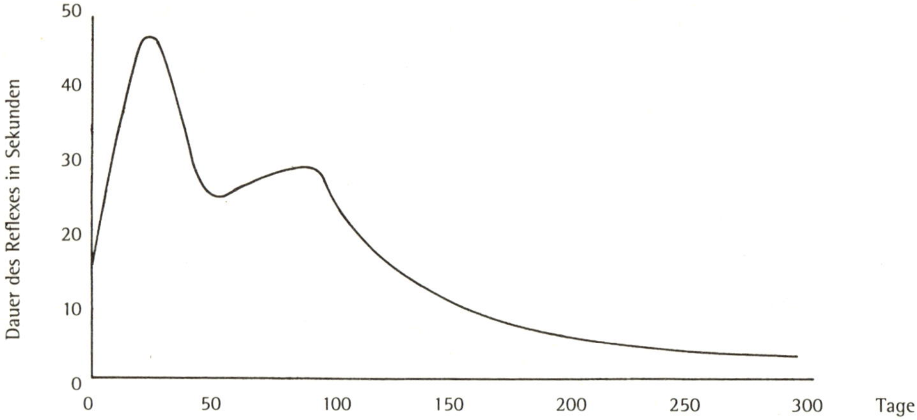

Abb. 19 Intensität des Moro-Schreckreflexes; Entwicklungsveränderung in den ersten 300 Lebenstagen.

schen Entwicklung. Einige dieser Reflexe sind sogar auch noch bei lerngestörten Schulkindern zu beobachten, meist allerdings nur noch schwach ausgeprägt.

Reflex	Monate							
	1	2	3	4	5	6	7	8
Suchreflex	——	——	- - -					
Saugreflex	——	——	——	- - -				
Mororeflex	——	—— - -	- - -					
Greifreflex	——	——	——	- - -				
Schreitreflex	——	—— - -	- - -					
Nackenstellreflex	——	——	- - -	- - -				
STNR	——	—— - -	- - -					
ATNR	——	——	——	——	- - -	- - -		
Magnetreflex	——	- - -						
Glabellareflex	——	- - -						
Rückziehreflex	——	——	——	- - -	- - -	- - -		

Abb. 20 Entwicklung der Reflexe nach FLEHMIG (1983) und FELDKAMP/DANIELCIK (1982).

2.2.2 Greifentwicklung

Eine erste wesentliche Auseinandersetzung des Kindes mit der dinglichen Umwelt ist die Entwicklung der Greifbewegung.

Der beim Neugeborenen zu beobachtende Greifreflex spielt, laut NICKEL (1976), für die Greifentwicklung keine Rolle, da er im Alter von 4 bis 5 Monaten wieder verschwindet (siehe Abb. 18). Bis zu diesem Zeitpunkt treten auch keine Greifbewegungen nach Objekten auf. Erst ab der 20. Lebenswoche beginnen Kinder die Arme nach interessanten Gegenständen auszustrecken. Die Bewegung ist dabei noch recht ungezielt und erfolgt vorwiegend aus dem Schultergelenk heraus mit den Oberarmen. Die Hand selbst hat zu diesem Zeitpunkt noch keine wesentliche Funktion. Mit 28 Wochen dagegen kann ein Säugling einen Gegenstand festhalten, wobei es diesen noch mit der ganzen Handfläche umschließt. Daumen und Zeigefinger beginnen erst in der Zeit von der 32. bis zur 36. Woche eine Rolle beim Greifen zu spielen. Gegen Ende des ersten Lebensjahres kann das Kind einen begehrten Gegenstand ohne überflüssige Nebenbewegungen erreichen. Die Greifbewegung ähnelt nun auch schon weitgehend der des Erwachsenen. Umfangreiche Ausführungen zur Entwicklung und Förderung des Greifens finden sich bei HOLLE (1988).

Der Wandel vom Greifreflex zur gezielten Greifhandlung zeigt, daß die Bewegung zunächst subkortikal und allmählich immer mehr kortikal gesteuert wird. Mit der Greifentwicklung macht das Kind einen wesentlichen Schritt vom Reflexverhalten hin zu einem willentlich kontrollierten und gesteuerten Verhalten. Das Greifen ist jedoch auch eine

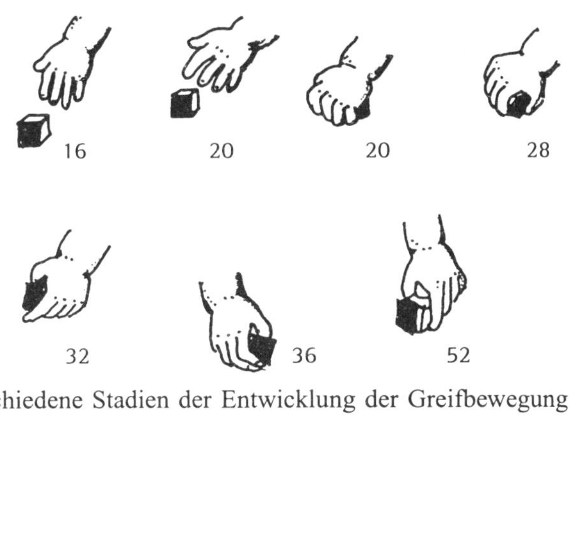

Abb. 21 Verschiedene Stadien der Entwicklung der Greifbewegung im Alter von 16 bis 52 Wochen.

Erkenntnishandlung. Wir „begreifen“ etwas. Die Greifentwicklung ist sehr eng mit der kognitiven Entwicklung eines Kindes verbunden. Hiermit hat sich vor allem der Schweizer Entwicklungspsychologe JEAN PIAGET (1936) auseinandergesetzt.

Für PIAGET (1936) ist die Entwicklung des Greifens ein Beispiel für das Entstehen von Handlungs- und Operationsstrukturen. Zu Beginn der Entwicklung übt das Kind getrennt einzelne reflexartige Schemata wie Saugen, Greifen, Schauen und Hören. Gegen Ende des ersten Lebensjahres kann es die einzelnen Schemata miteinander verbinden und sie je nach Bedarf frei kombinieren. Das flexible System „Greifen“ wird im weiteren Entwicklungsverlauf selbst ein Untersystem für übergreifende Handlungen wie z.B. das Benutzen eines Werkzeuges. „Der konkrete Gegenstand, der nun über alle Sinne identifiziert werden kann, unab-

Tabelle 2 Entwicklung des Greifens nach PIAGET (nach WHITE 1969)

Stufe 1 (1–2 Monate)	Sehen, Greifen und Saugen sind nicht koordiniert. Hand greift nicht nach Gegenstand, an dem gesaugt wird; Kind schaut nicht nach ergriffenem Gegenstand. Mitunter wird Hand zum Mund gebracht und daran gesaugt.
Stufe 2 (2–3 Monate)	Augen folgen der Bewegung der Hand; Diese ist aber noch nicht unter der Kontrolle der Augen. Saugen an ergriffenem Gegenstand, aber kein Betrachten des ergriffenen oder Ergreifen des gesehenen Gegenstandes.
Stufe 3 (3–4 Monate)	Sehen scheint Handbewegung zu beeinflussen, sie im Sehbereich zu halten und ihre Aktivität zu erhöhen. Hand ergreift Gegenstand, an dem gesaugt wird, und umgekehrt. Gerät der Gegenstand dabei zufällig in das Blickfeld, tritt eine Verzögerung ein, bevor daran gesaugt wird.
Stufe 4 (4–5 Monate)	Hand ergreift erstmals den gesehenen Gegenstand, sofern Hand und Gegenstand gleichzeitig im Sehfeld sind.
Stufe 5 (5–6 Monate)	echtes, durch Sehen gesteuertes Greifen nach einem Gegenstand. Nach Ergreifen Betrachten des Gegenstandes, danach Saugen am Gegenstand. Mit der Zeit verlängert sich die Betrachtungszeit und das Saugen entfällt.

hängig von der konkreten Handlung im Raum existiert und Dauer hat, ist nach PIAGET eine geistige Konstruktion des Kindes und das Ergebnis der Organisation seiner Schemata, ...“(OERTER/MONTADA 1982, S. 150).

Die beiden Amerikaner B.L. WHITE (1970) und J.S. BRUNNER (1968) sowie der Schotte T.G.R. BOWER (1968) haben sich ebenfalls mit der Entwicklung des Greifens beschäftigt und kommen in einigen Aspekten zu einer von PIAGET abweichenden Meinung. Eine anschauliche Gegenüberstellung dieser verschiedenen Theorien ist bei OERTER/MONTADA (1982) zu finden.

2.2.3 Entwicklung des Gehens

Abb. 22 zeigt die wichtigsten Phasen der Entwicklung vom Liegen zum freien Gehen. Nachdem Babys gelernt haben, das Kinn und die Brust anzuheben, können die meisten, so MUSSEN, CONGER und KAGAN (1976), im Alter von 3 bis 4 Monaten mit Unterstützung kurze Zeit Sitzen. Spätestens nach 9 bis 10 Monaten gelingt ihnen das Sitzen auch ohne Hilfe für längere Zeit.

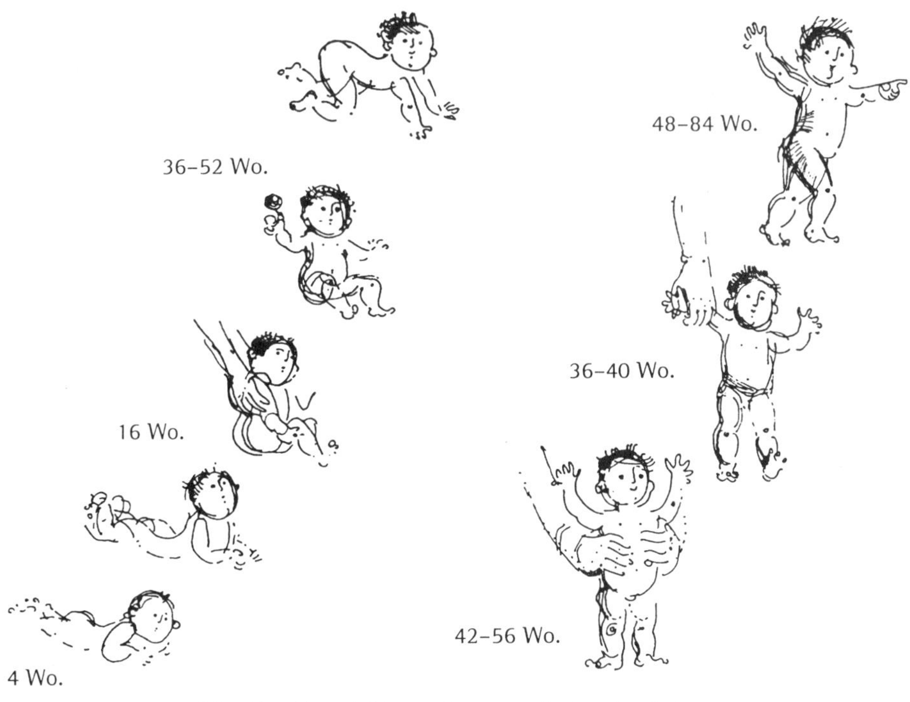

Abb. 22 Entwicklung des motorischen Verhaltens.

Das erste Krabbeln, bei dem sich die Kinder bäuchlings am Boden fortbewegen, erfolgt etwa um den 8. Monat. Mit dem Kriechen auf Händen und Knien beginnen die Babys im Schnitt mit 10 Monaten.

Die Fähigkeit zum freien Gehen entwickelt sich ebenfalls in einzelnen Schritten. Mit etwa 10 Monaten steht der Säugling und hält sich an Möbelstücken fest. Einige Wochen später kann er an der Hand eines Erwachsenen laufen und sich in den Stand emporziehen. Stehen und Laufen ohne Hilfe ist bei vielen Kindern im Alter von 14 bis 15 Monaten zu beobachten.

In Tabelle 3 werden die Altersangaben für einzelne Entwicklungsschritte des motorischen Verhaltens von verschiedenen Autoren miteinander verglichen. Wie diese Zusammenstellung zeigt, schwanken die durchschnittlichen Altersangaben zum Teil erheblich. Das Alter, in dem verschiedene Entwicklungsstufen durchlaufen werden, ist bei einzelnen Kindern individuell sehr unterschiedlich. Verwendet man die hier angegebenen Zahlen zur Beurteilung und Feststellung einer Entwicklungsverzögerung, ist deshalb die notwendige Vorsicht geboten.

Tabelle 3 Altersangaben zur motorischen Entwicklung bei verschiedenen Autoren (NICKEL 1976, S. 126)

	PIKLER (1968)	GESELL (1941)	ILLINGWORTH (1960)	SCHELOVANOV (1960)
Leistungen	Alter in Wochen			
Vom Rücken auf die Seite drehen	18	20	28	18
Vom Rücken auf den Bauch drehen	25	24	28	18
Vom Bauch auf den Rücken drehen	30	24	24	26
Kriechen auf ebenem Boden	46	40	44	30
Sitzen	47	44	40	33
Allein stehen	51	40	36	41
Beginn des Alleinlaufens	70	65	56	49

2.2.4 Zusammenfassung

In einer differenzierten Tabelle faßt BECKER (1978) die Entwicklung der Bewegungsgrundformen für das Alter vom 2. bis zum 36. Lebensmonat zusammen (siehe Abb. 23).

Für WINTER (1976) verläuft die motorische Entwicklung des Kindes bis zum Schulalter in 4 Phasen:

- *Phase der ungerichteten Massenbewegungen*
  Diese Phase reicht von der Geburt bis etwa zum 3. Lebensmonat. Charakteristisch für diese Phase sind ungerichtete Arm- und Beinbewegungen, die auf beiden Körperseiten gleichzeitig und in allen großen Körpergelenken (z.B. Hüft- und Schultergelenk) erfolgen.
- *Phase der Aneignung erster koordinierter Bewegungen*
  In diese Phase, die sich vom 3. Lebensmonat bis zum Ende des ersten Lebensjahres erstreckt, fallen die Entwicklung des Greifens, der Vorgang des Aufrichtens und das Aneignen der ersten selbständigen Fortbewegung.
- *Phase der Aneignung vielfältiger Bewegungsformen*
  Während des 2. und 3. Lebensjahres erweitert sich der Erfahrungsbereich und der motorische Aktionsradius der Kinder erheblich. Sie entwickeln stetig zunehmende motorische Aktivitäten in der Auseinandersetzung mit ihrer gegenständlichen und sozialen Umwelt. Betrachtet man z.B. die Alltagsverrichtungen wie Waschen, Anziehen, Essen usw. sowie die vielfältigen Spieltätigkeiten in diesem Alter, so bildet sich ein reiches Inventar an Bewegungsformen und motorischen Handlungsplänen.
- *Phase der raschen Vervollkommnung vielfältiger Bewegungsformen und die Aneignung erster Bewegungskombinationen*
  Zwischen dem 4. und 7. Lebensjahr nimmt zunächst einmal die Anzahl der grundlegenden Bewegungsformen rasch zu. Zum anderen kommt es zu einer deutlichen Verbesserung der Bewegungssteuerung und Bewegungsausführung. Über die einzelnen Bewegungen kann nun in verschiedenen Situationen und bei unterschiedlichen Aufgabenstellungen verfügt werden. Auch werden einige Bewegungsformen sukzessive oder simultan kombiniert. Ein Kind läuft zum Beispiel und prellt gleichzeitig einen Ball.

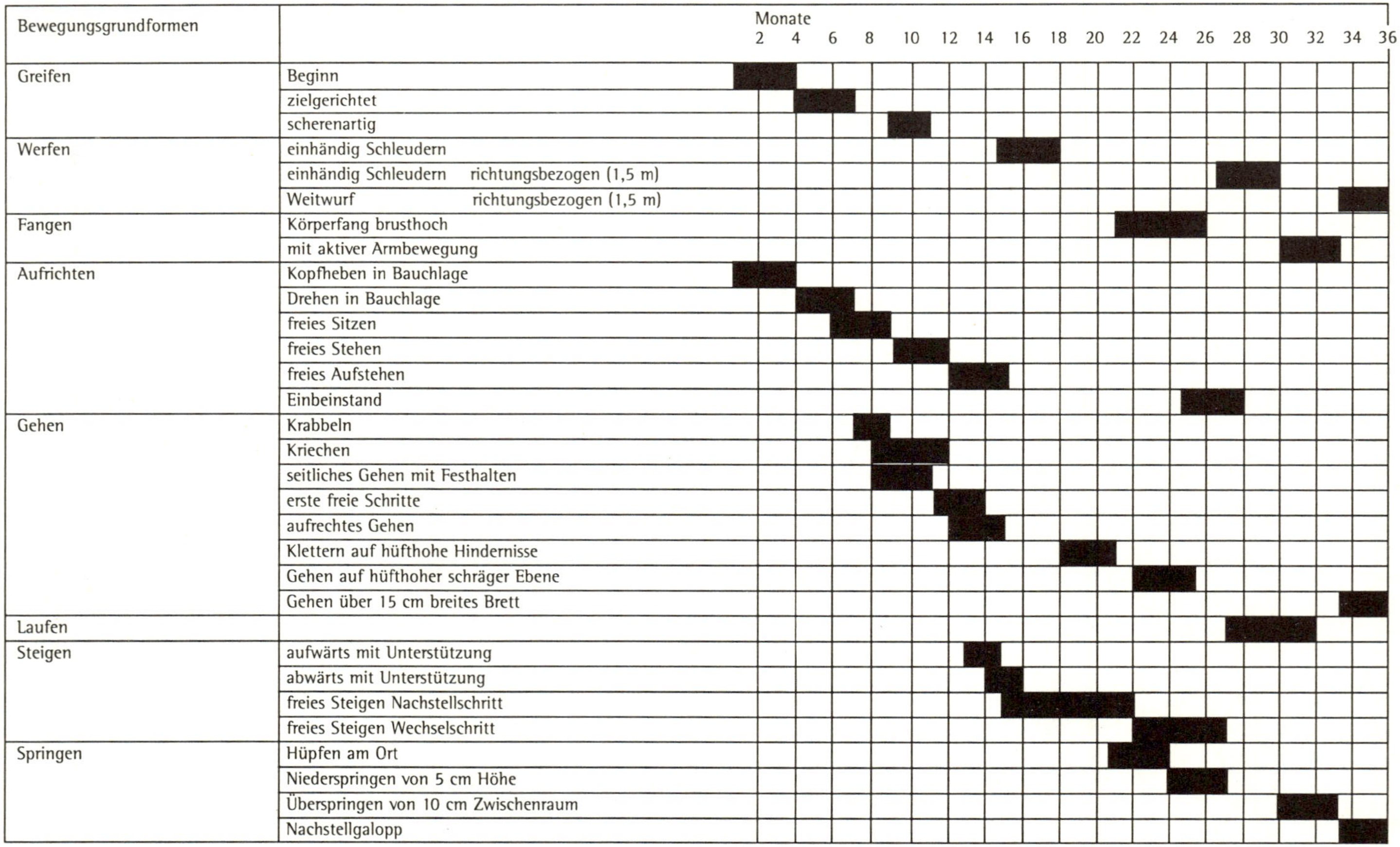

Abb. 23 Entwicklung der Bewegungsgrundformen nach BECKER (1978)

2.3 Entwicklung der Praxie

Praxie meint die Fähigkeit, zweckmäßige Handlungsabläufe planen und lenken zu können. Handlungsabläufe entstehen, indem Einzelbewegungen in eine richtige zeitliche Abfolge gebracht werden, um ein bestimmtes Ergebnis zu erzielen. LURIA (1966b) sieht die Praxie als ein Zusammenwirken des gesamten Gehirns, wobei jedem Gehirnteil eine spezielle Rolle für die Bewältigung einer Aufgabe zukommt.

REMSCHMIDT (1981) betont die regelrechte Entwicklung des Körperschemas als Grundlage der Praxie. AYRES (1984) geht davon aus, daß erst eine ausreichende Vorstellung von der Anatomie der Körperteile und der Positionen der Teile zueinander ein situationsadäquates Planen und Steuern von Handlungen ermöglicht (vgl. 3.3.2, 4.3.2).

Die Speicherung und Integration von Informationen aus den Bereichen der taktilen, der vestibulären und der propriozeptiven Wahrnehmung stellen dabei die Grundlage und Voraussetzung für schnelle und flüssige Handlungsabläufe dar. Erst das „unbewußte Wissen" um den Körper läßt vielfältige und komplexe Handlungsmöglichkeiten zu. Die Planungsfähigkeit ist vor allem kortikal gesteuert (siehe dazu auch BREITENBACH/JAROSCHEK 1995).

2.4 Entwicklung der Wahrnehmung

Die Wahrnehmung, d.h. die Aufnahme und Verarbeitung von Reizen aus dem eigenen Körper oder der Umwelt, erfolgt über verschiedene Sinnesorgane: Ohr mit Gleichgewichtsorgan, Auge, Nase, Zunge, Haut und Propriozeptoren. Die den Sinnesorganen entsprechenden Systeme lassen sich in Nah- und Fernsinne unterteilen:

- *Nahsinne*:
  taktiler Sinn, Geruchssinn, Geschmackssinn, Gleichgewichtssinn, Propriozeption (Tiefensensibilität)
- *Fernsinne:*
  Hörsinn, Sehsinn

Die Reizverarbeitung der Nahsinne läuft vornehmlich subkortikal ab, d.h. im Bereich des Hirnstammes. Sie kommt uns daher zumeist nicht zu Bewußtsein (z.B. beachten wir beim Treppesteigen auf gewohnten Stiegen unsere Beinbewegungen nicht mehr).

Die Informationen der Nahsinne, und hierbei vor allem diejenigen der taktilen Sinne, des Gleichgewichts- und Bewegungssinnes, sind in der frühkindlichen Entwicklung vorrangig. Sie sind von fundamentaler Bedeutung für die sich im Laufe der Entwicklung immer mehr differenzierende Handlungsfähigkeit wie auch für das Selbstbewußtsein des Kindes.

Das frühest ausgereifte Wahrnehmungssystem des Menschen ist das taktile. Es beinhaltet den Berührungssinn, den Schmerzsinn und den Temperatursinn als Oberflächensinne der Haut. Weiterhin gehört die Stereognosie (gekoppelt mit der Tiefensensibilität) hinzu als Fähigkeit, dreidimensionale Gegenstände taktil erkennen zu können. Die taktilen Sinne entwickeln sich über das globale Empfinden von Berührungsreizen hin zu einer zunehmenden Diskriminations- und Lokalisationsfähigkeit für Tasteindrücke. Das allmähliche Differenzieren von Hautreizen trägt dazu bei, daß das Kind eine immer genauere Vorstellung von seinem eigenen Körper erhält und die unterschiedlichen Oberflächenqualitäten in seiner Umwelt unterscheiden lernt.

Von ebenso elementarer Bedeutung für die Entwicklung ist der Gleichgewichtssinn. Durch ihn erhält das Kind Informationen über die Ruhelage seines Körpers im Raum, über Richtungs- und Bewegungsänderungen. Es entwickelt durch diesen Sinn ein Empfinden für die Schwerkraft. Es lernt, sich im Raum aufzurichten und immer komplexere Bewegungsabläufe durchzuführen. Der vestibuläre Sinn (Vestibulum = Gleichgewichtsorgan) trägt zur Erzeugung einer angemessenen Muskelspannung bei, die die Bewegungsfähigkeit entscheidend beeinflußt. Der Gleichgewichtssinn wirkt auch auf die allgemeine Erregbarkeit des Zentralnervensystems ein.

Der dritte Nahsinn – die Propriozeption (oder: Tiefensensibilität, kinästhetische Wahrnehmung) bezeichnet Wahrnehmungen aus Muskeln, Sehnen und Periost, aus Gelenkstellungen und -bewegungen. Sie ist von entscheidender Bedeutung für die Empfindung und Vorstellung unseres Körpers in seiner Raumlage und seinem Bewegungsausmaß und für die Fähigkeit zu zweckgerichteter Planung von Handlungsabläufen. Dieser Sinn informiert über

- das Verhältnis der Körperteile zueinander,
- die Stellung der Gelenke und Körperteile zueinander,
- die Beugung und Streckung der Muskeln, d.h. die Muskelspannung.

Die Propriozeption trägt also wesentlich zur Vorstellung vom Körper und dessen Bewegungsfähigkeit bei.

Die Fernsinne erlauben dem Individuum eine größere Reichweite. Durch sie kann der Mensch Informationen aufnehmen und auswerten, ohne daß er direkten Kontakt zum Wahrnehmungsgegenstand herstellen muß.

Wahrnehmung ist ein Prozeß zunehmender Differenzierung. Das anfänglich wahrgenommene diffuse Ganze wird mit zunehmender Entwicklung strukturiert. Die Verarbeitungsmuster werden komplexer. Das Kind erhält Informationen über einen oder mehrere Sinneskanäle, verarbeitet diese und fügt sie zu einem neuen Ganzen zusammen.

Erste Modalitätsverknüpfungen erfolgen nach AFFOLTER (1975) intramodal d.h. auf gleichem Sinnesgebiet (z.B. taktil-taktil). Etwa ab dem 3. Lebensmonat gelingen dem Kind intermodale Verknüpfungen, also eine gegenseitige Verbindung von Informationen aus verschiedenen Sinnesgebieten. Das Kind kann nun seinen Kopf willkürlich zu einer Schallquelle wenden und diese auch mit den Augen suchen. Die Sinneseindrücke beider Körperhälften können aber noch nicht miteinander verbunden werden. Der Mensch verarbeitet Informationen in dieser Zeit nur homolateral, z.B. sehen die Augen zu diesem Zeitpunkt noch getrennte Bilder. Bilaterale Wahrnehmungsleistungen erbringt das Kind, nach DELCATO (1979), mit ca. 9 Monaten. Nun kann es die Reize beider Körperhälften zu einer einzigen Information verknüpfen. Etwa in diesem Zeitraum beginnt sich die seriale Wahrnehmung zu entwickeln. Das Kind nimmt Sequenzen wahr. Handlungsabläufe können verfolgt werden.

Das Kind lernt im Laufe der ersten Lebensjahre, diese grundlegenden Möglichkeiten seines Wahrnehmungsapparates anzuwenden und zu differenzieren. Komplexere Verarbeitungsstrategien und Klassifikationsmöglichkeiten müssen entwickelt werden, um die einlaufenden Umweltreize sinnvoll zu deuten und darauf angemessen reagieren zu können. Es erfolgt im weiteren Entwicklungsverlauf vor allem eine zunehmende Differenzierung des auditiven und visuellen Wahrnehmungssystems. Für die visuelle Wahrnehmung bedeutet dies z.B. das Erkennen gleicher Gegenstände, Form- und Größenzuordnung, optische Merkfähigkeit, visuelle Figur-Grunderkennung. Das intakte Zusammenspiel *aller* Sinne ist jedoch nötig, um situationsadäquat handeln zu können. Erst nach erfolgreicher Integration der Wahrnehmungen und Empfindungen des Organismus kann eine angemessene Anpassungsreaktion an die jeweiligen Umweltbedingungen erfolgen.

Zwei wesentliche Aspekte der Wahrnehmungsverarbeitung sollen hier besonders hervorgehoben werden. Zum einen das Selektionsprinzip und zum anderen der enge Zusammenhang von Wahrnehmung und Bewegung.

2.4.1 Selektive Wahrnehmung

Wahrnehmen lernen ist „ein aktiver Prozeß der Verarbeitung von Information, die in den auftreffenden Reizen steckt" (OERTER 1973, S. 328). Durch den Wahrnehmungsvorgang wird die Reizfülle verringert, d.h. das Individuum selektiert das Reizangebot nach wichtigen und unwichtigen Reizen. Kann ein Kind die sich ihm ständig bietende Reizfülle nicht eindämmen, so wird es aufgrund dieser Reizüberflutung keine situationsadäquate Reaktion zeigen können. Es ist daher wichtig, manche Reize hemmen zu können, bevor sie zu einer Reaktion führen. Dies gelingt dem noch reflexgebundenen Säugling nicht. Wird z.B. der Greifreflex ausgelöst, so ist der Säugling nicht in der Lage, das Greifen in dieser Situation zu verhindern.

Die Reizauswahl erfolgt nach zwei übergeordneten Kriterien. Erstens soll die Umwelt möglichst objektiv erfaßt werden. Dies bedeutet für die Entwicklung der Wahrnehmung, daß das Kind lernen muß, bestimmte unveränderliche Merkmale der Objekte zu speichern und zu strukturieren. Diese Merkmale ermöglichen ihm die Identifikation der Objekte auch in neuen Wahrnehmungszusammenhängen. Es werden Muster gebildet, die das Einordnen und Interpretieren neuer Reize ermöglichen. Z.B. wird sich ein Muster für „rund" bilden, indem das Kind viele verschiedene runde Objekte manipulieren kann und sie immer wieder als Formen ohne Ecken erlebt.

Das zweite Kriterium der Selektion betrifft individuelle Faktoren, die die Wahrnehmungsleistungen und -möglichkeiten mitbedingen. Hier werden folgende Faktoren wirksam:

- die emotionale Gestimmtheit (z.B. Freude, Trauer)
- das Alter (z.B. wird ein dreijähriges Kind im Gegensatz zu einem halbjährigen Objekte seiner Umwelt bereits nach Farben ordnen können)

- momentane Bedürfnisse (z. B. Hunger)
- momentaner sozialer Rahmen (in bestimmten Situationen werden bestimmte Reize eher erwartet und damit auch schneller wahrgenommen als unerwartete)
- Art des Reizes (z. B. können taktil-kinästhetische Reize in der Ontogenese früher interpretiert werden, d. h. aus einer Reizfülle selektiert werden als beispielsweise rein visuelle)
- Häufigkeit des Reizes (Bei gleicher Reizkonstellation werden immer wieder gleiche Hirnzellen erregt. Die Wahrnehmung dieser Reizkonstellation erfolgt deshalb schneller als die Wahrnehmung weniger häufig auftretender Reizkonstellationen.)

Die Auslese und Verarbeitung von Reizen ist auch in starkem Maße von der Erfahrung, der Lernfähigkeit, der Motivation und Aufmerksamkeitshaltung des Individuums und der Organisation des ZNS abhängig. Ein drei Monate alter Säugling wird aufgrund seiner kürzeren Erfahrungszeit und noch wenig integrierten Neuralfunktionen nur in eingeschränktem Maße fähig sein, Formen zu differenzieren, was einem fünfjährigen Kind gelingen müßte.

2.4.2 Wahrnehmung und Bewegung

Wesentliche Strukturierungshilfen bei der Entwicklung der Wahrnehmungsfunktionen bietet dem Individuum die Bewegung. Die Entwicklung von Wahrnehmung und Bewegung läßt sich nur künstlich zum Zwecke einer besseren Systematisierung trennen. In der ontogenetischen Entwicklung bilden sie eine untrennbare Einheit, denn jede eingehende Information ist sensorischer und jede Reaktion motorischer Art. Das Reagieren auf Reize ist ein wesentlicher Aspekt der Wahrnehmungsentwicklung. Können Perzeption und Bewegung nicht verbunden werden, so bleiben perzeptive Information und motorische Reaktion ohne Zusammenhang. Ohne Verbindung von auditiver Wahrnehmung und Mundmotorik könnte z. B. ein Kind seine Lallmonologe nicht an den Lauten der Muttersprache orientieren.

Wegen der engen Verbindung von Wahrnehmung und Bewegung differenziert sich das taktil-kinästhetische Empfinden beim Kind schon sehr früh. Haut-, Muskel- und Gelenkrezeptoren müssen dem Kind ständig Informationen über die Ausführung seiner Bewegungen übermitteln. Nur so können sich allmählich differenzierte Bewegungsabläufe entwickeln.

Vor allem der Hand- und Fingerentwicklung kommt bei der Entwicklung der Hirnfunktion entscheidende Bedeutung zu. Das Kind erfährt seine Umwelt in der Bewegung und durch das Begreifen als eine Form der Bewegung. Es muß mit den Gegenständen manipulieren, sie „begreifen" können. Anfänglich erhält es dabei taktil-kinästhetische Rückmeldung über seine Muskelspannung, Handhaltung und über die Oberflächenbeschaffenheit und Form des Gegenstandes. Später kann es seinen Blick auf das Objekt lenken und erhält auf diese Weise zusätzlich visuelle Informationen. Durch die Integration dieser neuen Informationen kommt es zu einer angemessenen motorischen Reaktion.

Im weiteren Entwicklungsverlauf steuert zunehmend die Perzeption die Bewegung (z.B. beim gezielten Greifen nach einem Gegenstand). Durch die Bewegung können sich die zwei wesentlichen Phänomene der Wahrnehmung entwickeln:

- die Wahrnehmungskonstanz und
- Figur-Grundunterscheidung.

Das Kind lernt über die Manipulation mit Objekten, die *Wahrnehmungskonstanz* zu bilden. Ein runder Gegenstand bildet z.B. je nach Blickwinkel ein Oval oder einen Kreis auf der Netzhaut ab. Das Begreifen mit der Hand gibt jedoch gleichzeitig Informationen darüber, daß trotz der perspektivischen Verzerrung der Gegenstand rund ist. Das Kind sieht deshalb einen als rund erfahrenen Gegenstand immer rund, unabhängig von den Abbildungsverhältnissen auf der Netzhaut.

Als zweites entwickelt sich die *Figur-Grundunterscheidung*. Bewegungen bestimmter Körperteile werden aus den diffusen Massenbewegungen herausgegliedert. Das Empfinden dieser Differenzierung erfolgt über den taktil-kinästhetischen Wahrnehmungskanal. Das Kind erlebt z.B. an den bewegten Körperteilen einen gesteigerten Muskeltonus, der sich vom Wahrnehmungshintergrund – dem allgemeinen Muskeltonus – abhebt. Nach der Entwicklung dieser Figur-Grundwahrnehmung ist erst eine Bewegungskontrolle möglich. Jetzt kann durch gezielte Bewegung die Umwelt besser erforscht werden. Einzelreize werden bewußt wahrgenommen.

2.5 Entwicklung der Raumwahrnehmung

Raum bedeutet Tiefe, Abstand, Entfernung. Durch Abschätzen der Entfernung wird es, so KEPHART (1977), möglich, Objekte im Raum zu lokalisieren und zueinander in „räumliche“ Beziehung zu setzen. Es entsteht ein adäquat strukturierter Raum, der Vergleiche zwischen Objekten zuläßt. Besondere Bedeutung hat dieses „Raumgitter“ für die Orientierung, die Begriffsbildung und beim Umgang mit Zahlen.

2.5.1 Aspekte der Raumwahrnehmung

Die Raumwahrnehmung erfolgt nicht über einen eigenen Sinneskanal, wie z.B. Sehen und Hören. Vielmehr wird Wissen aus allen Wahrnehmungsbereichen in Wissen über den Raum umgesetzt. Ausschließlich durch Integration und richtige Interpretation vielerlei sensorischer Daten entsteht der Raumbegriff. Viele Hinweisreize für Entfernung müssen zusammenkommen und zu einem komplexen Gesamteindruck zusammengefaßt werden. Erst dann ist ein Urteil über die Entfernung und damit über den Raum möglich

Die direkteste Information kommt aus dem motorischen und kinästhetischen Bereich. Wir bewegen eine Hand oder unseren ganzen Körper zu einem Objekt hin. Die erfolgte Muskelanspannung macht die zurückgelegte Entfernung abschätzbar.

Weitere Informationen liefert der auditorische Bereich. Durch beidohriges Hören kann die Richtung einer Schallquelle angegeben werden. Ebenso kann in gewissem Maße auf die Größe und Beschaffenheit und die Entfernung eines Objektes oder eines Raumes geschlossen werden. Diese Information trägt zur Raumorientierung bei.

Alle weiteren Hinweisreize kommen aus dem visuellen Bereich. Durch die *Perspektive* schreiben wir Objekten im Raum verschiedene Positionen zu, wir interpretieren den Standort eines Dinges nach räumlichen Begriffen. Die *Akkomodation* vermittelt uns durch die propriozeptiven Endorgane am Ziliarmuskel dessen Spannungszustand und damit die Veränderung der Linse. Wir erhalten so Auskunft über den Abstand von Objekten. Durch die *Konvergenz* erhalten wir, so WOODWORTH und

SCHLOSBERG (1954), Hinweise über Abstand und Lokalisation eines Objektes im Raum. Die Propriozeptoren der sechs äußeren Augenmuskeln informieren uns dabei ständig über die Position jedes einzelnen Auges. Wir wissen, wohin jedes Auge sieht und können sie daher gemeinsam auf ein Objekt ausrichten. Die *Bildgröße* auf dem Augenhintergrund richtet sich nach Objektgröße und -abstand. Sie vermittelt Wissen über Abstand und Raumposition eines Gegenstandes.

Die *Stereoskopie* vermittelt uns Tiefenhinweise, d.h. Informationen über Abstand und relative Lage im Raum. Der Eindruck eines dreidimensionalen Raumes entsteht. Die *Bewegungsparallaxe* (d.h. nahe Objekte scheinen sich bei Augenbewegungen schneller zu bewegen als weiter entfernte) hilft bei der unterschiedlichen Lokalisierung von Gegenständen im Raum. Die Oberflächenbeschaffenheit eines Objektes verändert sich mit zunehmender Entfernung. GIBSON (1973) nennt diesen Hinweisreiz *Texturgradient.* Er unterstützt die Entfernungseinschätzung.

2.5.2 Entwicklungsverlauf

Kinder beginnen, nach KEPHART (1977), mit der Lokalisierung von Reizen in den ersten Lebenstagen. Hinweisreize werden ausgegliedert, sobald das Kind mit den Händen oder durch andere Bewegungen experimentieren kann. Während der Kindergartenzeit scheint die Hauptschwierigkeit des Kindes mit der Entwicklung der räumlichen Lokalisierung von Objekten und Dingen in seiner Umgebung zusammenzuhängen. Zunächst lokalisiert es nämlich Objekte nur in bezug zu sich selbst. Erst jetzt entsteht ein Koordinatensystem mit festen Richtungen. Das Kind kann in dieses objektive Gitter die Gegenstände seiner Umgebung einordnen. Dann setzt es zwei Dinge zueinander in Beziehung, deren Positionen es kennt. Es entwickelt, so BARTH (1958), eine Raumstruktur, d.h. das Kind reagiert auf den Raum als Gesamtheit, nicht nur auf Einzeldaten. Es baut in jeder neuen Umgebung eine völlig neue Raumstruktur auf, indem es jedes Objekt gleichzeitig zu sich selbst und zu allen anderen Objekten lokalisiert.

Das bei uns gebräuchliche Koordinatensystem ist der Euklidische Raum. Als erstes lernt das Kind die Schwerkraft kennen. Es macht Erfahrungen mit Haltung, Gleichgewicht und Körperschema. Damit erwirbt es sich gleichsam den Ursprung und Schnittpunkt des dreidimensionalen Koordinatensystems. Als nächstes lernt das Kind die vertikale Dimension als Richtung der Schwerkraft kennen. Wichtig ist dabei, daß es die Konstanz dieser Richtung wahrnimmt. Zunächst verläuft die Linie durch das verfeinerte Körperschema des Kindes, dann wird die Richtung unabhängig von der Lage des Körpers beibehalten.

Die horizontale Raumdimension entwickelt sich aus der Lateralität des Körpers. Die Rechts-Links-Richtung wird zuerst auf die Arme und Hände übertragen. Diese können durch Bewegung und damit durch kinästhetische Zusatzinformationen die horizontale Linie überprüfen. Erst dann wird die Links-Rechts-Linie auf Gebiete übertragen, die nicht mehr direkt nachprüfbar sind. Die Vorne-Hinten-Dimension des Raumes entwickelt sich aus den Hinweisreizen für Entfernung, die Tiefe vermitteln. Dabei entsteht zuerst ein Raum vor dem Kind, erst später hinter dem Kind. Alle drei Raumdimensionen müssen miteinander verschmelzen. Objekte werden dann auf allen drei Dimensionen gleichzeitig lokalisiert und im dreidimensionalen Raum in Beziehung gesetzt. Erst jetzt kann ein Unterschied zwischen der Position von zwei oder mehr Objekten wahrgenommen werden. Nun kann das Kind räumliche, arithmetische und andere abstrakte Gruppierungen wahrnehmen, verstehen und selber anordnen. Genaue Informationen über die Umwelt erhält das Kind, so KEPHART (1972), nur durch klare Beziehungen zwischen Objekten. Diese Beziehungen kann es aber nur in einem gut strukturierten Raum aufrechterhalten. Ohne solche Raumstrukturen verzerren oder verlieren sich die Beziehungen sehr schnell.

2.6 Entwicklung der Lateralität und Hemisphärendominanz

Der Mensch besitzt zwei ähnliche, von ihrer Funktion her jedoch unterschiedliche Gehirnhälften oder Hemisphären. Die beiden Hemisphären werden, nach REMSCHMIDT (1981), hauptsächlich durch circa 200 Millionen Nervenfasern im Bereich des Balkens (corpus callosum) miteinander verbunden.

2.6.1 Aspekte der Lateralität und Hemisphärendominanz

Durch den ständigen Informationsaustausch zwischen den beiden Hemisphären über den Balken ist, so HARTJE (1982), das isolierte Erfassen der Leistungen einer Hemisphäre prinzipiell nicht möglich. Auch CALANCHINI und TROUT (1981) sind der Meinung, daß die Funktionen der beiden Hemisphären nicht sauber voneinander zu trennen sind. Dennoch lassen sich empirisch Leistungsunterschiede feststellen.

Hemisphärenspezialisierung

Die Arbeitsteilung der beiden Hemisphären entwickelt sich erst mit zunehmendem Lebensalter und wird, nach REMSCHMIDT (1981), am besten durch den Begriff „funktionelle Asymmetrie des Gehirns" gekennzeichnet. HARTJE (1982) spricht hier von einer „funktionellen Hemisphärenspezialisierung". Diese Termini sind der herkömmlichen Bezeichnung „Hemisphärendominanz" deswegen vorzuziehen, „da Dominanz sich ausschließlich auf das Überwiegen der linken Hemisphäre für ‚sprachliche Funktionen' bezieht und man ebenso eine Dominanz anderer Hirnteile für andere Funktionen feststellen müßte" (REMSCHMIDT 1981, S. 46).

Eine Reihe von neueren Untersuchungen zeigen, daß sich die Funktionsspezialisierung der beiden Gehirnhälften wesentlich differenzierter darstellt als bisher angenommen. Die weitverbreitete Auffassung, daß in einer Hemisphäre die Sprache und in der anderen vor allem nonverbale Funktionen repräsentiert sind, ist nicht nur zu grob, sondern auch falsch. Ein Beispiel soll diese Behauptung belegen. In verschiedenen Untersuchungen von GEFFEN et al (1972), COHEN (1972), SEGALOWITZ und STEWART (1979) und UMILTA et al (1980) wurden den Versuchspersonen tachistoskopisch im rechten oder linken Gesichtsfeld Reize dargeboten. Als Stimuli dienten Buchstabenpaare (AA, ab, AB, ...). Die Aufgabe bestand darin, anzugeben, ob es sich dabei um lautgleiche (AA, aa, Aa, ...) oder lautungleiche, AB, ab, Ab, ...) Buchstabenpaare handelte.

Die Auswertung ergab folgende Hemisphärenspezialisierung. Keine Bevorzugung einer Hemisphäre oder eher eine Bevorzugung der rechten Gehirnhälfte zeigte sich, wenn die Buchstabenpaare sowohl lautlich als auch optisch übereinstimmten (AA, aa, BB, ...). Eine deutliche Dominanz der linken Hemisphäre ergab sich jedoch immer dann, wenn die Buchstabenpaare im Lautbild übereinstimmten, sich aber optisch voneinander unterschieden (Aa, Bb, ...). „Aus diesen Beobachtungen ist zu schließen, daß die funktionelle Dominanz der linken ‚sprachdominanten' Hemisphäre nur dort in Erscheinung tritt, wo die Aufgabenlösung eine phonetische oder semantische, über das Klangbild oder die Wort- bzw. Buchstabenbedeutung führende Informationsverarbeitung erfordert. Wo hingegen nicht unbedingt eine solche ‚linguistische' Verarbeitung notwendig ist, sondern wo die Aufgabe auch auf dem Weg des optischen figuralen Vergleichs, durch eine rein visuelle Informationsverarbeitung gelöst werden kann, erweist sich – auch bei Verarbeitung verbalen Materials – die rechte Hemisphäre als der linken ebenbürtig oder sogar überlegen" (HARTJE 1982, S. 34). Auf der Basis solcher gesicherter Erkenntnisse lassen sich den beiden Gehirnhälften eine Reihe von Funktionen zuschreiben (siehe Tabelle 4).

Tabelle 4 Hemisphärenspezialisierung (nach REMSCHMIDT/SCHMIDT 1981, HARTJE 1982, ROHEN 1975 und ECCLES 1977/78)

linke Hemisphäre	*rechte Hemisphäre*
Gerüche aus der linken Nasenhöhle	Gerüche aus der rechten Nasenhöhle
rechtes Gesichtsfeld	linkes Gesichtsfeld
rechte Körperhälfte (rechte Hand)	linke Körperhälfte (linke Hand)
Expressivsprache, Wahrnehmung von verbalem Material	Unterscheidung von Tonqualitäten, harmonische Tonfolgen, Sprachmodulation
semantische Unterscheidung	Musikalität, prosodische Merkmale der Sprache
abstrakte Analogien, Abstraktionsfähigkeit	Bild- und Mustererfassung, optische Beziehungen, Synthesefähigkeit
Analyse zeitlicher Abläufe	zeitliche Integration
arithmetische Fähigkeiten, analytisches, zählendes Rechnen	geometrische und räumliche Fähigkeiten, Raumorientierung
Detailanalyse, fokal auf Details gerichtet, individuelles Persönlichkeitsbewußtsein	ganzheitliches Bild-Denken, diffus, auf Erfassen von Ganzheiten gerichtet, überindividuelles Gesamtbewußtsein

Seitenpräferenz

Lateralität oder Seitenpräferenz bedeutet „bessere Leistungen eines paarig angelegten Aufnahme- oder Erfolgsorgans; raschere Wahrnehmung oder Reaktion, größere Geschicklichkeit oder Kraft“, (MARTINUS 1981, S. 78). Solche bisher bekannten und vorwiegend untersuchten Funktionen sind der bevorzugte Gebrauch der linken oder rechten Hand, des linken oder rechten Beines, Auges oder Ohres.

Bei der Lateralität oder Dominanz unterscheiden REMSCHMIDT/SCHMIDT und NIEBERGALL (1981) in Präferenzdominanz und Leistungsdominanz. „Die Präferenzdominanz zeigt sich im überwiegend spontanen Gebrauch einer Hand bei Verrichtungen des täglichen Lebens oder auch bei neuartigen Aufgaben. Bei der Leistungsdominanz hingegen werden Tätigkeiten geprüft, bei denen Genauigkeit, Schnelligkeit und Kraft eine Rolle spielen“ (REMSCHMIDT/SCHMIDT und NIEBERGALL 1981, S. 33).

Händigkeit, Dominanz der rechten oder linken Hand, bedeutet jedoch nicht, so MARTINUS (1981), daß die jeweilige kontralaterale Hemisphäre die sprachdominante ist.

2.6.2 Entwicklungsverlauf

Lateralität entwickelt sich nach SILVER und HAGIN (1972) sowohl innerhalb der Funktionen der beiden Großhirnhemisphären als auch in der sichtbaren Bevorzugung eines paarig angelegten Organes z.B. der Ohren, Füße, Augen. Dabei scheint die Sprache die Entwicklung der Händigkeit zu beeinflussen.

Bis zum Alter von etwa zwei Jahren besitzen die Hemisphären weitgehende Gleichwertigkeit. Funktionen werden noch nicht lateralisiert. Händigkeit ist nicht vorhanden. Die meisten Kinder sind daher „Ambidexter“ und führen Tätigkeiten jeweils unilateral gleichwertig, gelegentlich auch schon bilateral aus. Die Sprache entwickelt sich bereits lateral, da von Geburt an eine strukturelle Asymmetrie im Gehirn erkennbar ist.

Die Sprachfunktionen können, laut LENNEBERG (1972), in diesem Alter jedoch bei Störungen der linken Hemisphäre noch in 50 % der Fälle von der anderen Hemisphäre gleichwertig übernommen werden.

Ab zwei Jahren bevorzugt das Kind relativ eindeutig eine Hand, meist die rechte, um dann ab drei Jahren wieder bilateral zu agieren. Die rechte Hemisphäre kann auch jetzt noch die gesamte Sprachfunktion übernehmen, doch die linke Seite wird allmählich dominant.

Die Zeit zwischen dem 4. und 6. Lebensjahr zeigt meist Rechtsdominanz in der Händigkeit. Diese wechselt aber im 7. Lebensjahr oft wieder in eine bilaterale oder linksdominante Phase über und stabilisiert sich erst zwischen dem 8. und 9. Lebensjahr zu einer eindeutigen Rechts- oder Linkshändigkeit (GESELL, A./AMES, L. 1947, BELMONT, H./BIRCH, J. 1963). Während dieser ganzen Zeit kann sich also in der Handpräferenz eine im Normalbereich liegende Unsicherheit zeigen, die vor allem beim Erwerb der Kulturtechniken berücksichtigt werden muß.

Die zerebrale Dominanz für Sprache bildet sich zwischen dem 3. und 5. Lebensjahr aus. Bis zum Alter von 10 Jahren scheint jedoch die rechte Hemisphäre an Sprach- und Sprechfunktionen beteiligt zu sein. Erst ab 14 Jahren besteht eine fest ausgeprägte Lateralisation der Sprachfunktionen (meist links). Eine Gleichwertigkeit der Hirnhemisphären ist nicht mehr vorhanden.

Auch bei der Lateralisation anderer zerebraler Funktionen ist eine Entwicklung zu erkennen. So bildet sich z.B. bei der Raumwahrnehmung bis etwa zum 10. Lebensjahr vorwiegend die analytische Raumkapazität der linken Hemisphäre heraus. Ab 11 Jahren entwickeln sich dann die höheren Funktionen der Raumanalyse in der rechten Hemisphäre.

2.7 Entwicklungsstörungen

Informiert man sich über Lern- und Entwicklungsstörungen, so stößt man mit Sicherheit sehr schnell auf den Begriff „Teilleistungsstörung“ oder „Teilleistungsschwäche“. Wer nicht eine exakte Definition parat hat (z.B. von GRAICHEN 1979), kann diese Begriffe sehr leicht mißverstehen und meinen, es handele sich hier um Störungen einzelner Teilfunktionen, die isoliert gesehen und behandelt werden könnten. Um dieser Gefahr aus dem Wege zu gehen, verwenden wir den Begriff „Teilleistungsstörung“ nicht. Wir sprechen von „Integrationsstörungen“ und meinen damit Einschränkungen bei der Verarbeitung aufgenommener Eindrücke und Reize (vgl. dazu Kap. 1.3.3).

Wir gliedern die Verarbeitungsstörungen ähnlich wie MILZ (1980) folgendermaßen:

- *Modalitätsspezifische Störungen*
  Verarbeitungsstörungen in einzelnen Bereichen der vestibulären, taktil-kinästhetischen, visuellen und auditiven Wahrnehmung
- *Integrative Störungen*
  Schädigung integrativer Funktionen
- *Seriale Störungen*
  Störungen in der Fähigkeit, ein räumliches oder zeitliches Nacheinander von Reizen zu erkennen, zu behalten und in Handlung umzusetzen

Diese Einteilung der Verarbeitungsstörungen entspricht exakt den in Kap. 2.3.3 dargestellten Entwicklungsstufen von AFFOLTER (1975), (siehe Abb. 38).

In den vorangegangenen Kapiteln wurde die Entwicklung der Wahrnehmung, der Motorik, der Raumwahrnehmung und der Lateralität beschrieben. Entsprechend dieser Gliederung soll nun kurz auf die Verarbeitungs- oder Integrationsstörungen in diesen Bereichen eingegangen werden.

2.7.1 Wahrnehmungsstörungen

Wahrnehmungsstörungen geben, nach PREKOP (1980), ein sehr vielfältiges Bild ab. Ihrer Meinung nach kann man sie unterscheiden nach:

- unterschiedlicher Form
- Auftreten in verschiedenen Entwicklungsstufen
- Auftreten in verschiedenen Körperteilen

MISKE-FLEMMING (1980) und SINNHUBER (1983) gliedern die Wahrnehmungsstörungen nach ihren möglichen Ursachen. Sie kommen auf diese Weise zu folgender Einteilung:

- *Organische Ursachen*
  Schädigungen vor der Geburt oder pränatale Ursachen
  Schädigungen während der Geburt oder perinatale Ursachen
  Schädigungen im Kindesalter oder postnatale Ursachen
- *Umweltbedingte oder deprivative Ursachen*
  Mangel an Entwicklungsreizen

Meistens ist wohl eine Ursachenkombination anzutreffen. Ein frühgeborenes Kind mit einem organisch bedingten Hirnschaden muß z.B. zusätzlich noch mehrere Wochen im Krankenhaus in einer möglicherweise reizarmen Umwelt verbringen. Organische und deprivative Faktoren wirken sich in diesem Fall gleichzeitig negativ auf die Entwicklung des Kindes aus.

Am geläufigsten ist jedoch die Einteilung der Wahrnehmungsstörungen nach den einzelnen Sinnesmodalitäten. Bei dieser Art der Gliederung kann wie beim Begriff „Teilleistungsstörung" der Eindruck entstehen, es handele sich dabei um isolierte Ausfälle innerhalb eines Sinnesbereiches. Wir möchten (Störungen in den aufnehmenden Sinnesorganen sind ausgenommen) betonen, daß es sich unserer Meinung nach in den meisten Fällen auch hier um Verarbeitungs- oder Integrationsstörungen handelt. Vielen ist sicher die Einteilung der visuellen Wahrnehmungsstörungen nach FROSTIG und MÜLLER (1981) bekannt.

Dies sind Störungen im Bereich der

- visuomotorischen Koordination,
- Figur-Grundunterscheidung,
- Formkonstanzbeachtung, des
- Erkennens der Lage im Raum und des
- Erkennens räumlicher Beziehungen.

ZILCHER (1980) zählt für den Bereich der auditiven Wahrnehmung folgende Störungsbilder auf:

- akustische Differenzierungsschwäche
- Codierungsschwäche
- verkürzte Hör-Gedächtnisspanne

Differenziertere Ausführungen zu Störungen der auditiven Wahrnehmung finden sich bei BREITENBACH (1995).

Für die taktile, kinästhetische und propriozeptive Wahrnehmung sind uns keine derartigen Einteilungen bekannt. Im taktil-kinästhetischen und propriozeptiven Bereich unterteilen wir in Störungen der

- Figur-Grundwahrnehmung und der
- Differenzierungsfähigkeit.

Beim Wahrnehmen durch das vestibuläre System können die Störungen in

- Unterfunktion und
- Überfunktion

eingeteilt werden.

Ein wahrnehmungsgestörtes Kind hat Schwierigkeiten, Reize und Signale aus der Umwelt wahrzunehmen und situationsadäquat zu interpretieren. Diese Unsicherheit und das mögliche Mißverstehen führen zwangsläufig zu unangepaßten Reaktionen. Daraus entstehen Kontakt- und Beziehungsstörungen. Bei Fangspielen z. B. kann ein solches Kind das Anschlagen als körperlichen Angriff fehlinterpretieren und sich entweder vom Spiel zurückziehen oder aggressiv reagieren.

2.7.2 Störungen der Raumwahrnehmung

Kinder mit Integrationsstörungen zeigen häufig Auffälligkeiten in der Entwicklung der Raumwahrnehmung. Die Störungen können in folgenden, an der Entwicklung der Raumwahrnehmung beteiligten Bereichen auftreten:

- im Bereich der Halte-, Stell- und Gleichgewichtsreaktionen
- im Bereich der okularen Mechanismen, der Augenkontrolle
- im Bereich der Entwicklung des Körperschemas und der Lateralisation
- im Bereich der Fein- und Grobmotorik
- im Bereich der Auge-Hand-Koordination
- im Bereich der Integration, Interpretation, Speicherung und Ausgabe sensorischer Informationen
- im Bereich der Figur-Grund-Differenzierung und der Formkonstanz
- im Bereich der Wahrnehmung von Raumlage und räumlichen Beziehungen

Das Ergebnis dieser Störungen stellt sich im Erstunterricht häufig als eine schwerwiegende Raumlage-Labilität und/oder Lese-Rechtschreibschwäche dar. Ebenso zeigt das Kind oft Auffälligkeiten in Mathematik und im Schreiblehrgang.

Das raumwahrnehmungsgestörte Kind kann sich an seinem Körper und im Raum schlecht orientieren. Es bewegt sich daher meist sehr vorsichtig und ängstlich in seiner Umwelt. Es begibt sich nur zögernd in neue Räume und Situationen und schränkt damit seine Erfahrungsmöglichkeiten ein. Solche Kinder wirken meist still, zurückhaltend und emotional labil.

2.7.3 Störungen der Motorik

Bei der Einteilung der Störungen im Bereich der Motorik orientieren wir uns an ASCHMONEIT (1974) und RIEBEL (1980). Die Störungen in der Entwicklung der Motorik können in folgenden Bereichen auftreten:

- *im Bereich des Bewegungsverhaltens*
  motorische Überaktivität
  motorische Gehemmtheit
- *im Bereich der Fein- und Grobmotorik*
  Hand-, Finger- und Mundmotorik
  Schreibbewegungsabläufe
  Reflexe
  Halte-, Stell- und Gleichgewichtsreaktionen
- *im Bereich der Sensorik*
  taktil-kinästhetische
  visuelle
  auditive Verarbeitung
  Reaktionszeit
- *im Bereich der Lateralisation*
  Bilateralintegration
  Ambidextrie
- *im Bereich der Genauigkeit von Bewegungen*
  Krafteinsatz, -dosierung und -steuerung
  Auge-Hand/Fuß-Koordination
- *im Bereich der Planung und Vorwegnahme von Bewegungsabläufen*
  Dyspraxie
- *im Bereich der Gestalt- und Raumwahrnehmung*
  Figur-Grund-Diskrimination
  Formkonstanz
  Raumlage und räumliche Beziehungen

- *im Bereich obligat geltender Körperbehinderungen*
  körperliche Mißbildung
  Wachstums- und Funktionsstörungen
  zerebrale Bewegungsstörungen (Spastik, Dyskinesien, Ataxie)
  Unfallfolgen

Störungen aus dem Bereich der obligaten Körperbehinderungen sehen wir nicht als primäre Integrationsstörungen an und können sie daher nur begrenzt mit unserer Therapie angehen.

2.7.4 Dyspraxie

Kinder mit Dyspraxie können trotz intakter organischer Funktionen zweckmäßige Bewegungsabfolgen nicht oder nur eingeschränkt durchführen. Die Planung der Handlungsabfolge ist gestört. Die Kinder wissen durchaus was sie ausführen sollen, können aber die Gesamtplanung und Ausführung nicht vornehmen. Z.B. haben diese Kinder Schwierigkeiten beim Anziehen oder Schleife binden.

Es existieren noch keine eindeutigen Aussagen über die Ätiologie dieses Störungsbildes. REMSCHMIDT (1981) und AYRES (1979) gehen davon aus, daß die Fähigkeit zum motorischen Planen auf einem differenziert entwickelten Körperschema beruht. Das heißt, das Kind muß ein Wissen um die Verhältnisse seiner Körperteile zueinander und deren Bewegungsmöglichkeiten haben. Bei mangelnder Integration des vestibulären Systems, der propriozeptiven Mechanismen und der diskriminativen taktilen Funktionen ist die Entwicklung einer Vorstellung des eigenen Körpers beeinträchtigt. Somit können auch Bewegungen nur wenig flexibel ausgeführt werden. Ein Kind, das z.B. nur diffuse Meldungen der somatosensorischen Rezeptoren (Haut-, Muskel- und Gelenkrezeptoren) über die Lage, Anzahl und Größe seiner Finger erhält, wird auch Probleme bei der Stifthaltung haben, die ein kompliziertes Zusammenspiel vieler differenzierter Einzelbewegungen der Finger ist. AYRES (1979) nimmt an, daß bei dyspraktischen Kindern diffuse taktile Reize nicht adäquat gehemmt werden können. Eine solche Hemmung würde aber eine größere Spezifität der sensorischen Analyse ermöglichen, d.h. das Kind erhielte genauere Informationen über seinen Körper und dessen Bewegungen.

Während Dyspraxien bei Erwachsenen vor allem Folgen von Läsionen verschiedener Hirnteile sind, vermutet man, daß bei den sogenannten Entwicklungsdyspraxien im Kindesalter Integrationsstörungen zugrundeliegen. Dyspraktische Kinder fallen auf durch z.B. verlangsamte, ungelenke Bewegungen, nicht zielgerichtete Handlungen, Probleme bei alltäglichen Handlungen wie Anziehen, Kneten, Schneiden, Kleben und in der Schule beim Schreibenlernen.

REMSCHMIDT (1981) teilt die Entwicklungsdyspraxien wie folgt ein:

- *konstruktive Dyspraxie*
  Störung bei „gestaltenden Handlungen“. Sie geht meistens einher mit Störungen der räumlichen Orientierung, des Körperschemas und einer ungenügend ausgebildeten Lateralisation (z.B. Fingeragnosie).
- *räumliche Dyskinese*
  Die zeitliche Abfolge von Bewegungen, die räumliches Orientieren erfordert, kann nicht eingehalten werden. Selbst die Imitation von Bewegungsfolgen ist erschwert. Eine Störung des Körperschemas fällt auf.

REMSCHMIDT (1981) weist auf einige spezielle Formen der Dyspraxie hin, z.B. die okuläre Dyspraxie als Unfähigkeit einem bewegten Gegenstand mit den Augen zu folgen. Für die Arbeit mit sprachgestörten Kindern ist von Interesse, daß die kortikale Dysarthrie als eine verbale Dyspraxie gesehen werden kann. Die Ausführung adäquater Artikulationsbewegungen ist gestört.

Die Kinder erscheinen beim Erlernen eines neuen Spieles langsamer, da sie die erforderlichen Bewegungen immer wieder erneut planen müssen. Die mangelnde Körperwahrnehmung erlaubt den Kindern nicht zu begreifen, wie ihr Körper auf das neue Angebot reagieren soll. Häufig zerbrechen diese Kinder Spielzeug, weil sie spielen wollen, die Geräte aber nicht adäquat handhaben können. Die Kinder haben Probleme beim Zeichnen, Schreiben, Kneten usw. Ihre Wahrnehmung für Raumqualitäten taktiler Reize ist eingeschränkt. Z.B. spüren sie Berührungsreize häufig nur diffus. Eine Lokalisation ist ihnen nicht möglich. Im Sport wirken sie tolpatschig. Sie wissen nicht, wie sie ihre Körperteile einem Sportgerät anpassen sollen. Das dyspraktische Kind hat also erhebliche Schwierigkeiten sich mit den Gegebenheiten der Umwelt zu arrangieren bzw. auf die Umweltreize adäquat zu reagieren. Infolgedessen fühlt es sich unsicher und hilflos. Die Anforderungen der Umwelt wirken verwirrend und hindern das Kind am neugierigen Entdecken. Solche Kinder zeigen häufig eine starre, negative und unflexible Haltung ihrer Umwelt gegenüber.

Die eingeschränkte Möglichkeit, sich aktiv mit der Umwelt auseinanderzusetzen, führt zu emotionalen Problemen. Die schlechte Körperwahrnehmung läßt die Kinder nur ein schwaches Ich-Gefühl entwickeln. Sie sind unsicher im Bezug auf ihre Individualität, weil sie zu wenig von sich spüren. Ihr Gefühlsleben ist instabil (siehe dazu auch BREITENBACH/JAROSCHEK 1995).

2.7.5 Zusammenfassung

In den vorangegangenen Kapiteln wurde eine Reihe von Entwicklungsstörungen beschrieben. Wir möchten betonen, daß solche Einzelstörungen durch Förder- und Leistungsdiagnostik zwar oft im Vordergrund stehen, aber nie isoliert gesehen werden dürfen. Derartige Ausfälle betreffen nicht nur „Einzelteile" eines Kindes, sondern seine ganze Person. Eine Wahrnehmungsstörung z.B. wirkt sich unweigerlich auch auf die Entwicklung der Gesamtpersönlichkeit des Kindes aus und beeinflußt dessen Fühlen, Denken und Handeln. Gestört sind niemals alleine die Sprechwerkzeuge oder das visuelle Wahrnehmungssystem eines Kindes, sondern es sind immer auch mehr oder weniger deutliche Auffälligkeiten im emotionalen Bereich und im Sozialverhalten vorhanden. Dessen muß sich ein Untersuchender und Behandelnder immer bewußt sein, will er eine zutreffende und umfassende Diagnose stellen und eine erfolgreiche Behandlung durchführen.

3 Diagnostik

Mit Hilfe der diagnostischen Untersuchung bemühen wir uns, möglichst differenzierte, exakte und umfassende Informationen über Art und Ausmaß der vorliegenden Lernstörung zu erhalten. Diagnostik wird hier also nicht vorrangig als Mittel der Selektion verwendet, sondern sie wird „als Einbringen von Informationen für und über Behandlungen verstanden“ (PAWLIK 1976, S. 34).

Die diagnostische Untersuchung ist deshalb auch nicht nur ein einmaliger Akt, sondern sie ist ein ständiger Begleiter des Therapieverlaufs, ist Prozeßdiagnostik. Durch sie wird zwar zunächst ein Ist-Zustand festgestellt, sie dient aber darüber hinaus auch der Messung von Veränderungen, die durch die Therapie hervorgerufen werden. Sie vermittelt Informationen über Erfolge oder Teilerfolge der Therapie und hilft so, die Frage nach der Richtigkeit der ergriffenen therapeutischen Maßnahmen zu beantworten. Sie gibt dem Therapeuten Hinweise, wann bestimmte Teilziele erreicht sind, und er in der Therapie weitergehen und neue Ziele anvisieren kann.

Dieses Verständnis von Diagnostik erfordert eine enge und fortlaufende Zusammenarbeit zwischen dem in unserer Situation mehr diagnostisch tätigen Psychologen und dem mehr therapeutisch arbeitenden Pädagogen. Eine solche Kooperation ist nur dann möglich und gewinnbringend, wenn der Diagnostiker um die Ziele und Strategien der Therapie weiß, und wenn der Therapeut die verwendeten Verfahren kennt und es versteht, mit diagnostischen Daten sinnvoll umzugehen.

Die Vorstellung von einer prozeßorientierten Diagnostik hat uns auch dazu bewogen, neben standardisierten Meßverfahren klinische Untersuchungsmethoden zu verwenden. Ein weiterer Grund für das Hinzunehmen klinischer Untersuchungsmethoden liegt darin, daß die vorhandenen standardisierten Verfahren das komplexe Syndrom der Lernstörung nicht im für uns befriedigenden Ausmaß erfassen können.

3.1 Standardisierte Verfahren

In diesem Kapitel kommt es uns nicht darauf an, alle zur Zeit auf dem Markt vorhandenen Testverfahren aufzuführen und zu diskutieren, sondern wir wollen auf einige wenige Tests aufmerksam machen, die sich für unsere Arbeit als brauchbar erwiesen haben.

3.1.1 Motorik

Im Bereich der Motorik bieten sich unserer Meinung nach vor allem drei Verfahren an:

- Lincoln-Oseretzky-Skala, LOS KF 18
  Mit diesem Test wird nach EGGERT (1974) der allgemeine motorische Entwicklungsstand global erfaßt. Es existieren Normwerte für geistig behinderte (von 7,0 bis 13,11 Jahren), für lernbehinderte (von 8,0 bis 12,11 Jahren) und für normalentwickelte Kinder (von 5,0 bis 13,11 Jahren). Dieser Test besteht aus 18 Items (Aufgabenbeispiele: Nase berühren, Rückwärtsgehen, über ein Seil springen, Ballfangen, Kreise ausschneiden) und seine Durchführung nimmt etwa 30 Minuten in Anspruch.

- Körper-Koordinationstest für Kinder, KTK
  Laut SCHILLING (1974a) prüft der KTK die Bewegungsdimension „Gesamtkörperbeherrschung“ und enthält vier Bewegungsaufgaben:
  - Balancieren rückwärts (BR) über verschieden breite Latten
  - Monopedales Überhüpfen (MÜ) von rechteckigen Schaumstoffplatten
  - Seitliches Hin- und Herspringen (SH) über eine Holzleiste
  - Seitliches Umsetzen (SU) auf zwei flachen Podesten

Für die Altersgruppe von 5 bis 14 Jahren liegen differenzierte Normwerte auch für verhaltensgestörte und hirngeschädigte Kinder vor.

- Southern California Sensory Integration Tests, SCSIT
  Innerhalb der SCSIT faßt AYRES (1980) sechs Subtests zusammen, die die motorische Leistungsfähigkeit (Motor Performance) überprüfen. Ein weiteres Eingehen auf diese Subtests ist an dieser Stelle nicht erforderlich, da die SCSIT in einem folgenden Kapitel ausführlich beschrieben werden.

3.1.2 Lateralität

Die vorhandenen Testverfahren in diesem Bereich beschäftigen sich vorwiegend mit dem Problem der Händigkeit. Dabei müssen, nach REMSCHMIDT und SCHMIDT (1981), zwei unterschiedliche Funktionen differenziert werden, die Präferenzdominanz und die Leistungsdominanz (siehe Kap. 2.6).

Die *Präferenzdominanz* „wird überprüft, indem man entsprechende Funktionsproben ausführen oder gestisch darstellen läßt und registriert, mit welcher Hand sie ausgeführt werden" (REMSCHMIDT und SCHMIDT 1981, S. 33). Für diesen Funktionsbereich entwickelte SCHILLING (1974b) ein standardisiertes Beobachtungsinstrumentarium für Kinder, das aus 20 verschiedenen Aufgaben besteht (z.B. Nähen, Würfeln, Kämmen, Blumen gießen).

Die Prüfung der *Leistungsdominanz* „erfolgt getrennt für die rechte und für die linke Hand. Aus den Ergebnissen kann ein Index gebildet werden, der rechtshändige und linkshändige Leistungen in ein Verhältnis bringt" (REMSCHMIDT und SCHMIDT 1981, S. 33). Der Dominanzindex gibt keine Informationen über eine eindeutige Rechts- und Linkshändigkeit, sondern ermöglicht ein Einordnen auf einem Kontinuum zwischen einer vorwiegend rechtshändigen oder vorwiegend linkshändigen Ausprägung im Hinblick auf eine bestimmte Leistung. Ein bekanntes, im Kindesalter anwendbares Verfahren zur Prüfung der Leistungsdominanz ist der von STEINGRÜBER und LIENERT (1971) entwickelte Hand-Dominanz-Test (H-D-T). Dieser Test besteht aus drei Aufgaben:

- Spurennachzeichnen (SN)
- Kreisepunktieren (KP)
- Quadratepunktieren (QP)

Der Test kann bei Kindern im Alter von 6,0 bis 10,0 Jahren angewandt werden. Für diesen Altersbereich kann man die Rohwerte in Standardwerte und Prozentränge transformieren.

REMSCHMIDT und SCHMIDT (1981) betonen, daß alle gängigen Erhebungsmethoden im Bereich der Handdominanz den Nachteil aufweisen, ausschließlich psychomotorische Leistungen zu erfassen, obwohl die Überprüfung auch in anderen Bereichen, wie z.B. im Bereich der taktilen oder kinästhetischen Wahrnehmung, durchaus möglich wäre. Diesen Mangel weisen die von AYRES (1980) konstruierten SCSIT nicht mehr auf. Fast alle Subtests aus dem somatosensorischen und motorischen Bereich lassen sich für die rechte und linke Hand getrennt auswerten. Es ergibt sich so eine Fülle von Informationen über die Händigkeit, die sowohl an motorischen als auch an taktil-kinästhetischen Funktionen überprüft wird.

3.1.3 Wahrnehmung

Wohl mit Abstand der bekannteste Test zur Überprüfung der visuellen Wahrnehmung ist „Frostigs Entwicklungstest der visuellen Wahrnehmung“ (FEW). Der Test besteht aus fünf Subtests, die wichtige Funktionen der visuellen Wahrnehmung überprüfen:

- Visuomotorische Koordination (VM)
- Figur-Grund-Unterscheidung (FG)
- Formkonstanz-Beachtung (FK)
- Erkennen der Lage im Raum (LR)
- Erfassen räumlicher Beziehungen (RB)

Für Kinder im Alter von 4,0 bis 7,11 Jahren stehen Normen zur Verfügung.

Die ersten vier Subtests in den SCSIT beziehen sich ebenfalls auf die visuelle Wahrnehmung (Visual Perception). Zusätzlich zur visuellen Wahrnehmung wird durch die SCSIT auch die Wahrnehmung im vestibulär-taktil-kinästhetischen Bereich erfaßt. Eine genauere Beschreibung der entsprechenden Subtests folgt in einem späteren Kapitel.

Zur Überprüfung der auditiven Wahrnehmung existiert unseres Wissens zur Zeit nur ein brauchbares Testverfahren, der Test zur auditiven Wahrnehmung, TAW. FRITZE (1979) hat diesen Test konstruiert und auf Testgütekriterien hin überprüft. Der Test enthält 36 Aufgaben, die sich auf folgende 7 Bereiche aufteilen:

- Geräuschdiskrimination
- Wortlängen
- Reimwörter
- Klangeigenschaften
- Silben
- Lautbewußtsein
- Emotionen

Dieses Verfahren ist leider noch nicht normiert. Aus diesem Grund existieren auch noch keine Standardwerte, die einen Vergleich der erzielten Ergebnisse mit der Gruppe der Gleichaltrigen ermöglichen.

Bis die Normierung dieses Verfahrens geleistet worden ist, kann man sich bei der Überprüfung der akustischen Wahrnehmung mit Subtests aus dem Psycholinguistischen Entwicklungstest (PET) behelfen. Für diesen Zweck erscheinen uns folgende Subtests als geeignet:

- Zahlenfolgen-Gedächtnis (ZFG)
- Laute Verbinden (LV)
- Wörter Ergänzen (WE)

3.1.4 Kognitive Entwicklung

Der Stand der kognitiven Entwicklung läßt sich nach unseren Erfahrungen bei lerngestörten Kindern am besten mit folgenden Verfahren überprüfen:

- Hannover-Wechsler-Intelligenztest für das Vorschulalter –
  HAWIVA (4,0 – 6,5 Jahre)
- Hamburg-Wechsler Intelligenztest für Kinder –
  HAWIK (6,0–15,11 Jahre)
  Seit dem Frühjahr 1983 ist eine Revision des HAWIK, der HAWIK-R, auf dem Markt. Eigene Erfahrungen und Erfahrungen zahlreicher Kolleginnen und Kollegen mit dieser HAWIK-Revision brachten uns zu der Überzeugung, daß diese Neuform des HAWIK zur Überprüfung der Intelligenzleistung bei stark lerngestörten Kindern nur schwer verwertbare Ergebnisse liefert. Wir verwenden deshalb weiterhin die alte Form des HAWIK, benützen jedoch zur Auswertung und Interpretation die neu errechneten Normwerte von SCHUBERT und BERLACH (1982).

- Raven – Matrizentest – CPM (4,9–11,0 Jahre)
- Grundintelligenztest, CFT 1 (5,3–9,5 Jahre)
- Kaufman – Assessment Battery for Children, K-ABC (2,6–12,5 Jahre)

3.1.5 Anamnese

Nach unseren Erfahrungen stellt eine sauber erhobene Anamnese eine Fülle von wichtigen Informationen zur Verfügung, die zur Beurteilung der vorliegenden Störung, vor allem zur Differentialdiagnostik, unbedingt erforderlich sind. Durch die Anamnese ergibt sich ein Einblick in den gesamten bisherigen Entwicklungsverlauf sowie in die familiäre und häusliche Situation, in der das Kind lebt und aufgewachsen ist.

Oft lassen sich nur im Zusammenhang mit anamnestischen Daten, so Harbauer, Lempp, Nissen und Strunk (1980), Störungsbilder wie frühkindliche Hirnschädigungen, Teilleistungsstörungen, minimale cerebrale Dysfunktion oder das exogene Psychosyndrom eindeutig diagnostizieren.

Aus diesem Grund haben wir einen Anamnesebogen entwickelt, bei dem wir uns bemüht haben, alle für die Diagnose der verschiedensten Störungsbilder notwendigen Daten zu erfassen.

Anamneseprotokoll

Name des Kindes: ....

Geburtsdatum: ....

Anschrift : ....

Name des Vaters: .... geb. ....

Beruf: ....

Name der Mutter: .... geb. ....

Beruf: ....

Geschwister : .... Alter: ....

bisherige Untersuchungen und Behandlungen (wo, wann):

....

....

....

....

....

....

Anamnese erhoben durch: ....

Anamnese erhoben mit: ....

Anamnese erhoben am: ....

Schwangerschaft

( ) Blutungen

( ) Medikamente ....

( ) Bluthochdruck der Mutter

( ) Lageabnormalität (Steißlage)

( ) Unfälle, Stürze ....

( ) Röntgenuntersuchung

( ) Infektionskrankheiten (Röteln, Toxoplasmose)

( ) psychischer Stress

( ) Alkoholkonsum, Rauchen

( ) weitere Krankheiten der Mutter ....

( ) Mutter mußte längere Zeit liegen, ... Wochen

Geburt

( ) Mehrlingsgeburt

( ) Frühgeburt

( ) Übertragen

( ) Nabelschnurumschlingung

( ) Blaufärbung des Neugeborenen

( ) lange Geburtsdauer (insgesamt über 12 Std/Austreibungsphase über 30 Min.)

( ) Geburt mit Hilfe der Saugglocke

( ) APGAR-Werte: 8 9 10 8 9 10 8 9 10

( ) Kaiserschnitt

( ) Geburtsgewicht unter 2500 g

( ) Geburtsgewicht über 4000 g

( ) Blutgruppenunverträglichkeit

Verhalten des Neugeborenen und Säuglings

( ) Kind wurde nicht gestillt

( ) Kind wurde gestillt .... Monate

( ) brustscheu

( ) schwaches Saugen

( ) trinkt nur kleine Mengen

( ) häufiges Erbrechen

( ) häufiger Durchfall

( ) bevorzugt weiche Nahrung

( ) ständiges Schreien

( ) Apathie und Bewegungslosigkeit, ruhiges Kind

( ) erhöhte Unruhe

( ) allgemeine Reizüberempfindlichkeit

( ) Krämpfe ....

( ) zittrige Bewegungen

( ) Speichelfluß (über den 12. Lebensmonat hinaus)

( ) Schlafstörungen (Aufschrecken, geringes Schlafbedürfnis)

Krankheiten des Kindes

( ) Kinderkrankheiten (Masern, Mumps, Keuchhusten, Windpocken, Röteln, Scharlach, Diphterie)

( ) häufige Erkältungen

( ) Hirnhautentzündung

( ) Stürze, Unfälle ....

( ) Anfallsleiden

( ) Krankenhausaufenthalte ....

....

Motorische Entwicklung

Sitzen .... Monate
Krabbeln .... Monate
Laufen .... Monate
Sauber: tagsüber .... nachts ....

Sprachliche Entwicklung

erste Worte .... Monate
erste einfache Zweiwortsätze .... Monate

( ) schlecht verständliche Sprache

( ) geringer Wortschatz

( ) spricht sehr wenig

( ) stottert

Sozialverhalten

( ) spielt vorwiegend mit jüngeren Kindern

( ) spielt vorwiegend mit älteren Kindern

( ) Außenseiter

( ) kann sich in der Gleichaltrigengruppe nicht durchsetzen, gibt gerne nach

( ) hält sich nicht an Regeln und Abmachungen

weitere Bezugspersonen ....

erste Zähne .... Monate

Bemerkungen ....

....

3.2 Southern California Sensory Integrations-Tests (SCSIT)

Die SCSIT wurden 1980 von der amerikanischen Psychologin und Ergotherapeutin Dr. JEAN AYRES veröffentlicht. Sie sind aus verschiedenen Tests zusammengesetzt, die großteils schon zu früheren Zeitpunkten erschienen waren.

3.2.1 Beschreibung der Subtests

Die SCSIT umfassen 17 Subtests, die so konstruiert sind, daß sie von den Testpersonen ohne sprachliche Äußerungen bearbeitet werden können. Sie werden von AYRES (1980) in vier Bereiche eingeteilt:

- Visual Perception (visuelle Wahrnehmung) 4 Subtests
- Somatosensory Perception (Wahrnehmung von Körperempfindungen) 6 Subtests
- Motor Performance (motorische Leistungsfähigkeit) 6 Subtests
- Other (weitere Tests) 4 Subtests

EMRICH (1984a) schlägt folgende Einteilung vor:

- Tests zur visuellen Wahrnehmung (3 Subtests)
- Feinmotorische Tests (2 Subtests)
- Taktil-kinästhetische Tests (6 Subtests)
- Tests zum Körperschema (6 Subtests)

Im folgenden werden die einzelnen Subtests kurz in der Reihenfolge der Durchführung vorgestellt.

Space Visualization – räumliche Wahrnehmung (SV)

Dieser Subtest mißt das räumliche Vorstellungsvermögen, die Raumorientierung und die Schnelligkeit der Wahrnehmung.

Die Testperson wählt von zwei Formen (Ei oder Raute) diejenige aus, welche in das vorgelegte Formbrett paßt (siehe Abb. 24).

Abb. 24 Item aus Subtest SV (MICHAELIS 1983, S. 44).

Figure-Ground-Perception – Figur-Grund-Wahrnehmung (FG)

Dieser Subtest überprüft die Fähigkeit der Testperson, Figuren vom Hintergrund zu differenzieren. Wahrnehmungsgenauigkeit und Wahrnehmungsgeschwindigkeit werden gemessen.

Der Testperson werden eine Reihe von Bildern vorgelegt. Auf jedem sind drei übereinandergezeichnete Gegenstände oder geometrische Formen zu sehen. Die Testperson soll diese drei Formen oder Bilder aus einer Auswahl von sechs Möglichkeiten heraussuchen (siehe Abb. 25).

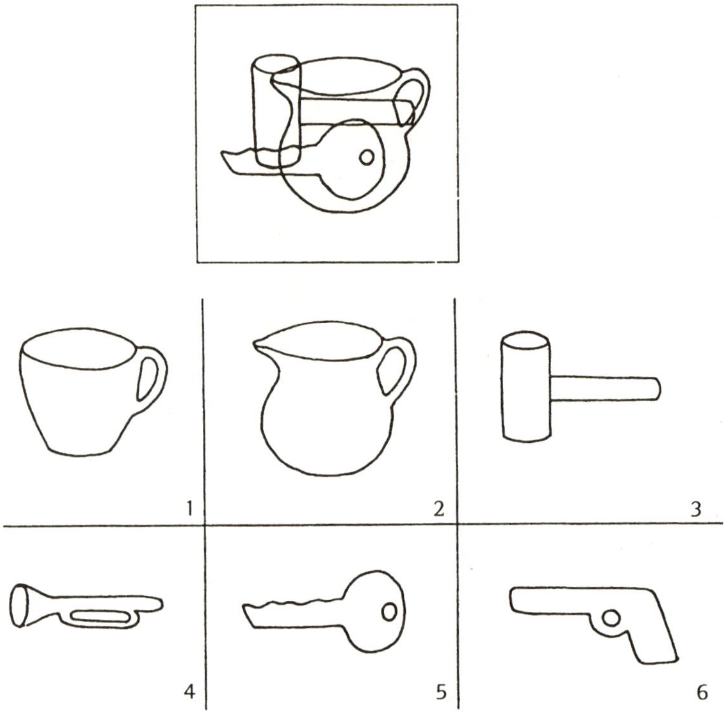

Abb. 25 Item aus Subtest FG.

Position in Space – Stellung im Raum (PS)

Die Testperson muß beim Bewältigen dieser Aufgaben die gleiche graphische Gestalt in verschiedenen räumlichen Lagen, bzw. unter anderen ähnlichen Formen wiedererkennen. Überprüft wird das visuelle Gedächtnis, die Wahrnehmung der Lage im Raum und die Wahrnehmungsschnelligkeit (siehe Abb. 26).

Design Copying – Muster nachzeichnen (DC)

Durch die Aufgaben dieses Subtests soll das visuelle Gedächtnis, das Erkennen räumlicher Beziehungen und das motorische Planen untersucht werden.

Der Subtest fordert von den Testpersonen, ein geometrisches Muster, das auf ein Feld mit Punkten gedruckt ist, auf einem darunterliegenden Punktefeld nachzuzeichnen (siehe Abb. 27).

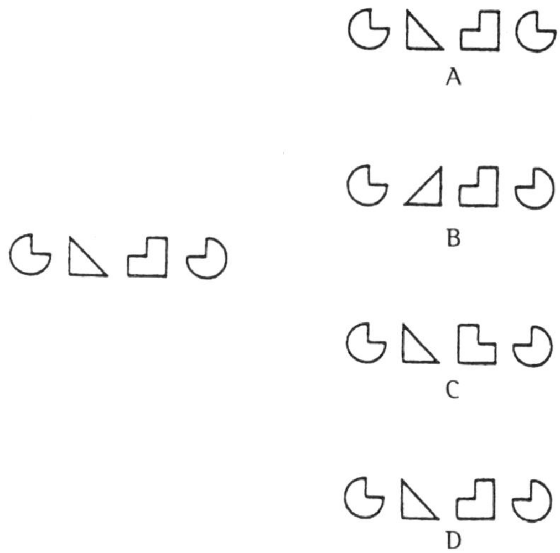

Abb. 26 Item aus Subtest PS.

Kinesthesia – Kinästhetische Wahrnehmung (KIN)

Dieser Subtest prüft die Wahrnehmung der Gelenkbewegungen und Gelenkstellungen, das Bewegungsgefühl.

Bei diesem Test „besucht" die Testperson mit ihrem Finger Freunde und Bekannte nach einem vorgegebenen Schema von zehn verschiedenen Anfangs- und Zielpunkten. Der Testleiter führt den Zeigefinger der Testperson von einem Anfangspunkt zum Zielpunkt und wieder zurück.

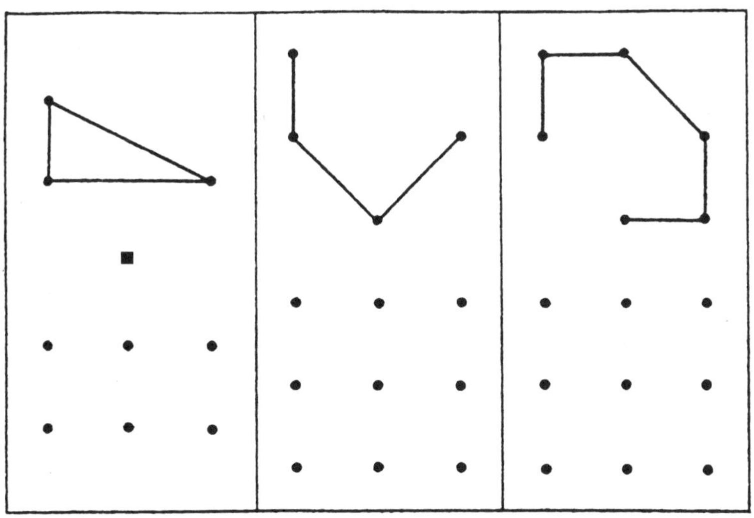

Abb. 27 Items aus Subtest DC.

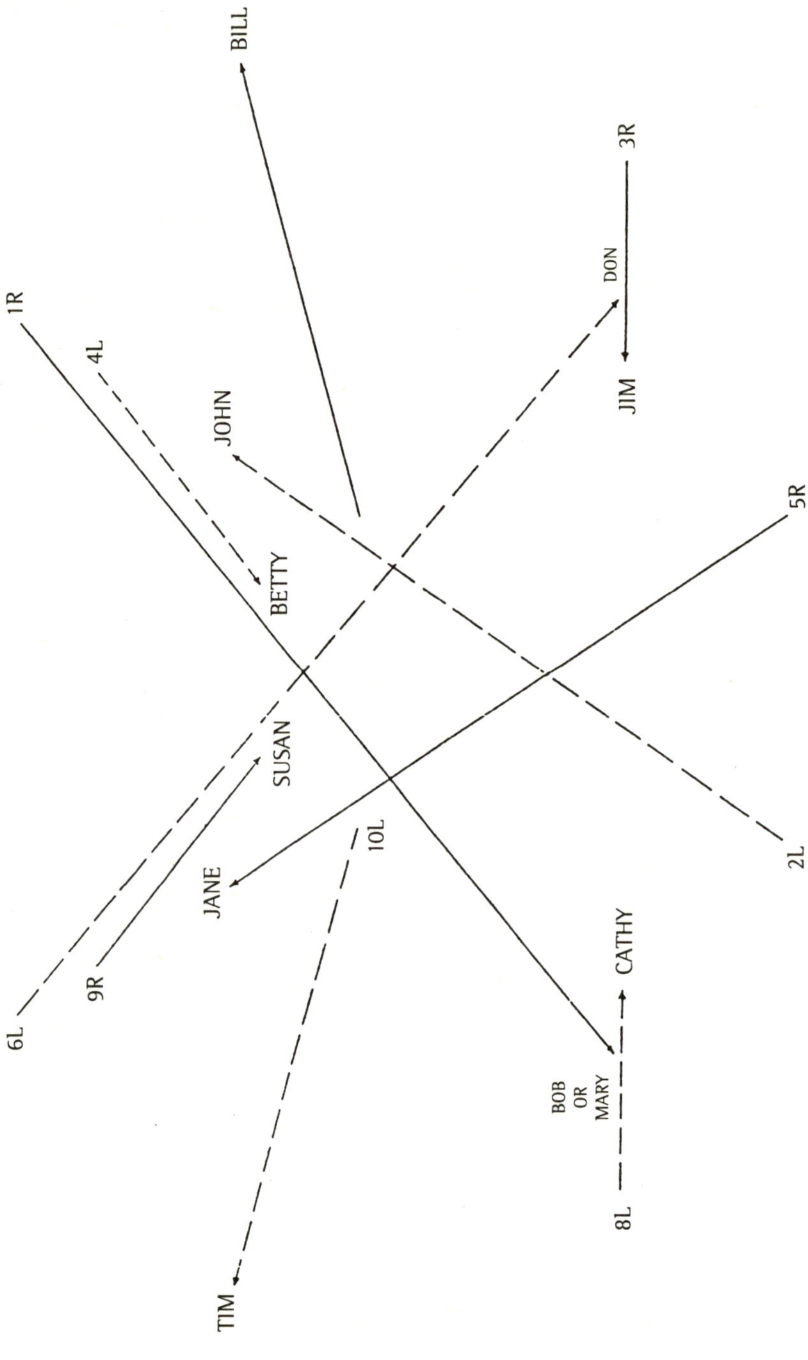

Abb. 28 Testkarte mit den Anfangs- und Zielpunkten aus Subtest KIN.

Nachdem die Testperson allein zum Zielpunkt „gesprungen“ ist, wird die Abweichung von diesem Punkt gemessen. Die Aufgaben müssen von der Testperson blind durchgeführt werden (siehe Abb. 28).

Manual Form Perception – Formwahrnehmung durch die Hände (MFP)

Mit den Items wird taktile Wahrnehmung und die Fähigkeit, taktile Wahrnehmung mit visueller Wahrnehmung zu integrieren, sowie die Wahrnehmungsschnelligkeit getestet.

Der Testperson werden eine Reihe geometrischer Figuren abwechselnd in die rechte oder linke Hand gelegt. Sie soll die Figur erfühlen und diese mit der anderen Hand auf einer Vorlage zeigen (s. Abb. 29).

Finger Identification – Fingerunterscheidung (FI)

In diesem Subtest wird die taktile Wahrnehmung und das Körperschema über die Fähigkeit, die Stellung eines Fingers in der Beziehung zu den anderen zu erkennen, untersucht.

Die Testperson soll dem Testleiter zeigen, an welchen Fingern sie von ihm berührt wurde.

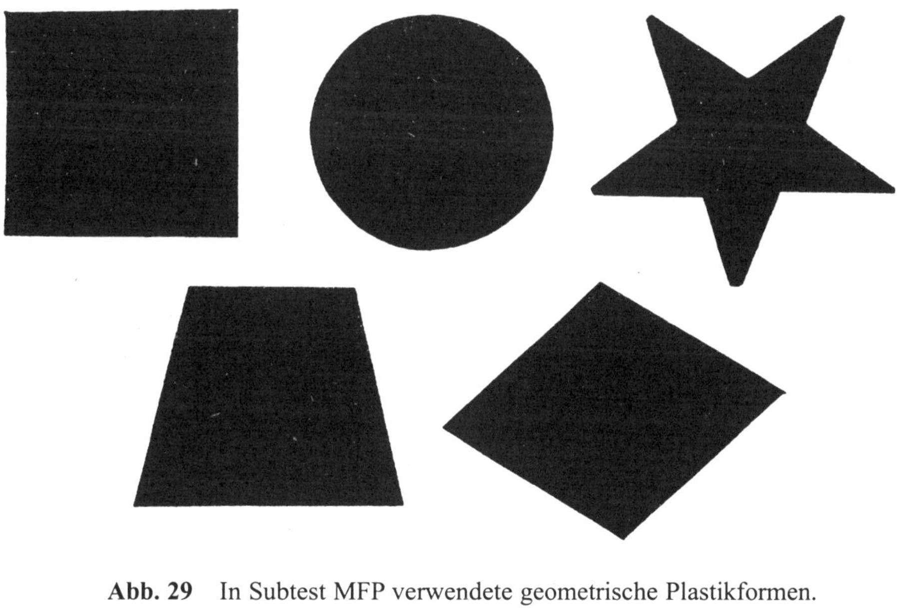

Abb. 29 In Subtest MFP verwendete geometrische Plastikformen.

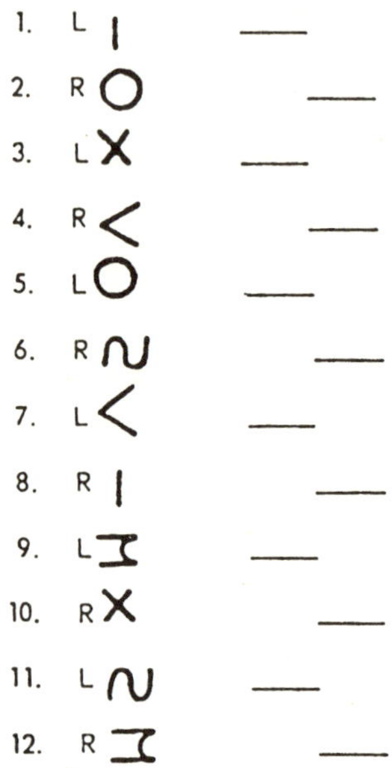

Abb. 30 Items von Subtest GRA.

Graphesthesia – Hautzeichnung (GRA)

Mit diesem Subtest wird die taktile Wahrnehmung von Form und Raumlage geprüft.

Der Testleiter zeichnet verschiedene Formen auf den Handrücken der Testperson. Diese versucht, mit dem Zeigefinger der anderen Hand das gleiche Muster nachzuzeichnen (siehe Abb. 30).

Localization of Tactile Stimuli – Tast-Lokalisierung (LTS)

Dieser Subtest gibt Aufschluß über die Wahrnehmung taktiler Reize.

Die Testperson wird aufgefordert, ihre Fingerspitze auf die Punkte der Hand oder des Unterarms zu legen, die vorher vom Testleiter leicht mit einer Kugelschreiberspitze berührt worden sind. Die Abweichung wird gemessen (siehe Abb. 31).

Double Tactile Stimuli Perception – Gleichzeitige Tasterkennung (DTS)

Mit den Items dieses Subtests wird ebenfalls die Wahrnehmung taktiler Reize untersucht.

Abb. 31 Items von Subtest LTS.

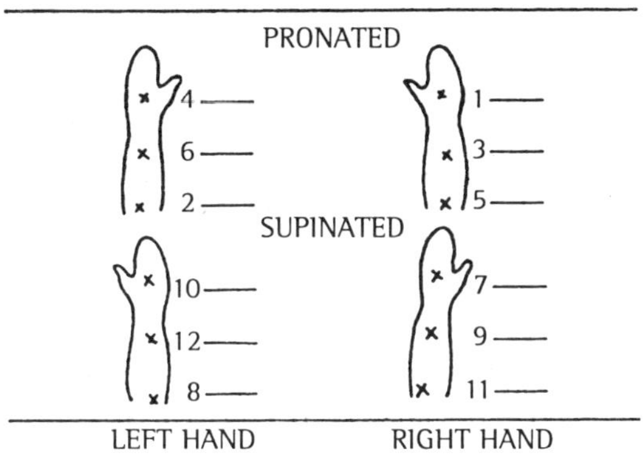

Der Testperson, die vor dem Testleiter steht, werden gleichzeitig zwei taktile Reize auf Hände oder Wangen gegeben. Die Testperson gibt an, wo sie vom Testleiter berührt wurde.

Imitation of Postures – Posennachahmung (IP)

Dieser Subtest überprüft die Fähigkeit der Testperson, ungewohnte oder schwierige Bewegungen zu planen und koordiniert auszuführen.

Der Testleiter macht eine Reihe von Posen vor, die die Testperson so schnell und so genau wie möglich nachahmen soll (siehe Abb. 32).

Crossing Midline of Body – Überqueren der Körpermittellinie (CMB)

Getestet wird die Fähigkeit der Testperson, mit den Händen auf der jeweils gegenüberliegenden Körperseite zu manipulieren, d. h. mit den Händen die Körpermittellinie zu überqueren.

Die Testperson, die dem Testleiter gegenübersitzt, imitiert diesen, wenn er mit der rechten oder linken Hand entweder sein rechtes oder linkes Auge bzw. Ohr berührt.

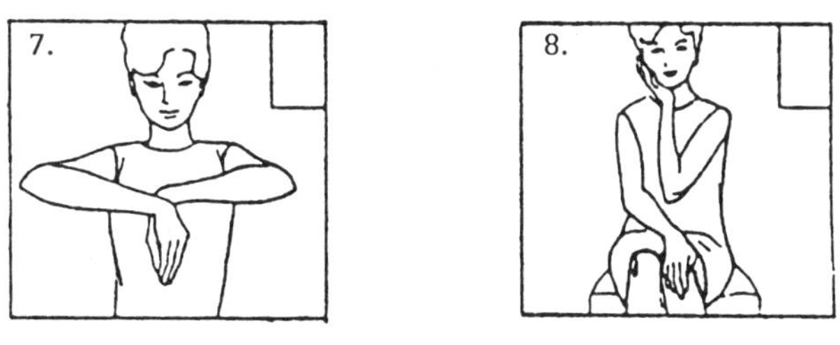

Abb. 32
Items aus Subtest IP.

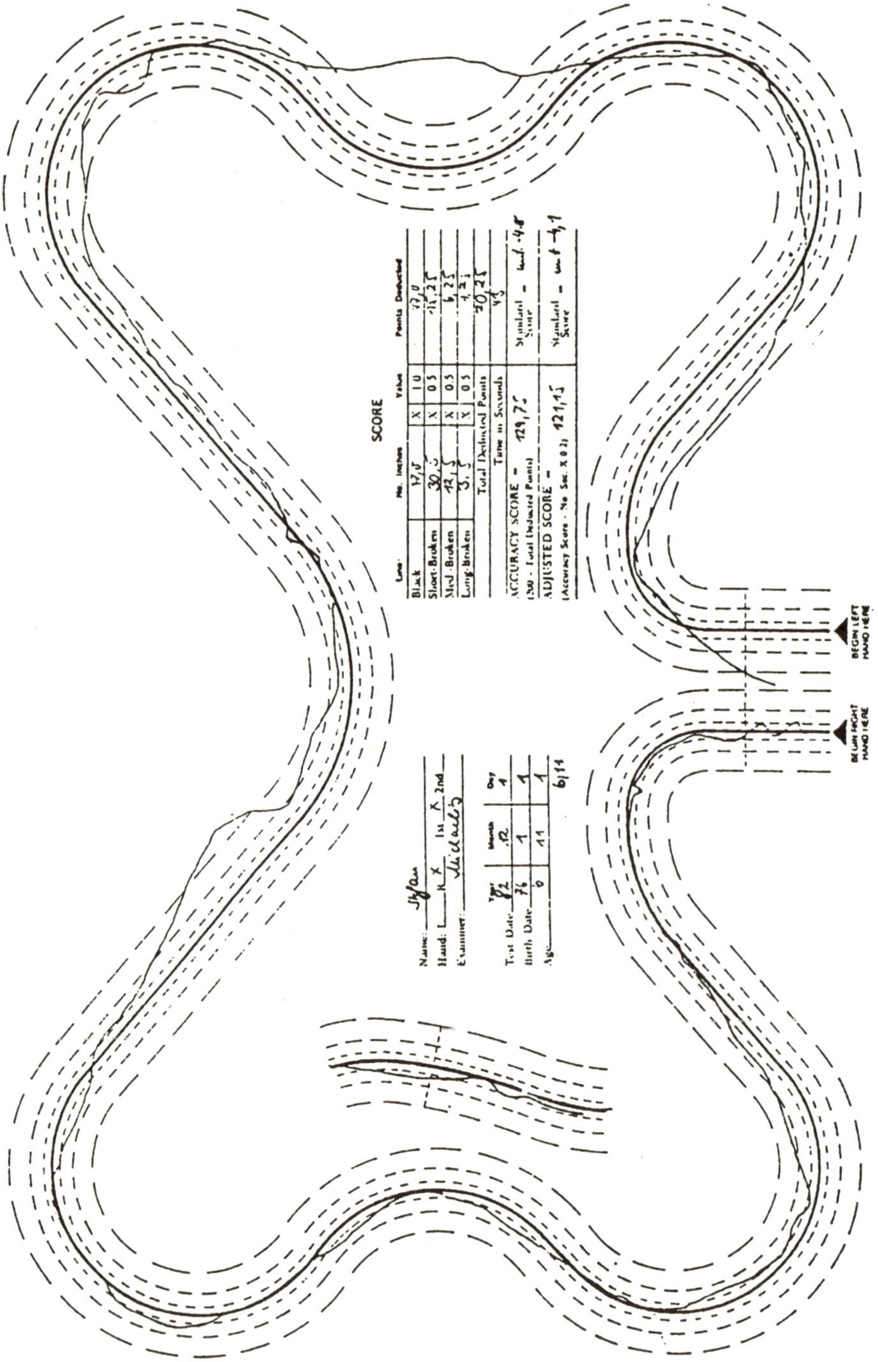

Abb. 33 Testbogen zu Subtest MAR/MAL (MICHAELIS 1983, S. 53).

Bilateral Motor Coordination – Bilaterale motorische Koordination (BMC)

Zur Bewältigung der Testitems ist das koordinierte Zusammenspiel beider Körperhälften erforderlich.

Die Testperson, die dem Testleiter gegenübersitzt, soll einfache, vom Testleiter vorgeklatschte Rhythmen mit symmetrischer oder asymmetrischer Benutzung beider Händen nachklatschen.

Right-Left-Discrimination – Rechts-Links-Unterscheidung (RLD)

Mit diesem Test wird vor allem das Körperschema überprüft.

Die Testperson wird aufgefordert, dem Testleiter rechte oder linke Körperteile zu zeigen und zu sagen, ob ein Gegenstand auf seiner linken oder rechten Seite ist.

Standing Balance: Eyes Open/Eyes Closed – Einbeinstand mit offenen und geschlossenen Augen (SBO/SBC)

Dieser Subtest erfaßt die Fähigkeit der Testperson, auf einem Bein das Gleichgewicht zu halten, d.h. die Wahrnehmung vestibulärer Reize und die motorische Reaktion auf diese Reize mit Hilfe der Halte- und Stellreflexe.

Motor Accuracy: Right and Left – Motorische Genauigkeit (MAR/MAL)

Der Subtest überprüft die visuomotorische Koordination von Auge und Hand, und zwar für die rechte und linke Hand.

Die Testperson muß mit einem Kugelschreiber eine vorgedruckte, kurvenreiche Linie nachfahren. Gemessen werden die Abweichungen von dieser Linie und die benötigte Zeit (siehe Abb. 33).

3.2.2 Durchführung der SCSIT

Die Durchführungsdauer der SCSIT beträgt etwa 2,5 Stunden. Wegen der geringen Konzentrationsfähigkeit und der kurzen Ausdauer lerngestörter Kinder muß der Test in mehreren Abschnitten durchgeführt werden. Folgende Aufteilung der Subtests auf drei Testteile bietet sich von der Gliederung des Gesamttests her an:

1. Teil	A.	Space Visualization	SV
	B.	Figure-Ground-Perception	FG
	C.	Position in Space	PS
	D.	Design Copying	DC
	E.	Motor Accuracy – Revised	MAR/MAL
2. Teil	F.	Kinesthesia	KIN
	G.	Manual Form Perception	MEP
	H.	Finger Identification	FI
	I.	Graphestesia	GRA
	J.	Localisation of Tactile Stimuli	LTS
	K.	Double Tactile Stimuli Perception	DTS
3. Teil	L.	Imitation of Postures	IP
	M.	Crossing Mid-Line of Body	CMB
	N.	Bilateral Motor Coordination	BMC
	O.	Right-Left-Discrimination	RLD
	P.	Standing Balance – Eyes Open	SBO
	Q.	Standing Balance – Eyes Closed	SBC

Unsere Erfahrungen haben gezeigt, daß es sinnvoll ist, die drei Testteile an drei verschiedenen Tagen durchzuführen.

Die Testdurchführung stellt hohe Anforderungen an den Testleiter. Er muß bei der Durchführung auf sehr viele Details achten, und es ist bei einigen Subtests unbedingt erforderlich, daß er neben den Durchführungsbedingungen auch die exakten Bewertungs- und Auswertungskriterien parat hat. Eine zügige Untersuchung, die gerade bei konzentrationsgestörten Kindern wichtig ist, erfordert sehr viel Übung und ein ständiges Studieren der Testanweisung, da viele Einzelinformationen schnell wieder vergessen werden.

3.2.3 Syndrome der sensorisch-integrativen Dysfunktion

Durch die Untersuchung vieler lerngestörter Kinder gelang es AYRES (1979), den umfassenden und komplexen Bereich der sensorischen Integrationsstörung in Einzelsyndrome zu untergliedern. Dabei ergaben sich folgende mit dem SCSIT erfaßbare Syndrome:

Taktile Abwehr

Ein Kind mit dieser Störung zeigt, nach ALBRECHT (1980), übermäßige Reaktionen auf bestimmte Typen taktiler Reize, die von ihm als Bedrohung interpretiert werden. Es reagiert auf diese taktilen Reize mit Abwehr- und Fluchtverhalten.

AYRES (1979) bietet als Erklärung für dieses Phänomen eine entwicklungspsychologische Theorie an, wonach der Mensch zwei taktile Systeme besitzt:

- ein Abwehrsystem und
- ein unterscheidendes System

Kurz nach der Geburt dominiert das taktile Abwehrsystem, das Hautreize zunächst als gefährlich interpretiert. Dieses System soll die körperliche Unversehrtheit sicherstellen. In den ersten Lebensjahren werden bestimmte taktile Reize immer wieder mit emotionaler Zuwendung gekoppelt und verlieren so ihren gefährlichen Charakter. Das Abwehrsystem wird mehr und mehr gehemmt. In gleichem Maße wie dieses abwehrende System gehemmt wird, entwickelt sich das unterscheidende System, das dem Menschen eine räumliche und zeitliche Unterscheidung taktiler Reize ermöglicht. Beim Symptombild der taktilen Abwehr ist das primitivere Abwehrsystem nicht ausreichend gehemmt, und somit die taktile Unterscheidungsfähigkeit (Diskriminationsfähigkeit) zu gering entwickelt.

Störung der Stellungs- und Bilateralintegration

Die Störung der Haltungsintegration zeigt sich, nach AYRES (1979) hauptsächlich in folgenden Symptomen:

- gering integrierte primitive Haltungsreflexe
- unausgereifte Gleichgewichtsreaktionen
- geringe Augenkontrolle

Der Störung der Bilateralintegration liegt, nach AYRES (1979), eine mangelnde Integration beider Körperhälften zugrunde. Das so gestörte Kind besitzt die Tendenz, jede Hand unabhänig von der anderen zu benutzen, und zwar jeweils auf der zugehörigen Seite. Bei Aktivitäten wie Klavierspielen oder beidbeiniges Hüpfen müssen die Bewegungen der einen Körperseite auf die der anderen abgestimmt sein. Um solche Bewegungen zu planen und auszuführen, „muß eine Seite des Körpers ‚wissen', was die andere macht. Die Notwendigkeit der Integration zwischen den Hemisphären des Hirns, ..., ist eindeutig" (ALBRECHT 1980,

S. 11). ALBRECHT (1980) meint weiter, daß in der kindlichen Entwicklung Kriechen und Krabbeln die wichtigsten Entwicklungsschritte zum Aufbau der interhemisphärischen Integration sind. „Krabbeln und Kriechen sind das Fundament hierfür, denn sie sind die erste integrierte Funktion, in symmetrischen und asymmetrischen Bewegungsmustern, zwischen beiden Körperhälften“ (ALBRECHT 1980, S. 11).

Entwicklungsapraxie

Bei diesem Störungsbild fehlt dem lerngestörten Kind, nach ALBRECHT (1980), die Fähigkeit, ungewohnte motorische Tätigkeiten zu planen und sie in einer zeitlich geordneten Reihenfolge von koordinierten Bewegungen auszuführen. Dies bezieht sich nicht auf bereits automatisierte Bewegungsabläufe, deren Ausführung keine motorische Planung erfordert.

Die Entwicklungsapraxie ist ein Syndrom der sensorisch-integrativen Dysfunktion und hat nichts zu tun mit einer cerebralen Schädigung, die das Ausführen geplanter Bewegungen verhindert (Cerebralparesen).

Kinder mit einer Apraxie haben, nach ALBRECHT (1980), allgemein Probleme beim Benutzen von Werkzeugen aller Art und beim Erlernen neuer Tätigkeiten. Sie erscheinen ungeschickt, schwerfällig und unkoordiniert. „Ein Kind mit Apraxie ist ein Kind, das nicht seine Jacke zuknöpfen kann, keine Ahnung hat, wie hoch es sein Bein heben muß, um die Treppe hochzusteigen. Es weiß nicht, wie es die Gabel halten muß, um Speisen darauf zu schieben“ (ALBRECHT 1980, S. 13). Apraxische Kinder können durchaus in der Lage sein, komplexe motorische Bewegungen wie etwa das Binden der Schnürsenkel auszuführen. Es handelt sich dabei um eine bewußt und mit viel Üben gelernte Splitterfähigkeit. Für ALBRECHT (1980) sind diese isolierten, splitterhaften Bewegungsmuster „von den größeren integrierten Bewegungsmustern abgeschnitten, und helfen dem Kind nicht, sich seiner Umwelt anzupassen“ (ALBRECHT 1980, S. 13).

Störung der visuellen Form- und Raumwahrnehmung

Nach AYRES (1979) werden bei lerngestörten Kindern Unregelmäßigkeiten in der visuellen Form- und Raumwahrnehmung selten unabhängig von anderen sensorisch-integrativen Problemen gefunden. Sie treten oft zusammen mit Störungen der Haltung und der extraokularen Muskelkontrolle sowie somatosensorischen Störungen auf.

Bei diesem Syndrom können die visuelle Formwahrnehmung, d.h. die Fähigkeit der Augen, dem Umriß einer Figur zu folgen, die visuelle Raumwahrnehmung und die Figur-Grundwahrnehmung gestört sein.

Die visuelle Wahrnehmung des Raumes läßt sich, nach FROSTIG und MÜLLER (1981), in zwei Störungsbereiche aufgliedern:

- eine Raumlagestörung und
- eine Störung der Wahrnehmung räumlicher Beziehungen

„Bei ungestörter Wahrnehmung nimmt das Kind die Lage der Gegenstände in Beziehung zu sich, dem Betrachter, selbst wahr. ... Wenn es die Gegenstände nicht in der richtigen Beziehung zu sich selbst wahrnimmt, macht es unsichere und ungeschickte Bewegungen. Es versteht auch Wörter, die Raumbeziehungen ausdrücken, falsch" (ZILCHER 1980, S. 33). Solche Raumlage-Wahrnehmungsstörungen sind, nach FROSTIG und MASLOW (1978), häufig mit Lateralisationsproblemen oder Störungen des Körperschemas verbunden. Kinder mit diesen Störungen verwechseln, laut ZILCHER (1980), beim Lesen vor allem solche Buchstaben, die nicht durch eine Formveränderung, sondern durch eine Veränderung der Lage im Raum einen anderen Laut symbolisieren (z.B. b mit d, oder p mit q).

Aus der Wahrnehmung der Raumlage entwickelt sich die Wahrnehmung räumlicher Beziehungen. Der Wahrnehmende muß nun, so ZILCHER (1980), die Gegenstände nicht nur in Beziehung zu sich selbst wahrnehmen, sondern er muß auch die Beziehung der wahrzunehmenden Gegenstände untereinander erkennen. „Ein Kind, das Perlen auffädelt und dabei ein bestimmtes Muster beibehalten will, muß die Lage der verschiedenfarbigen Perlen zueinander ebenso beachten, wie deren Lage in bezug zu sich selbst, dem Wahrnehmenden" (ZILCHER 1980, S. 35). Ein derart gestörtes Kind hat Schwierigkeiten, den Stellenwert eines Buchstaben im Wortganzen zu erfassen und zu behalten. Es kommt dann, nach FROSTIG und MASLOW (1978), zu ungeordnetem Buchstabieren (S-t-o-r-c-h-l statt S-t-r-o-l-c-h).

Störungen in der visuellen Figur-Grund-Wahrnehmung verhindern, daß das Gehirn aus einer Vielzahl von einströmenden visuellen Reizen eine begrenzte Anzahl auswählt und ins Zentrum der Aufmerksamkeit stellt. Die ausgewählten Reize bilden die Figur, während die anderen visuellen Reize als ungenauer Hintergrund erfaßt werden. Diese Störung wirkt sich, nach FROSTIG und MASLOW (1978), vor allem auf das Analysieren von Wörtern aus. Die Kinder verwechseln Buchstaben, ersetzen sie durch andere, oder es kommt zu Auslassungen und Hinzufügungen. Auch haben sie oft Schwierigkeiten, bestimmte Wörter in einem Text wiederzuerkennen, oder sie verlieren beim Lesen of die Stelle, wo sie gerade gelesen haben.

Einseitige Nichtbeachtung

Nach AYRES (1979) zeigt hier das lerngestörte Kind die Tendenz, eine der oberen Extremitäten zu ignorieren und das visuelle Feld derselben Seite nicht zu beachten. Ist dies z.B. die linke Hand, so wird sie kaum als Hilfshand eingesetzt, Körperbewegungen zur linken Seite hin werden vermieden, und Reize, die auf die linke Körperseite treffen, werden weitgehend ignoriert. Wichtig ist, daß es sich hierbei um eine Tendenz und keine Unfähigkeit handelt.

Hör- und Sprachstörung

Kinder mit einer sensorisch-integrativen Dysfunktion zeigten, nach AYRES (1979), in vielen Untersuchungen auch eine Hör- und Sprachstörung. Dieses Syndrom wird jedoch in den SCSIT nicht erfaßt und aus diesem Grund hier nicht näher beschrieben.

In ihrem neuen Buch „Bausteine der kindlichen Entwicklung" beschreibt AYRES (1984) nur noch vier Störungen der sensorischen Integration:

- Störungen, die das Gleichgewichtssystem betreffen
- entwicklungsbedingte Dyspraxie
- taktile Abwehr
- Störungen der visuellen Wahrnehmung, des Hörens und der Sprache

Eine Begründung für diese neue Gliederung der Syndrome wird jedoch nicht gegeben.

3.2.4 Auswertung der SCSIT

Zu allen Rohpunktwerten (Raw Scores) werden für die Auswertung aus den Normtabellen entsprechende Standardwerte (Standard Scores, S. D.) herausgesucht. Sowohl Roh- als auch Standardwerte werden dann in einen Auswertungsbogen eingetragen (siehe Abb. 34). Auf der Rückseite dieses Auswertungsbogens lassen sich die Einzelergebnisse graphisch veranschaulichen (siehe Abb. 35). Für die Normierung der SCSIT wurde als Standardskala die z-Skala ausgewählt. Ihre Werte reichen von –5 bis +5. Der Bereich des Durchschnitts liegt etwa zwischen den Werten –.7 und +.7. Die z-Werte lassen sich in Prozentrangwerte umwandeln und erhalten so für den Laien eine größere Aussagekraft (siehe Tabelle 5). Allerdings hat die Prozentrangskala den Nachteil, daß sie im extrem unteren und oberen Meßbereich nicht mehr so gut differenziert wie die z-Skala, d.h. mehrere z-Werte werden durch einen Prozentrangwert repräsentiert.

Die Auswertung und Interpretation einer testpsychologischen Untersuchung mit den SCSIT soll vor allen Dingen Informationen liefern, von denen sich ein therapeutisches Vorgehen ableiten läßt. Unsere Erfahrungen haben gezeigt, daß die Fülle von Daten, die die SCSIT liefern, besonders anschaulich Hinweise und Ansatzpunkte für die therapeutische Arbeit mit lerngestörten Kindern zur Verfügung stellt, wenn die Ergebnisse der einzelnen Subtests nach den in Kapitel 3.2.3 beschriebenen Syndromen geordnet werden.

Tabelle 5 Umrechnungstabelle von z-Werten in Prozentrangwerte (LIENERT 1969, S. 562)

z-Wert	PR-Wert	z-Wert	PR-Wert	z-Wert	PR-Wert
–3.0	0	–1.0	16	+1.0	84
–2.9	0	–0.9	18	+1.1	86
–2.8	0	–0.8	21	+1.2	88
–2.7	0	–0.7	24	+1.3	90
–2.6	0	–0.6	27	+1.4	92
–2.5	1	–0.5	31	+1.5	93
–2.4	1	–0.4	34	+1.6	95
–2.3	1	–0.3	38	+1.7	96
–2.2	1	–0.2	42	+1.8	96
–2.1	2	–0.1	46	+1.9	97
–2.0	2	0.0	50	+2.0	98
–1.9	3	+0.1	54	+2.1	98
–1.8	3	+0.2	58	+2.2	99
–1.7	4	+0.3	62	+2.3	99
–1.6	5	+0.4	66	+2.4	99
–1.5	7	+0.5	69	+2.5	100
–1.4	8	+0.6	73	+2.6	100
–1.3	10	+0.7	76	+2.7	100
–1.2	12	+0.8	79	+2.8	100
–1.1	13	+0.9	82	+2.9	100

Southern California Sensory Integration Tests

Standard Deviation (S.D.) Scores

by A. Jean Ayres, Ph.D.

Published by

WPS — WESTERN PSYCHOLOGICAL SERVICES
PUBLISHERS AND DISTRIBUTORS
12031 WILSHIRE BOULEVARD
LOS ANGELES, CALIFORNIA 90025
A DIVISION OF MANSON WESTERN CORPORATION

Name ______ **Test Date** Yr. 82 Mo. 11 Dy. 11
Examiner ______ **Birth Date** Yr. 77 Mo. 6 Dy. 6
Preferred Hand: L R ; **Preferred Eye:** L R ______ **Chron. Age** Yr. 5 Mo. 5 Dy. ____

	Raw Score	Time	Adj. Score	S.D. Score	Left Raw	Left S.D.	Right Raw	Right S.D.
Visual Perception								
Space Visualization	11	35	9	-1.6				
Figure-Ground Perception	10			-0.6				
Position in Space	15	96	14	+0.9				
Design Copying	3			-0.7				
Somatosensory Perception								
Kinesthesia	64.4			+0.4	28.5	-0.3	35.9	+0.6
Manual Form Perception	10	67	8	+1.2	4	+0.5	6	+2.0
Finger Identification	8			+0.6	2	-1.4	6	+0.6
Graphesthesia	9			-0.9	4	-0.9	5	-0.5
Localization of Tactile Stimuli	52.3			-5.0	42	+0.3	43.3	+0.8
Double Tactile Stimuli Perception	22			-3.1				
Motor Performance								
Imitation of Postures	5			-1.1				
Bilateral Motor Coordination	2			-0.6				
Standing Balance: Eyes Open	12			-0.4				
Standing Balance: Eyes Closed	7			+0.8				
Motor Accuracy: Right	148	55	137	-1.1				
Motor Accuracy: Left	148	67	134	-0.8				
Other								
Crossing Midline of Body	21			-0.9	6	-1.8	22	+1.0
CML: Crossed Items Only	12			+1.4	3	-0.8	10	+0.8
Right-Left Discrimination	12			+0.4				
Postrotary Nystagmus								

Abb. 34 Auswertungsbogen der SCSIT – Vorderseite (MICHAELIS 1983, S. 93).

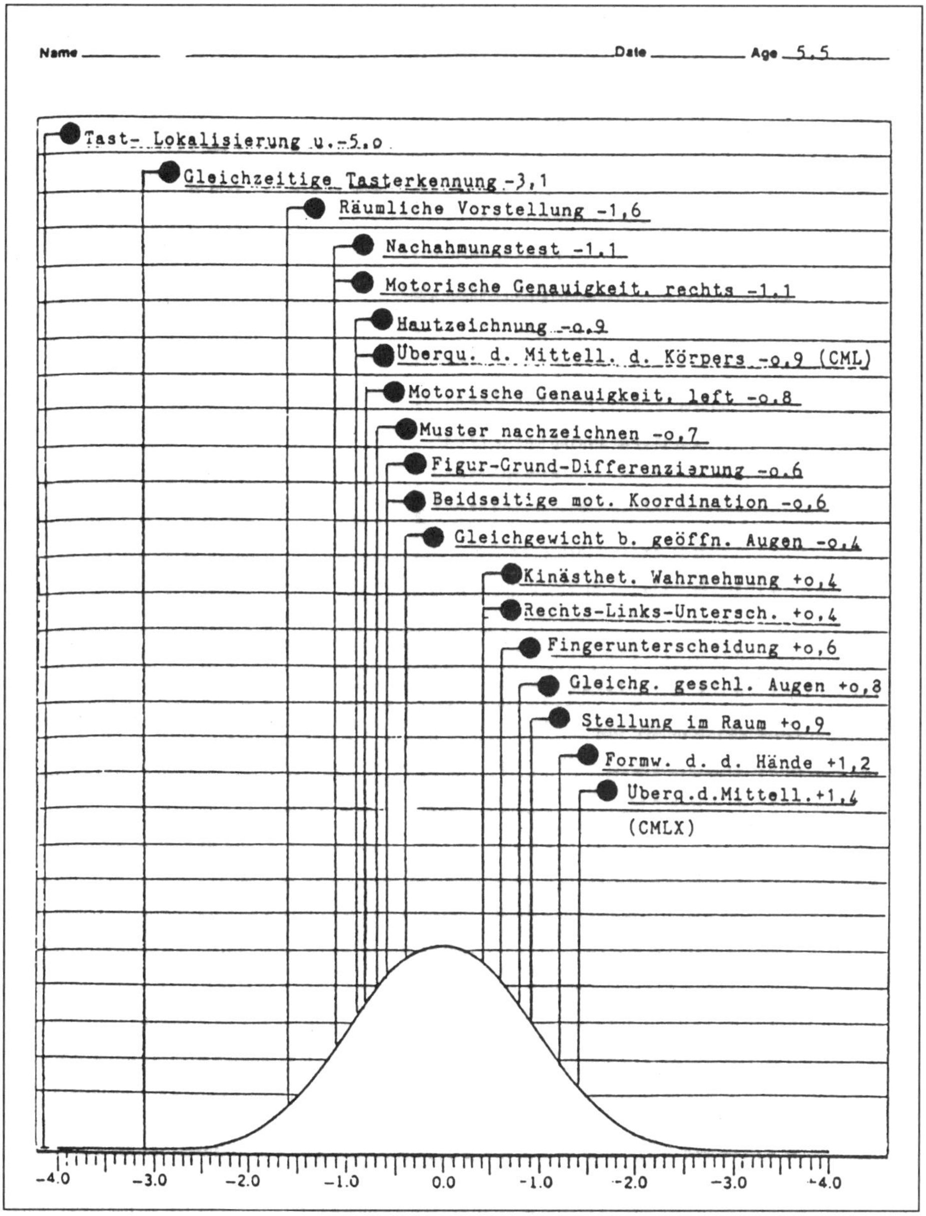

Abb. 35 Auswertungsbogen der SCSIT – Rückseite (MICHAELIS 1983, S. 94).

Hergenröther (1982) schlägt folgende Zuordnung der Subtests der SCSIT zu den Syndromen der sensorisch-integrativen Dysfunktion vor:

1. Taktile Abwehr

- Graphesthesia (GRA)
- Localisation of Tactile Stimuli (LTS)
- Double Tactile Stimuli Perception (DTS)

2. Entwicklungsapraxie

- Design Copying (DC)
- Kinesthesia (KIN)
- Manual Form Perception (MFP)
- Finger Identification (FI)
- Graphesthesia (GRA)
- Localisation of Tactile Stimuli (LTS)
- Double Tactile Stimuli Perception (DTS)
- Imitation of Postures (IP)
- Motor Accuracy (MAR/MAL)

3. Störung in Stellungs- und Bilateralintegration

- Imitation of Postures (IP)
- Bilateral Motor Coordination (BMC)
- Standing Balance: Eyes Open (SBO)
- Standing Balance: Eyes Closed (SBC)
- Right-Left Discrimination (RLD)

4. Störung der visuellen Form- und Raumwahrnehmung

- Space Visualization (SV)
- Figure-Ground Perception (FG)
- Position in Space (PS)
- Design Copying (DC)

5. Einseitige Nichtbeachtung

- Double Tactile Stimuli Perception (DTS)
- Imitation of Postures (IP)
- Crossing Midline of Body (CMB)

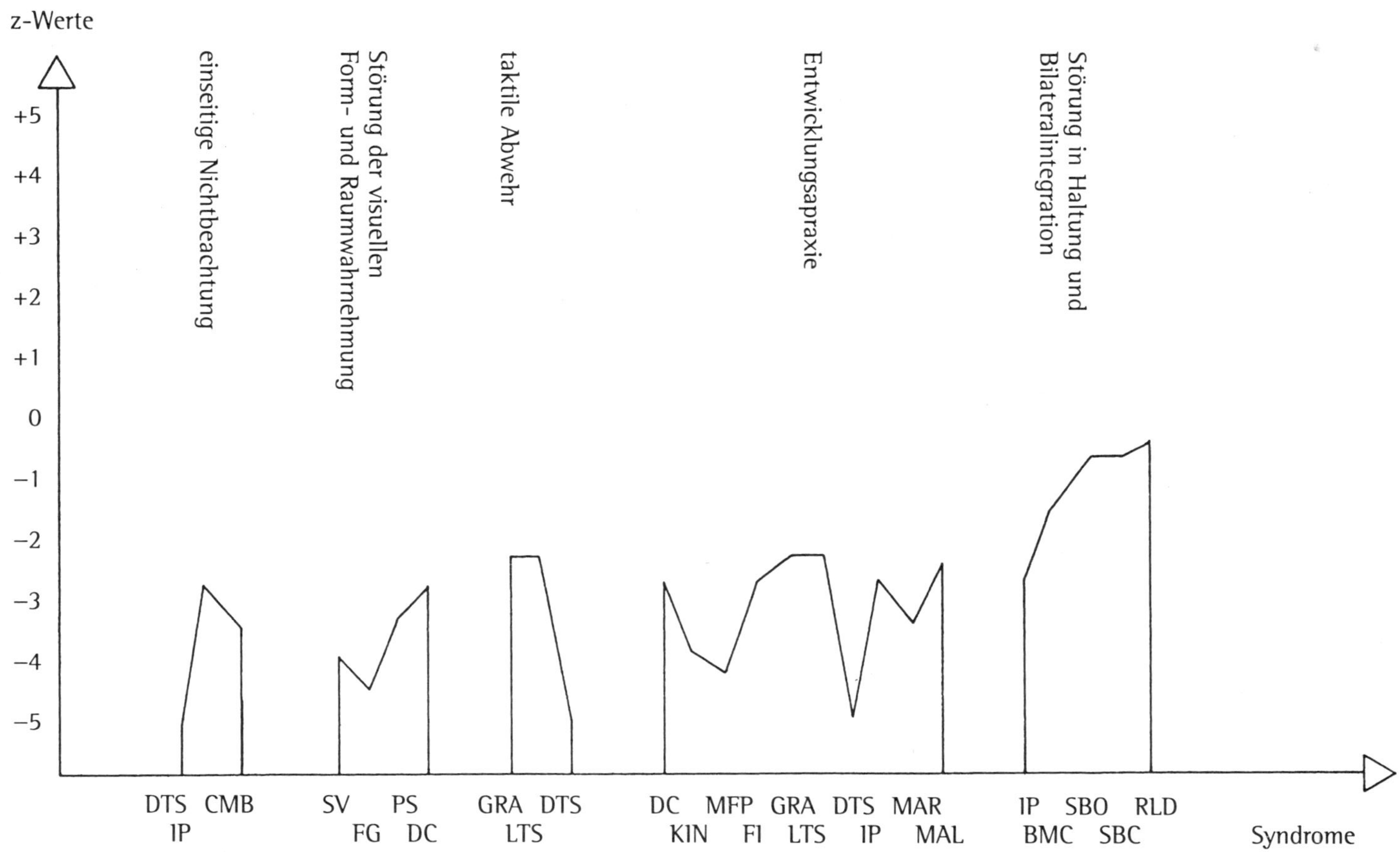

Abb. 36 Graphische Veranschaulichung der Testergebnisse der SCSIT in einem Kurvendiagramm.

Entsprechend dieser Zuordnung lassen sich die Testdaten graphisch in einem Kurvendiagramm darstellen. Dabei sind auf der Ordinate z-Werte von –5 bis +5 und auf der Abszisse die nach Syndromen geordneten Subtests aufgetragen (siehe Abb. 36). Dieser Vorschlag zur anschaulichen Aufarbeitung der Einzeltestwerte der SCSIT soll auf keinen Fall die von der Testautorin vorgesehene Auswertung und Interpretation ersetzen. Sie soll lediglich eine zusätzliche Möglichkeit bieten, die vielen Einzelergebnisse zu einem anschaulichen und übersichtlichen Gesamtbild zusammenzustellen.

3.2.5 Abschließende Bemerkung

Besonders positiv erscheint uns, daß AYRES (1980) erstmals eine Reihe von Subtests in ihr Testverfahren aufgenommen hat, die sich mit der taktil-kinästhetischen Wahrnehmung beschäftigen. Diese Meinung vertreten auch die von EMRICH (1984a) befragten Psychologen und Beschäftigungstherapeuten. Die Befragten, die alle bereits mehrere Jahre mit den SCSIT arbeiten, betrachten vor allem die taktil-kinästhetischen Tests als wertvollsten Teil der Testbatterie, als die wesentliche Bereicherung gegenüber anderen Verfahren.

Aus testtheoretischer Sicht muß hier jedoch einschränkend gesagt werden, daß die Testgütekriterien gerade für diesen Teil der SCSIT sehr niedrig und instabil sind. Der Test-Retest-Wert beim Subtest „Kinesthesia" schwankt z. B. in den verschiedenen Altersgruppen zwischen r=.01 und r=.89. Den Grund hierfür sieht AYRES, nach EMRICH (1984b), in der Instabilität neuro-physiologischer Prozesse, die speziell diesen Tests zugrunde liegen. Daten zu einer Validitätsüberprüfung konnten zu keinem Teil der Tests gefunden werden. Dies ist mit Sicherheit ein schwerwiegender Mangel. Grundsätzlich muß festgestellt werden, daß die theoretisch-wissenschaftliche Begründung der SCSIT ungenügend ist. „Die Batterie wurde nicht nach testtheoretischen Prinzipien konstruiert, ... Vielmehr müssen die SCSIT in ihrer jetzigen Fassung als eine Sammlung von Möglichkeiten zur Prüfung potentieller Dysfunktionen angesehen werden, die im Einzelfall in den Händen einer geübten Diagnostikerin viele und wichtige Informationen bieten, die aber wissenschaftlichen Ansprüchen – ... – nicht genügen" (EMRICH 1984b, S. 128).

Die Normierung der SCSIT erfolgte an amerikanischen Grundschulkindern von 4,0 bis 8,11 Jahren, für einige Tests bis 10,11 Jahren. Diese, an einer amerikanischen Stichprobe erhobenen Normen, sind nur mit Einschränkungen auf deutsche Verhältnisse übertragbar.

Ein weiteres Problem stellt die lange und komplizierte Durchführung der SCSIT dar. Unter Praktikern ist es, so EMRICH (1984 b), durchaus üblich, nur einige ausgewählte Subtests zu verwenden. Eine Kürzung der Testbatterie wäre also aus der Sicht des Praktikers durchaus wünschenswert. Nach EMRICH (1984b) ist eine Reduktion der Tests unter testtheoretischen Gesichtspunkten nicht möglich. Sie berichtet jedoch weiter, daß AYRES zur Zeit an einer Revision ihrer Testbatterie arbeite. Dabei würden die Subtests „Position in Space", „Crossing Midline of Body", „Double Tactile Stimuli" und „Right-Left-Discrimination" aus inhaltlichen Gründen nicht mehr in die neue Fassung aufgenommen.

Trotz dieser deutlichen Mängel sind die SCSIT wesentlicher und unverzichtbarer Bestandteil unserer Diagnostik und helfen uns, bei schwer lerngestörten Kindern Ansatzpunkte für die Therapie zu finden.

3.3 Beobachtungsmöglichkeiten

Zum Erstellen einer umfassenden Diagnose reichen die aufgeführten standardisierten Verfahren nicht aus. Wichtige zusätzliche Informationen liefert die ständige Beobachtung der Kinder. Dabei unterscheiden wir allgemeine Beobachtungen im Unterricht und im Alltag und Klinische Beobachtungen.

3.3.1 Beobachtungen in Unterricht und Alltag

Kommt ein Kind mit Integrationsstörungen in die Schule, so fallen seine Lernschwächen nicht immer sofort auf. Einige dieser Kinder können den Anforderungen des Erstunterrichts durch Kompensationsstrategien zunächst noch nachkommen. Lehrer, Eltern oder Erzieher bemerken vielleicht auffällige Verhaltensweisen (beginnende Schulunlust, Mattigkeit bei den Hausaufgaben, ...). Sie stellen eventuell auch Schwierigkeiten beim Lesen-, Rechnen- und Schreibenlernen fest. Noch schreiben sie aber alles der neuen Situation, dem Schulstreß usw. zu. Erst wenn nach einiger Zeit die Kompensationsmöglichkeiten der Kinder völlig erschöpft sind und greifbare Schulleistungsprobleme als Folge vorhandener Integrationsstörungen entstanden sind, wird – oftmals viel zu spät – der Psychologe oder Therapeut zugezogen. Es ist daher außerordentlich wichtig, alle Kinder von der ersten Schulwoche an genau zu beobachten, um so eventuell vorhandene Störungen rechtzeitig aufdecken und gezielt therapeutisch angehen zu können.

Die nachfolgende Liste allgemeiner Beobachtungen an integrationsgestörten Kindern stellt dabei eine Hilfe dar.

Die anfängliche intensive Beobachtungsphase erstreckt sich über einen längeren Zeitraum – nach unserer Erfahrung etwa 4 Wochen. Weitere Beobachtungen werden aber über das ganze Schuljahr fortgesetzt. Werden in den ersten vier Wochen bei einem Kind gehäuft Auffälligkeiten festgestellt und ähneln sich diese eventuell sogar in vielen verschiedenen Situationen, so kann eine ernsthafte Störung im beobachteten Bereich angenommen werden. Wenn möglich sollten die Beobachtungen zusätzlich durch eine testpsychologische oder ärztliche Untersuchung erhärtet werden.

Nachfolgend werden eine Reihe von Einzelbeobachtungen aufgezählt und den entsprechenden Störungsbildern zugeordnet.

Taktile Abwehr

- Die Kinder krabbeln auf rauhen Unterflächen (Teppich) mit gefausteten Händen
- Die Kinder vermeiden Körperkontakt. Sie lassen sich nur ungerne anfassen, streicheln, einen Kuß geben oder die Hand auf die Schulter legen. Körperberührung löst Abwehr- und Fluchtverhalten aus
- Die Kinder bevorzugen Kleidung aus weichen Stoffen
- Die Kinder können nur schwer mit ihren Händen Dinge oder Materialien ertasten
- Die Kinder gehen ungerne barfuß
- Die Kinder kämmen und waschen sich ungerne und putzen nur widerwillig ihre Zähne
- Meist ist die Haut dieser Kinder überempfindlich. Druckstellen sind sehr lange zu sehen.
- Die Kinder fassen nasse oder rauhe Materialien nicht gerne an. Sind ihre Hände schmutzig geworden, müssen sie möglichst sofort wieder gewaschen werden

Enger Zusammenhang zu:

- Halte-, Stell- und Gleichgewichtsreaktionen
- kinästhetischer Wahrnehmung
- Körperschema

Störungen der Halte-, Stell- und Gleichgewichtsreaktionen

- Die Kinder können die Drehhorizontallage nicht einnehmen. Arme, Kopf und Beine schleifen beim Fahren mit dem Rollbrett am Boden
- Die Kinder können nur für kurze Zeit auf einem Bein stehen, vor allem mit geschlossenen Augen
- Die Kinder verfügen über eine geringe Ausdauer. Sie ermüden sehr schnell
- Die Kinder lümmeln sich gerne auf den Tisch und stützen ihren Kopf häufig ab. Sie legen sich mit Vorliebe auf den Boden
- Die Kinder haben eine schlacksige, schlaffe Haltung
- Die Kinder verlieren beim Balancieren auf einem Balken, einer Bank oder einem Strich leicht das Gleichgewicht
- Die Kinder benötigen zum Erlernen des Fahrradfahrens sehr viel Übung
- Die Kinder können die Treppe nicht frei ohne Festhalten hinauf- oder hinuntergehen. Sie benutzen dabei auch oft noch der Nachstellschritt

Enger Zusammenhang zu:

- vestibulärer Wahrnehmung
- Muskeltonus
- Kokontraktionen
- primitiven reflexhaften Reaktionen (TNR, TLR)
- Steuerung der äußeren Augenmuskeln

Nicht altersgemäß entwickeltes Körperschema

- Menschen werden ungenau und wenig differenziert gemalt. Einzelheiten wie Finger, Ohren, Haare werden vergessen
- Berührungen am eigenen Körper können nicht lokalisiert werden. Das Benennen der Körperteile ist dabei nicht erforderlich

Enger Zusammenhang zu:

- taktiler und kinästhetischer Wahrnehmung
- räumlicher Orientierung
- Bewegungsplanung (Dyspraxie)

Dyspraxie

- Die Kinder stolpern beim Treppesteigen
- Die Kinder bewegen sich plump und ungeschickt
- Die Kinder fallen oft hin, rempeln haufig an Gegenstände oder Personen
- Die Kinder wirken unselbständig. Sie bitten sehr oft um Hilfe
- Das An- und Ausziehen dauert sehr lange
- Das Öffnen und Schließen von Reißverschlüssen und Knöpfen, sowie das Schleifebinden bereiten große Schwierigkeiten
- Das Zählen mit den Fingern gelingt nicht, da die Finger nicht einzeln bewegt werden können
- Die Kinder können ihre Bewegungen nur schlecht an Gegenstände anpassen. Sie gehen ungeschickt mit Werkzeugen wie Hammer, Zange, Bleistift, Pinsel, Messer und Gabel um
- Den Kindern fällt es schwer, ungewohnte Bewegungen nachzuahmen
- Die Kinder lernen nur schwer das Flötenspielen (→ Zungen- und Mundmotorik)

  Enger Zusammenhang zu:

  - Körperschema
  - Halte-, Stell- und Gleichgewichtsreaktionen

Störungen der Auge-Hand-Koordination (Feinmotorik)

- Beim Schreiben können die Kinder kaum die vorgegebenen Zeilen einhalten. Sie schreiben häufig über den Rand hinaus
- Die Stifthaltung ist sehr verkrampft und der Schreibdruck sehr hoch. Die Stifte brechen häufig ab
- Das Schriftbild ist eckig und ungleichmäßig. Die Buchstaben sind oft unterschiedlich groß und weisen in verschiedene Richtungen
- Beim Ausmalen fahren die Kinder häufig mit den Stiften über den Rand hinaus. Es gelingt ihnen kaum eine Linie genau nachzufahren
- Beim Finger-Nase-Versuch haben sie viele Fehlversuche
- Beim Basteln zeigen sie sich sehr ungeschickt. Exaktes Ausschneiden mit einer Schere gelingt kaum
- Die Kinder verfügen oft noch nicht über einen sauberen Pinzettengriff. Es ist schwierig für sie, kleine Dinge aufzulesen oder einzusammeln

- Die Zunge führt beim Schreiben, Malen oder Schneiden starke Mitbewegungen aus

  Enger Zusammenhang zu:

  - Händigkeit (Umstellungsversuche)
  - Zungen- und Mundmotorik
  - Augenmotorik

Gestörte Zungen- und Mundmotorik

- Bei den Kindern ist ein übermäßiger Speichelfluß festzustellen
- Beim Essen kauen die Kinder wenig. Sie bevorzugen weiche oder flüssige Nahrung
- Beim Schlucken schieben die Kinder ihre Zunge stark nach vorne
- Die Kinder können nicht mit einem Strohhalm trinken
- Wegen einer schlaffen Mund- und Kiefermuskulatur steht der Mund oft offen
- Die Kinder können nicht pfeifen oder kontrolliert blasen
- Das Aufblasen eines Luftballons ist schwierig
- Die Sprache ist verwaschen und zeigt viele Stammelfehler

  Enger Zusammenhang zu:

  - Finger- und Handmotorik
  - taktil-kinästhetischer Wahrnehmung vor allem im Mundbereich
  - auditiver Kontrolle

Nicht altersgemäß entwickelte Augenmotorik (Steuerung der äußeren Augenmuskeln)

- Die Kinder können beim Lesen nicht kontinuierlich mit den Augen eine Zeile abtasten. Sie springen von einer Zeile in die andere oder überspringen Zeilen
- Die Augen wirken oft nervös und unstet
- Soll mit den Augen ein Gegenstand verfolgt werden, wird der Kopf in die entsprechende Richtung bewegt. Die mangelnde Beweglichkeit der Augen wird auf diese Weise ausgeglichen
- Beim Spielen mit der Kugelbahn oder mit dem Kletterspecht, kann die Bewegung der Kugeln oder des Spechtes mit den Augen nicht kontinuierlich verfolgt werden

- Beim Suchen von bestimmten Gegenständen oder Personen auf einem Bild irren die Augen umher und können nicht sytematisch abtasten
- Das Blickfeld scheint eingeschränkt. Gegenstände am Rande des Blickfeldes werden nicht wahrgenommen

Enger Zusammenhang zu:

- Finger- und Handmotorik
- Auge-Hand-Koordination
- Zungen- und Mundmotorik
- Halte-, Stell- und Gleichgewichtsreaktionen

Gestörte Formkonstanzbeachtung (opt. Differenzierung)

- Die Kinder erkennen einen in kleiner Schrift gedruckten Buchstaben nicht als denselben, wenn dieser in größerer Ausführung dargeboten wird
- Den Kindern gelingt die Unterscheidung von optisch ähnlichen Buchstaben nicht (m – nr, r – n, t – f).
- Die Kinder können nur schwer bestimmte Buchstaben in Wörtern wiedererkennen und heraussuchen

Enger Zusammenhang zu:

- Figur-Grundwahrnehmung
- räumlicher Orientierung
- Formwahrnehmung mit den Händen

Gestörte Figur-Grundwahrnehmung

- In der Gruppensituation bei einem normalen Geräuschpegel werden die Anweisungen der Lehrerin oder der Erzieherin nicht verstanden. Die Kinder fragen deshalb oft mehrfach nach der Aufgabenstellung
- Die Kinder können nur schwer Buchstaben und Wörter aus einem Text heraussuchen
- Die Kinder wirken unkonzentriert, unaufmerksam und sind leicht ablenkbar
- Beim Lesen verlieren sie oft die Stelle, wo sie gerade gelesen haben, und müssen wieder von vorne beginnen
- Die Kinder haben es besonders schwer, Wörter zu analysieren. Sie verwechseln Buchstaben, fügen andere hinzu, lassen andere weg oder ersetzen sie

Enger Zusammenhang zu:

- Formkonstanzbeachtung
- räumlicher Orientierung

Nicht altersgemäße Raumorientierung

1. Erkennen räumlicher Lage
   - Die Kinder verwechseln Buchstaben, die nicht durch Form-, sondern durch Lageänderung einen anderen Laut symbolisieren (b und d, p und q, M und W)
   - Die Kinder verdrehen beim Schreiben oder Malen Buchstaben, Ziffern oder Formen in ihrer Raumlage

2. Herstellen räumlicher Beziehungen
   - Den Kindern gelingt es nicht, Muster oder komplizierte Gebilde nachzulegen oder nachzubauen
   - Die Kinder können nicht Perlen nach einem vorgegebenen Muster aufreihen
   - Die Kinder haben Schwierigkeiten, den Stellenwert eines Buchstabens im Wort oder einer einzelnen Zahl innerhalb einer mehrstelligen Zahl zu erfassen und zu behalten. Sie schreiben dann Storchl statt Strolch oder 345 statt 354

3. Allgemeine Raumorientierungsprobleme
   - Bei Kreisspielen wie „Der Fuchs geht um" oder „Lauf weg – Komm mit" finden die Kinder den Platz, den sie verlassen haben, nicht wieder
   - Die Kinder verstehen Ortsangaben wie „vor, neben, unter, links, rechts" nicht
   - Die Kinder verlieren die Orientierung auf einem Arbeitsblatt. Sie wissen z.B. nicht, wo sie auf dem Blatt beginnen sollen.
   - Die Kinder verlaufen sich oft, selbst in bekannter Umgebung. Sie finden bestimmte Räume (Klassenzimmer, Werkraum) nicht mehr.
   - Die Kinder können Entfernungen schlecht abschätzen

Enger Zusammenhang zu:

- Körperschema
- Figur-Grundwahrnehmung
- Formkonstanzbeachtung

Gestörte Bilateralintegration

- Die Kinder können einen Ball nicht mit beiden Händen vor dem Oberkörper fangen. Sie klemmen ihn meist zwischen Oberkörper und Unterarmen ein
- Den Kindern fällt es schwer, beidhändig mit einem Xylophon oder anderen Schlaginstrumenten zu spielen. Sie benutzen dazu meist nur eine Hand
- Spiele, die ein koordiniertes Zusammenwirken der Arme und Hände erfordern, wie z.B. Klettermax, Gabellabyrinth, Hüpfen mit dem Hüpfseil, usw., können von den Kindern selten durchgeführt werden
- Den Kindern gelingt es selten, einen Rhythmus mit beiden Händen nachzuklatschen (→ auditive Wahrnehmung)
- Die Kinder können nicht mit einer Hand malen und mit der anderen das Blatt festhalten. Meist ist auch die nichtmalende Hand aktiv und kann nicht ruhig gehalten werden

Enger Zusammenhang zu:

- Überkreuzen der Körpermittellinie
- Bewegungsplanung

Überkreuzen der Mittellinie wird vermieden

- Linien, die das Kind von links nach rechts zieht, weisen auf der Höhe der Körpermittellinie eine deutliche Unregelmäßigkeit (Knick, Unterbrechung) auf
- Beim Zeichnen einer waagrechten Linie dreht das Kind seinen Oberkörper oder sein Blatt so, daß es eine fast senkrechte Linie ziehen kann und die Körpermittellinie nicht kreuzen muß
- Verfolgen die Augen einen Gegenstand, so kommt es oft beim Kreuzen der Körpermittellinie zu ruckhafter Bewegung oder zum Zielverlust
- Die Kinder greifen auf jeder Seite mit der entsprechenden Hand. Beim Aufsammeln in waagrechter Reihe angeordneter Muggelsteine wechseln die Kinder beim Kreuzen der Körpermittellinie die Arbeitshand

Enger Zusammenhang zu:

- Bilateralintegration

3.3.2 Klinische Beobachtungen

Werden häufig bestimmte Auffälligkeiten in verschiedenen Situationen beobachtet, so sollte sich möglichst bald eine gezielte klinische Beobachtung im auffälligen Bereich anschließen.

Unter „klinischer Beobachtung“ verstehen wir eine standardisierte, gestellte Situation mit einem einzelnen Kind, in der die Reaktion des Kindes auf die Aufgabenstellung genau beobachtet wird. Alle Beobachtungen unterliegen dabei festgelegten Bewertungskriterien und sollten unbedingt schriftlich und eventuell mit einer Videokamera festgehalten werden, um einen späteren Vergleich zu ermöglichen.

- Hautzeichnung

  Man zeichnet dem Kind, welches die Augen geschlossen hält, mit dem Finger einfache sinnfreie Formen auf den Handrücken und fordert es auf, mit seinem Finger möglichst dieselbe Figur am selben Ort nachzuzeichnen.

- Kinästhesie-Zielscheibe

  Auf einem großen Blatt Papier (DIN-A3), welches vor dem Kind auf einem Tisch liegt, sind fünf 10-pfenniggroße Kreise aufgezeichnet. Das Kind hält die Augen geschlossen. Der Untersucher führt den Zeigefinger des Kindes von einem markierten körpernahen Ausgangspunkt zu einem der Kreise und wieder zum Ausgangspunkt zurück. Das Kind soll dann alleine seinen Finger zum „besuchten“ Punkt führen. Die Berührungsstelle wird auf dem Blatt markiert.

- Tastlokalisation

  Das Kind hält die Augen geschlossen. Der Untersucher berührt irgendwo seinen Körper und fordert das Kind auf, mit seinem Zeigefinger möglichst dieselbe Stelle zu zeigen. Schwieriger wird die Aufgabe, wenn man das Kind an zwei Stellen gleichzeitig berührt und sich diese Körperstellen zeigen läßt.

- Formwahrnehmung mit den Händen

  Einfache kleine bekannte Gegenstände werden in einem Sack „versteckt". Das Kind ertastet die Gegenstände und benennt sie.

- Imitation vorgegebener Körperstellungen

  Das Kind steht und schließt die Augen. Man bringt dann einen Arm des Kindes in eine bestimmte Stellung, die es mit dem anderen Arm kopieren soll. Dies wiederholt man mehrmals mit verschiedenen Stellungen.

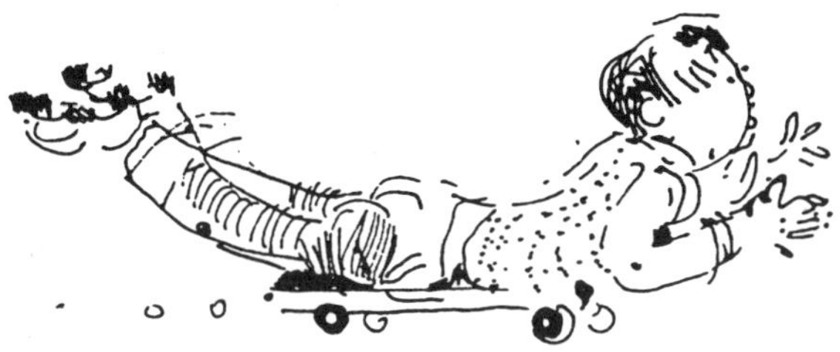

TLR Bauchlage
schlecht integriert

gut integriert

TLR Rückenlage
schlecht integriert

gut integriert

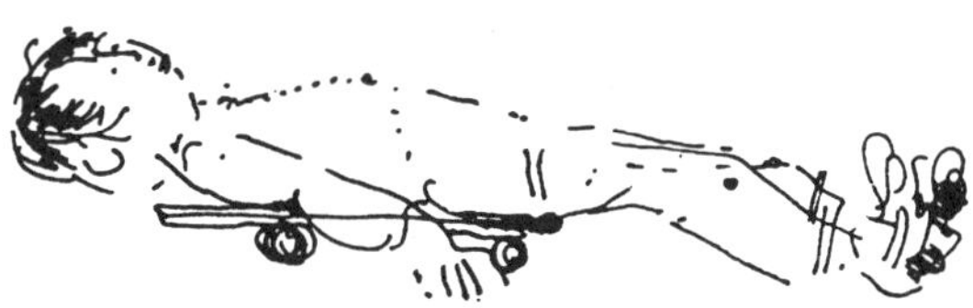

1. Tonischer Labyrinthreflex (TLR)

   - Drehhorizontallage

   Das Kind nimmt die Bauchlage ein. Die Arme sind an den Ellbogen eingeknickt. Die Ellbogen sollen etwa 10 cm vom Körper entfernt sein. Zunächst hilft man dem Kind diese Lage mit erhobenem Kopf und Armen sowie mit von der Hüfte aus gestreckten Beinen einzunehmen. Nachdem das Kind weiß, was von ihm erwartet wird, fordert man es auf, diese Position so lange wie möglich beizubehalten.

2. Tonischer Nackenreflex (TNR)

   - Arm-Ausstreck-Test

   Das Kind wird aufgefordert, die Augen zu schließen und seine Arme parallel zum Fußboden auszustrecken, ohne daß diese sich berühren. Die Finger sind abgeknickt. Der Untersucher dreht nun den Kopf des Kindes langsam von einer Seite auf die andere und beobachtet die Veränderungen in der Armstellung.

   - Vierfüßlerstand

   (asymmetrischer tonischer Nackenreflex, ATNR)

   Das Kind befindet sich im Vierfüßlerstand. Die Augen sind geschlossen, die Arme leicht gebeugt. Der Untersucher dreht nun den Kopf des Kindes langsam von einer Seite auf die andere und beobachtet die Veränderung der Armstellung.

ATNR
schlecht integriert

AET
gut integrierte Reflexe

AET
schlecht integrierte Reflexe,
Mitbewegungen

Bewegungsplanung, Dyspraxie

- Hampelmannspringen

  Der Untersucher macht dem Kind mehrere aneinandergereihte Hampelmannsprünge vor und bittet sie, dies nachzumachen.

- Finger-Daumen-Test

  Der Untersucher demonstriert dem Kind, wie man mit den Fingern einer Hand nacheinander den Daumen dieser Hand berührt. Man beginnt mit dem Zeigefinger. Das Kind wird aufgefordert, diese Bewegungen nachzuahmen und zwar mindestens fünf Sequenzen hin und zurück. Jede Hand wird für sich untersucht.

Halte-, Stell- und Gleichgewichtsreaktionen

- Einbeinstand

  Das Kind wird aufgefordert, sich so lange wie möglich auf ein Bein zu stellen. Jedes Bein wird für sich zunächst mit offenen und dann mit geschlossenen Augen untersucht. Dem Kind wird freigestellt, mit welchem Bein es beginnen möchte.

- Seiltänzergang

  Das Kind wird gebeten, auf einer geraden Linie ohne Unterbrechung etwa 20 Schritte hin und zurück zu gehen. Dabei soll es einen Fuß genau vor den anderen setzen.

- Zehengang

  Man fordert das Kind auf ungefähr 20 Schritte möglichst hoch auf den Zehenspitzen hin und zurück zu gehen.

- Fersengang

  Das Kind wird aufgefordert, mindestens 20 Schritte auf den Fersen hin und zurück zu gehen.

- Monopedales Hüpfen

  Das Kind soll auf jedem Bein mindestens 20 mal hüpfen, wobei es ihm freigestellt ist, mit welchem Bein es beginnen möchte. Am günstigsten ist das Hüpfen auf der Stelle.

Bilateralintegration

- Ball fangen

  Der Untersucher wirft dem Kind mehrfach Bälle in verschiedenen Größen (Gymnastikball, Tennisball) zu und fordert es auf, den Ball zu fangen. Das Kind wirft den Ball zurück.

- Beidbeiniges Hüpfen

  Das Kind wird aufgefordert, mehrmals mit beiden Beinen gleichzeitig über ein am Boden liegendes Hüpfseil oder einen Gymnastikstab zu hüpfen.

- Doppelkreistest

  Das Kind zeichnet gleichzeitig zwei Kreise, und zwar mit jeder Hand einen.

Finger- und Handmotorik

- Diadochokinese

  Das Kind wird gebeten, im Stehen einen Arm entspannt an der Körperseite zu halten und den anderen Arm im Ellbogen rechtwinklig zu beugen. Der Kopf muß zentriert und die Arme und Schultern müssen entspannt sein. Die Hand des gebeugten Armes zeigt nach vorne und wird möglichst rasch und locker abwechselnd supiniert und proniert. Der Ellbogen wird dabei ruhig und vom Körper entfernt gehalten. Der Untersucher muß diese Bewegung mit einer Geschwindigkeit von vier vollständigen Pronationen und Supinationen pro Sekunde vormachen.

- Finger-Nase-Versuch

  Das Kind soll mit der Spitze des Zeigefingers die Nasenspitze berühren. Die Bewegung muß langsam durchgeführt werden. Der Test wird mit jeder Hand dreimal wiederholt. Ein kooperatives Kind sollte immer aufgefordert werden, während des Tests die Augen zu schließen.

- Finger-Finger-Versuch

  Der Untersucher steht frontal vor dem Kind und deutet bei gebeugtem Ellbogen mit dem Zeigefinger auf das Kind. Das Kind wird aufgefordert, mit der Spitze seines Zeigefingers die Fingerspitze des Untersuchers zu berühren. Der Abstand zwischen Kind und Untersucher sollte dabei so bemessen sein, daß das Kind den Ellbogen beugen muß. Der Test wird mit jeder Hand dreimal durchgeführt und zwar mit offenen und geschlossenen Augen. Der Untersucher muß darauf achten, daß er die Position seines Fingers möglichst nicht verändert.

- Greifen

  Das Kind wird gebeten, kleine Muggelsteine einzeln einzusammeln und in eine Schachtel zu legen. Der Untersucher achtet darauf, ob das Kind beim Greifen den Pinzetten bzw. Zangengriff verwendet.

Augenmotorik

- Fixieren

  Das Kind wird aufgefordert, einen Gegenstand (kleine Figur, Bleistiftspitze) zuerst in einer Entfernung von etwa 40–50 cm (Nahbereich) und dann in einem Abstand von etwa 150 cm (Fernbereich) 15 Sekunden lang zu fixieren.

- Verfolgen

  Der Untersucher hält einen kleinen Gegenstand im Abstand von 40 cm vor die Augen des Kindes. Das Kind wird aufgefordert, den Gegenstand zu fixieren und, wenn er sich bewegt, nur mit den Augen zu verfolgen. Der Kopf bleibt dabei völlig ruhig. Der Untersucher bewegt nun den fixierten Gegenstand auf einem Kreisbogen 45 cm nach rechts und links, sowie nach unten und oben. Durch die Bewegung auf einem Kreisbogen behält der Gegenstand einen konstanten Abstand zum Auge des Kindes.

- Äugigkeit

  Man gibt dem Kind ein DIN-A 4-Blatt mit einem pfenniggroßen Loch in der Mitte in beide Hände und fragt es, ob es den Untersucher durch das Loch sehen könne.

  Man gibt dem Kind ein Kaleidoskop oder eine Pappröhre in beide Hände und fordert es auf, mit einem Auge hindurchzuschauen. Der Vorgang muß mehrfach wiederholt werden.

Zungen- und Mundmotorik

- Der Untersucher bittet das Kind, den Mund weit aufzumachen und die Zunge so weit wie möglich herauszustrecken.

- Der Untersucher fordert das Kind auf, beide Backen gleichzeitig aufzublasen.
- Das Kind wird gebeten, die Zunge rasch alternierend von einem Mundwinkel in den anderen zu bewegen.
- Das Kind wird vom Untersucher aufgefordert, in einer langsamen Bewegung mehrfach die Zunge an den oberen und unteren Zahnreihen entlangzuführen.
- Der Untersucher fordert das Kind auf zu pfeifen.

Assoziierte Mitbewegungen

- Das Kind steht mit geschlossenen Augen und ausgestreckten Armen dem Versuchsleiter gegenüber. Die Hände des Kindes fallen entspannt nach unten. Der Untersucher zählt nun zusammen mit dem Kind langsam bis zehn und achtet darauf, ob im Finger-Handbereich spontane Bewegungen auftreten.
- Mundöffnungs-Fingerspreizphänomen

  Der Untersucher ergreift die Handgelenke des Kindes mit Daumen und Zeigefinger. Er streckt die Arme des Kindes und sorgt für Entspannung im Bereich der Finger- und Handgelenke, damit die Finger locker herunterhängen. Er fordert nun das Kind auf, den Mund möglichst weit zu öffnen, dann die Augen fest zu schließen und zuletzt die Zunge möglichst weit herauszustrecken. Der Untersucher beobachtet, ob die Finger des Kindes dabei gestreckt und gespreizt werden.

Zur Beurteilung und Interpretation der einzelnen Klinischen Beobachtungen verweisen wir auf folgende Literatur:

AYRES, A.J.: Lernstörungen. Sensorisch-integrative Dysfunktion. Berlin 1979

FRANKENBURG, W.K., THORNTON, S.M. u. M.E. COHRS (Hg.): Entwicklungsdiagnostik bei Kindern. Stuttgart 1986

HOLLE, B.: Die motorische und perzeptuelle Entwicklung des Kindes. Ein praktisches Lehrbuch für die Arbeit mit normalen und retardierten Kindern. München-Weinheim 1988

KEPHART, N.C.: Das lernbehinderte Kind im Unterricht. München 1977 (Augenmotorik)

RUF-BÄCHTIGER, L.: Das frühkindliche psycho-organische Syndrom. Minimale zerebrale Dysfunktion. Diagnostik und Therapie. Stuttgart 1987

TOUWEN, B.C.L.: Die Untersuchung von Kindern mit geringen neurologischen Funktionsstörungen. Stuttgart 1982

Beobachtungsbogen

Name ....

Datum ....

Untersucher ....

1. Taktil-kinästhetische Wahrnehmung
   - Hautzeichnung ....
     ....
   - Kinästhesie-Zielscheibe ....
     ....
   - Tastlokalisation ....
     ....
   - Formwahrnehmung mit den Händen ....
     ....
   - Imitation von Körperstellungen ....
     ....

2. Muskeltonus/Muskelkraft ....
   ....

3. Primitive reflexhafte Reaktionen
   - Drehhorizontallage ....
     ....
   - Arm-Ausstreck-Test ....
     ....
   - Vierfüßlerstand ....
     ....

4. Bewegungsplanung, Dyspraxie

- Hampelmannspringen ....

....

- Finger-Daumen-Test ....

....

5. Halte-, Stell- und Gleichgewichtsreaktionen

- Einbeinstand: links ....
  rechts ....

- Seiltänzergang ....

....

- monopedales Hüpfen ....

....

- Fersengang ....

....

- Zehenspitzengang ....

....

6. Bilateralintegration

- Ball fangen ....

....

- beidbeiniges Hüpfen ....

....

- Doppelkreistest ....

....

7. Finger- und Handmotorik

- Diadochokinese ....

....

- Finger-Nase-Versuch ....

....

- Finger-Finger-Versuch. ....

....

- Greifen (Pinzetten-/Zangengriff) ....

....

8. Augenmotorik

- Fixieren: Nahbereich ....
  Fernbereich ....

- Verfolgen ....

....

- Äugigkeit ....

....

9. Zungen- und Mundmotorik

....

....

....

....

10. assoziierte Mitbewegungen

- Arm-Ausstreck-Test mit Zählen ....

....

11. Händigkeit ....

3.4 Fallbeispiel

Dieses Fallbeispiel soll zeigen, wie eine gesicherte Diagnose und ein Therapieansatz erst möglich werden durch die Zusammenschau aller vorhandenen Informationen.

Bei dem hier beschriebenen Fall handelt es sich um einen 7,6 Jahre alten Jungen mit Namen Hans (der Name wurde frei erfunden).

3.4.1 Anamnese

Hans ist das mittlere von drei Kindern. Er hat noch eine um ein Jahr ältere Schwester und einen um zwei Jahre jüngeren Bruder. Die Schwangerschaft verlief nach Angaben der Mutter komplikationslos. Die Geburt dauerte sehr lange, Hans schrie nach der Geburt nicht sofort. Die ersten Zähne bekam Hans mit 9 Monaten. Mit 10 Monaten konnte er frei sitzen und mit 18 Monaten alleine laufen. Die ersten Worte sprach er ebenfalls mit 18 Monaten. Im Alter von 9 Monaten mußte Hans wegen einer Fußdeformität mehrere Monate stationär behandelt werden. Nach der Entlassung kam die Mutter nur noch sehr schlecht mit dem Kleinkind zurecht. Sie berichtet, sie habe keine rechte Beziehung mehr zu Hans aufbauen können.

3.4.2 Testpsychologische Untersuchung

Zur Untersuchung der intellektuellen Leistungsfähigkeit wurde der CFT 1 und der HAWIK verwendet. In diesen Intelligenzleistungsverfahren erzielte Hans ein durchschnittliches Ergebnis. Bei der Überprüfung mit dem HAWIK fiel auf, daß das Testergebnis im Verbalteil deutlich schlechter ausfiel als im Handlungsteil.

Die Überprüfung der Wahrnehmung erfolgte mit dem FEW und den SC-SIT. Hans zeigte bei der Untersuchung mit dem FEW deutliche Entwicklungsrückstände in allen Bereichen der visuellen Wahrnehmung:

• Visuomotorische Koordination	Prozentrang	10
• Figur-Grundunterscheidung	Prozentrang	19
• Formkonstanzbeachtung	Prozentrang	13
• Erkennen räumlicher Lage	Prozentrang	20
• Erkennen räumlicher Beziehungen	Prozentrang	11
Gesamtergebnis	Prozentrang	3

Bei der Durchführung der SCSIT konnten folgende Syndrome festgestellt werden:
- Störung der visuellen Form- und Raumwahrnehmung
- einseitige Nichtbeachtung
- taktile Abwehr

Die Motorik wurde mit dem LOS KF 18 und den SCSIT untersucht. Mit dem Prozentrang von 1 ergab sich im LOS KF 18 ein Ergebnis, das laut Testanweisung als „behindert" einzustufen ist. Durch die SCSIT konnte eine Störung in der Haltung und Bilateralintegration sowie eine Entwicklungsapraxie diagnostiziert werden.

3.4.3 Verhaltensbeobachtung

In den ersten Wochen verhielt sich Hans in seiner Gruppe sehr ängstlich und nahm kaum Kontakt zu anderen Kindern auf. Auch war er nicht in der Lage, bei Konflikten seine Bedürfnisse und Interessen angemessen zu vertreten und durchzusetzen. Besonders fiel sein extrem monotones, wenig abwechslungsreiches Spielen auf. Bei Leistungsanforderungen war er leicht zum Mitmachen zu bewegen, konnte aber aufgrund massiver Konzentrationsstörungen nicht ausdauernd arbeiten.

Im Erstunterricht zeigte sich, daß Hans Raumanordnungen und einfache geometrische Formen oder Buchstaben gut nachgestalten oder abzeichnen konnte. Das Zählen und Abzählen gelang nur bis drei. Laute, Ziffern, ebenso Namen und Bezeichnungen für Gegenstände wie auch seinen eigenen Nachnamen konnte sich Hans selbst über einen ganz kurzen Zeitraum hin nicht merken. Beim Malen hielt Hans den Stift krampfhaft mit der rechten Hand, obwohl er eine übermäßig starke Bevorzugung seiner linken Körperseite zeigte. Bilateral konnte Hans überhaupt nicht agieren, seine rechte Körperseite schien nur gelegentlich die linke schwach nachzuahmen. Im Sportunterricht fiel Hans durch seine übergroße Ängstlichkeit, durch ständiges Hinfallen und durch bewußtes Hinlegen auf den Boden auf.

3.4.4 Sprachüberprüfung

Durch die Sprachüberprüfung wurde ein multiples Stammeln, ein schwerer Dysgrammatismus und ein auffallend geringer Wortschatz festgestellt. Zungen- und Lippenbeweglichkeit waren sehr herabgesetzt. Mundstellungen und Laute konnte er auch vor dem Spiegel nicht nachahmen.

3.4.5 Klinische Beobachtungen

Hans zeigte in vielen klinischen Beobachtungssituationen Auffälligkeiten.

Im taktilen Bereich gelangen ihm Hautzeichnungen, Tastlokalisation und manuelle Formwahrnehmung nicht.

Im vestibulären Bereich waren bei Hans noch primitive Reflexe aktiv (TLR in Bauch- und Rückenlage, ATNR, STNR). Gleichgewichtsstörungen traten bereits im Zweibeinstand mit geschlossenen Augen auf. Der Einbeinstand und das Gehen auf einer vorgegebenen Linie waren unmöglich. Nystagmus und Schwindelgefühl zeigten sich auch nach lang anhaltendem Drehen niemals. Vielmehr wollte Hans ununterbrochen weitergedreht werden. Der Muskeltonus war in allen Körperteilen zu niedrig, Kokontraktion gelang nicht.

Die Mittellinie konnte Hans weder mit den Augen, noch mit Händen oder Füßen überkreuzen. Bilateralität war kaum vorhanden. Hans benützte für alle Aufgaben ausschließlich die linke Hand, hielt aber den Filzstift grundsätzlich sehr verkrampft mit der rechten. Dabei konnte man deutlich Mitbewegungen in der linken Hand wahrnehmen. Füße oder Hände konnte Hans nicht gleichzeitig oder rhythmisch abwechselnd gebrauchen.

Bei der Tiefenwahrnehmung zeigte Hans ein gut entwickeltes Körperschema in der bildlichen Darstellung, nicht aber am eigenen Körper.

Die Überprüfung der Dyspraxie ergab Ausfälle in allen Testsituationen.

Bei der Überprüfung der Augenmuskelkontrolle gelang es Hans nicht einen Gegenstand mehrere Sekunden lang zu fixieren. Es spielte dabei keine Rolle, ob sich der Gegenstand im Nah- oder Fernbereich befand. Augensprünge, also der schnelle Wechsel von einem Fixationspunkt zum anderen, waren ebenfalls nicht möglich. Sollte Hans mit den Augen ein bewegtes Ziel verfolgen, verlor er dieses sehr schnell. Er schoß mit den Augen meist darüber hinaus oder hinkte hinter ihm her. Insgesamt waren die Augenbewegungen nicht flüssig, sondern eher ruckartig. Während der Augenüberprüfung blinzelte Hans vermehrt und schnitt häufig Grimassen. Die Untersuchung schien seine Augen sehr anzustrengen.

3.4.6 Medizinische Untersuchungen

Hans wurde in einer Klinik für Hals-, Nasen- und Ohrenkranke vorgestellt. Die Diagnose dieser einwöchigen Untersuchung lautete:

- Entwicklungsverzögerung im sprachlichen, intellektuellen und psychomotorischen Bereich
- Verdacht auf eine minimale cerebrale Dysfunktion

Bei der neurologischen Untersuchung durch einen Facharzt wurde folgende Diagnose gestellt:

- erhebliche Sprachentwicklungsverzögerung
- neuromotorische Reifungsstörung
- dezente Zeichen einer Hirnfunktionsstörung mit erhöhter Krampfbereitschaft
- dezente Zeichen des frühkindlich exogenen Psychosyndroms

Der Augenarzt stellte eine Kurzsichtigkeit und ein vermindertes räumliches Sehen fest.

3.4.7 Diagnose und Therapieansatz

Hans verfügt über eine normal entwickelte geistige Begabung (CFT 1, HAWIK). Deutliche Entwicklungsdefizite ließen sich im gesamten Wahrnehmungsbereich (FEW, SCSIT), in der Motorik (LOS KF 18, SCSIT, Klinische Beobachtungen) und in der Sprache (Sprachüberprüfung) feststellen. Störungen im emotionalen Bereich, sowie ein nicht altersgemäßes Sozialverhalten waren ebenfalls zu beobachten (Verhaltensbeobachtung). Die bisherige Gesamtentwicklung verlief deutlich verzögert (Anamnese). Mit großer Wahrscheinlichkeit gehen diese Funktionsstörungen und Defizite auf hirnorganische Schädigungen während der Geburt (Anamnese) und auf eine langandauernde Hospitalisierung in den ersten beiden Lebensjahren (Anamnese) zurück.

Wie die Untersuchungsdaten zeigen, ist die Motorik bei Hans bereits auf einem sehr niedrigen Niveau gestört, nämlich im Bereich der primitiven Halte- und Stellreflexe (SCSIT, Klinische Beobachtungen). Auch die Steuerung der äußeren Augenmuskeln gelingt nicht in ausreichendem

Maße. In der Wahrnehmung zeigen sich ebenfalls Auffälligkeiten auf einer sehr frühen Entwicklungsstufe, und zwar im Bereich der taktil-kinästhetisch-vestibulären Wahrnehmung.

Die Therapie wird entsprechend den festgestellten Ausfällen mit einem Basistraining im Bereich der taktil-kinästhetisch-vestibulären Wahrnehmung sowie mit Übungen zur Verbesserung der primitiven Halte- und Stellreaktionen beginnen. Wegen der erhöhten Krampfbereitschaft (neurologische Untersuchung) wird es notwendig sein, die taktil-kinästhetisch-vestibuläre Stimulation sehr vorsichtig einzusetzen und die Reaktionen auf die Therapie besonders zu beachten.

Sehr bald sollte auch das Augentraining erfolgen. Ein weiteres wichtiges Ziel zu Beginn der Therapie muß die Integration von Hans in die Gruppe der Klassenkameraden sein.

Eine gezielte Sprachtherapie wird zunächst nicht durchgeführt.

4 Therapiekonzept

Die Aufarbeitung neuester neuropsychologischer und -physiologischer Forschungsergebnisse führt zu der Überzeugung, daß die Ursachen vieler Lernstörungen bei Kindern in gestörten Integrationsprozessen zu suchen sind. Deshalb zielt die Therapie auf die Verbesserung dieser Integrationsfähigkeit.

Da wir Prozesse im ZNS beeinflussen wollen, muß die Therapie, unserer Meinung nach, den Funktionsprinzipien des ZNS entsprechen. Unbewußt ablaufende Prozesse z.B. dürfen nicht vorwiegend bewußt geübt werden, weil sonst eine bereits bestehende Automatisierung wieder zerstört werden kann. Beispiel Fahrradfahren: Die notwendigen Bewegungsabläufe sind beim Kind weitgehend automatisiert. Wird es nun auf Lenkbewegungen aufmerksam gemacht, so kann es darüber die automatisierten Tretbewegungen vergessen. Es verliert eventuell sogar das Gleichgewicht und stürzt.

Da wir mit Kindern arbeiten, muß unser therapeutisches Vorgehen kindgemäß sein. Wichtige Therapieprinzipien sind deshalb für uns das Ausnützen des kindlichen Bewegungsdranges, das Ansetzen an den momentanen Bedürfnissen des Kindes, das Aufgreifen des kindlichen Neugierverhaltens, das Einbeziehen kindlicher Phantasie und Kreativität und vor allem das Ausnützen der Freude am Lernen (Motivation).

Neben diesen grundlegenden Prinzipien der therapeutischen Arbeit suchten wir nach Möglichkeiten, die Therapie systematisch aufzubauen. Hier schien es uns logisch, den Aufbau unserer neuropsychologisch ausgerichteten Therapie am hierarchischen Aufbau des ZNS und gleich-

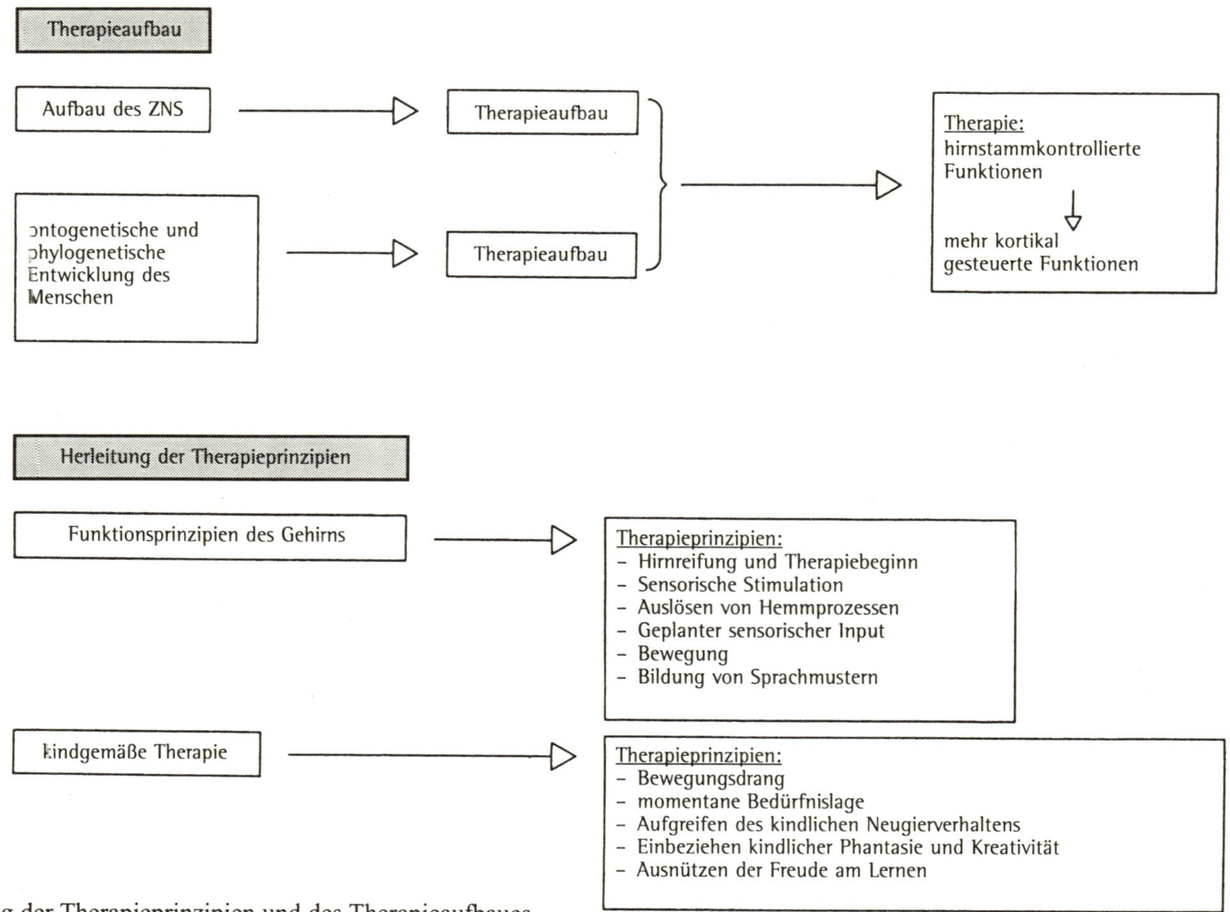

Abb. 37 Herleitung der Therapieprinzipien und des Therapieaufbaues.

zeitig an der phylo- und ontogenetischen Entwicklung des Menschen zu orientieren (vgl. 2.3.1). Wir befassen uns daher in der Therapie zuerst mit Funktionen, die hauptsächlich vom Hirnstamm kontrolliert werden, und schreiten fort zur Therapie mehr kortikal gesteuerter Vorgänge.

4.1 Vorbemerkungen

Ziel der Therapie ist die Verbesserung der Integrationsfähigkeit des ZNS, um Lernprozesse zu ermöglichen, die der kindlichen Persönlichkeitsentwicklung im sensorischen, motorischen, affektiv-sozialen und kognitiven Bereich dienen. Unsere Zielgruppe sind vorwiegend Kinder der Vorschule und der 1. Jahrgangsstufe mit Symptomen, die auf eine Integrationsstörung hinweisen.

Die Therapie stellt keine mechanistische Übungsreihe dar. Vielmehr ist sie ganzheitlich orientiert, d.h. sie soll das Kind als Gesamtpersönlichkeit ansprechen und fördern. Wichtigste Voraussetzung für die Therapie ist eine tragfähige, emotionale Beziehung zwischen Lehrer und Kind. Das Kind muß Vertrauen haben und sich in einer warmen, wohlwollenden Atmosphäre geborgen fühlen. Nur so ist es möglich, das Selbstvertrauen integrationsgestörter Kinder zu stärken. Der Lehrer muß sich immer als Anregender sehen, der das Lernen des Kindes beobachtet und begleitet. Es ist dabei wichtig, daß er das Kind als Ganzes mit seinen Stärken und Schwächen annimmt. Der Lehrer muß sich vor der Gefahr hüten, bei einem lerngestörten Kind nur dessen Defizite und sein Schulversagen zu sehen. Es ist wichtig, die Stärken des Kindes zu entdecken, sie für die Therapie zu nutzen und dadurch das Selbstwertgefühl des Kindes zu steigern. So wird die Entfaltung einer ausgeglichenen Persönlichkeit möglich. Will man Kindern vertrauensvoll und ehrlich begegnen, muß man offen sein für neue Erfahrungen mit sich selbst und mit anderen.

Eine wichtige Grundlage für das Gelingen der Therapie ist die Zusammenarbeit aller Personen, die sich mit dem Kind befassen. In unserer Arbeit erwiesen sich fortlaufende Gespräche zwischen Lehrer, Psychologen, Erzieher, Therapeuten und Eltern als aufschlußreich. Durch den ständigen Austausch entstand für alle ein umfassendes Bild des Kindes. Die Zusammenarbeit erfolgte dabei in Form von:

- Teamgesprächen, an denen Lehrer, Erzieher, Therapeuten und Psychologen beteiligt waren,
- Elterngesprächen (Lehrer, Erzieher, Eltern),
- Gesprächen mit Ärzten.

Teamgespräche sollten, wenn es die Umstände erlauben, regelmäßig geführt werden. Inhalte solcher Treffen können z.B. gemeinsame Therapieplanung oder Sammeln und Auswerten von Beobachtungen sein.

Elterngespräche sind während der gesamten Therapiezeit unbedingt notwendig. Die Eltern lernen dadurch, ihr Kind und dessen Veränderungen zu sehen und zu verstehen. Der Pädagoge sollte versuchen, die Eltern in die therapeutische Arbeit einzubeziehen, indem er sie z.B. zum Unterricht einlädt und ihnen Spielmöglichkeiten für zu Hause aufzeigt. Zur Diagnostik und Therapie gehören auch Gespräche mit behandelnden Ärzten (wie Kinderarzt, HNO-Arzt, Augenarzt, Neurologe, Orthopäde).

4.2 Prinzipien der Therapie

Bei der Erarbeitung des Therapiekonzeptes wollten wir vor allem das Prinzip der „Ganzheitlichkeit“ trotz gezieltem therapeutischen Intervenieren gewährleistet sehen.

Wir gehen von der Vorstellung aus, daß Mensch und Umwelt in ständiger Wechselbeziehung stehen, daß der Mensch eine Einheit von Geist, Körper und Seele ist. Das pädagogische Handeln muß daher auf die Gesamtpersönlichkeit des Kindes bezogen sein. Das Kind soll sich als Ganzes angenommen fühlen.

Ein ganzheitliches Vorgehen fördert in besonderem Maße Integrationsprozesse. Es spricht verschiedene Bereiche im Kind – wie Fühlen, Denken, Wahrnehmen, Handeln – gleichzeitig an.

4.2.1 Am Kind orientierte Prinzipien

4.2.1.1 Bewegungsdrang

Jedes Kind hat Freude an der eigenen Bewegung. Es folgt seinem natürlichen Bewegungsdrang und lernt dabei, seinen Körper durch vielfältige Bewegungsspiele gezielt einzusetzen.

Diesem grundlegenden kindlichen Bedürfnis müssen wir bei der Auswahl des Therapieangebotes gerecht werden. Die Kinder sind durch Bewegungsspiele meist schnell zu begeistern; langes Stillsitzen ist dagegen für sie sehr anstrengend. Die Kinder müssen oft so viel Energie auf das „Sitzenbleiben" verwenden, daß ihnen nur wenig Kapazität zur Bewältigung des eigentlichen Lernstoffes bleibt.

4.2.1.2 Momentane Bedürfnisse

Die Lernfähigkeit und Lernbereitschaft eines Kindes ist stark von seinen Stimmungen und von seinem körperlichen Zustand abhängig. Der Lehrer sollte daher jedes einzelne Kind genau beobachten, um auf seine momentanen Bedürfnisse schließen zu können. Er muß diese ernst nehmen und sein geplantes Vorhaben jederzeit flexibel verändern können, wenn durch sie der sinnvolle Verlauf der Therapie beeinträchtigt wird. (Der Therapeut hat z. B. eine Aufgabe mit dem Rollbrett geplant, die eine sitzende Position erfordert. Das Kind möchte aber unbedingt im Liegen fahren, da es Angst verspürt. Die Spielaufgabe muß in diesem Falle unbedingt abgeändert und dem kindlichen Bedürfnis angepaßt werden.)

4.2.1.3 Neugierverhalten

Kinder sind von Natur aus neugierig und entdecken so die Welt. Ohne diese Neugier ist ein Lernzuwachs nur schwer möglich.

In der Therapie muß die kindliche Neugier aufgegriffen werden. Durch eine Reihe von negativen Vorerfahrungen kann es möglich sein, daß ein Kind dieses spontane Neugierverhalten nicht mehr zeigt. In diesem Falle sollte das Therapieangebot so angelegt sein, daß es das Kind von sich aus neugierig macht. Die Spielmöglichkeiten müssen für das Kind spannend sein, bzw. eine vorhandene Spannung aufrechterhalten. (Formdifferenzierung z. B. macht mit dem „Krabbelsack" Kindern mehr Spaß als nur mit Mengenkreisen.) Ein neugierig gewordenes Kind entwickelt normalerweise von sich aus den Wunsch, mehr Erfahrungen mit sich und seiner Umwelt zu sammeln.

4.2.1.4 Phantasie und Kreativität

Kinder verfügen über eine Fülle von Spielideen, die sich der Therapeut für die Therapie zunutze machen kann. Das Spielangebot sollte daher den Kindern genügend Raum für eigene Ideen lassen. Der Therapeut greift die Vorstellungen der Kinder auf, ermutigt sie zu mehr Kreativität und vermittelt ihnen auf diese Weise Zutrauen zu eigenen Ideen und zu sich selbst.

Das integrationsgestörte Schulkind befindet sich oft noch auf der Stufe des magischen Denkens. Es lebt in der Märchenwelt von Hexen, Feen, Zauberern etc. In den Spielen sollte diese Phantasiewelt aufgegriffen werden, damit das Kind Gelegenheit erhält, seine Gedanken im Spiel zu verarbeiten.

4.2.1.5 Spiel

Aufgeschlossenheit, der Wille zur Mitarbeit, die Freude am Handeln und die Bereitschaft zu experimentieren sind notwendig, um beim Kind Integrationsprozesse zu aktivieren und therapeutisch wirksam werden zu lassen. Die geplanten Angebote sollten daher immer in Spielaktivitäten eingebettet sein.

Integrationsgestörte Kinder zeigen in bezug auf ihre emotionale Gestimmtheit und Leistungsbereitschaft häufig Verhaltensauffälligkeiten, die aus einem bereits vorhandenen Störungsbewußtsein resultieren. Sie erleben im Spiel mit Gleichaltrigen ihr Versagen und verlieren leicht die Freude am Spielen. Es gilt daher, Spiele zu finden, die den Kindern Spaß machen. Diese Spiele werden immer ihrem Integrationsniveau entsprechen. Sie sollten aber auch die Möglichkeit enthalten, negative Vorerfahrungen durch erneutes Erleben einer Situation zu verändern. Ein Kind zeigt z.B. eine mangelhafte vestibuläre Reizverarbeitung. Es möchte schaukeln, traut sich aber nicht auf die normale Spielplatzschaukel und wird deshalb ausgelacht. Der Therapeut sollte diesem Kind das Schaukeln in einer einfacheren Aufgabenstellung anbieten: Ein großes quadratisches Brett oder eine Hängematte wird dicht über den Boden gehängt. Das Kind kann sich selbst in Bauchlage oder im Sitzen mit den Händen am Boden abstoßen. Es empfindet diese Spielsituation wahrscheinlich weniger bedrohlich und nimmt sie gerne an.

4.2.2 An der Funktionsweise des Gehirns orientierte Prinzipien

Aus den Funktionsprinzipien des Gehirns lassen sich Richtlinien für die Therapie ableiten (siehe Abb. 37).

4.2.2.1 Hirnreifung und Therapiebeginn

Im ersten Lebensjahrzehnt verändert sich die neurologische Organisation besonders dramatisch. Die Plastizität des ZNS ist in diesem Zeitraum extrem hoch. Diese Tatsache sollte man ausnutzen, will man Einfluß auf die Hirnreifung und damit auf die Lernfähigkeit integrationsgestörter Kinder nehmen. Ein möglichst früher Therapiebeginn bereits im Vorschulalter verspricht aus dieser Sicht die besten Erfolge.

4.2.2.2 Sensorische Stimulation

Die sensorischen Teile des Kortex stehen untereinander in Verbindung, d.h. kein Teil arbeitet isoliert. Je größer die Interaktion zwischen den Hirnteilen ist, desto besser können Reize aufgenommen und verarbeitet werden. Es kommt zu einer adäquaten Reaktion.

Bei Integrationsstörungen ist das Zusammenwirken der einzelnen Hirnstrukturen eingeschränkt. In der Therapie muß daher durch gezielte Maßnahmen versucht werden, die Interaktion zwischen den Hirnteilen zu aktivieren. Es ist günstig, möglichst viele Sinne bei einem Spiel anzusprechen. Dadurch werden verschiedenste Reize aufgenommen und miteinander verknüpft. Neue Verschaltungen ergeben sich, und die Lernkapazität des Organismus wächst. Damit Hirnfunktionen sich entwickeln und reifen können, ist ein bestimmtes Maß an Reizen notwendig. Bei einem zu geringen sensorischen Angebot entfalten sich die Funktionen nicht ihren Möglichkeiten entsprechend. Die Therapie versucht daher, durch ein gezieltes Reizangebot eine bessere Neuralintegration zu ermöglichen. Kinder mit Gleichgewichtsstörungen sollen z.B. schaukeln, sich drehen, rutschen etc., um ihr vestibuläres System anzuregen und zu entwickeln.

4..2.2.3 Auslösen von Hemmprozessen

Eine wichtige Aufgabe des Gehirns besteht in der Übersetzung von sensorischen Impulsen in bedeutungsvolle Informationen. Dabei dürfen nur die eingehenden Reize ausgewählt werden, die Bedeutung für den Organismus haben. Die Weiterleitung bestimmter Reize muß gefördert, andere Reize müssen gehemmt werden. Ohne hemmende Prozesse würde das Gehirn von den Reizen überflutet und adäquate Reaktionen wären nicht mehr möglich. (Bei integrationsgestörten Kindern mit einer Figur-Grund-Störung z.B. kann dies in mehr oder weniger ausgeprägtem Maße der Fall sein.)

In der Therapie müssen solche zentralen Hemmechanismen initiiert und verstärkt werden. Spiele, die z.B. die Beachtung bestimmter einzelner Reize erfordern, provozieren gleichzeitig die Hemmung anderer eingehender Reize. (Beim Ertasten eines Dreiecks müssen z.B. Reize, die von der Form ausgehen, verstärkt wahrgenommen werden. Der Oberflächenbeschaffenheit darf aber keine Aufmerksamkeit geschenkt werden. Reize aus diesem Bereich müssen gehemmt werden.) Gezielte Stimulation im taktil-kinästhetisch-vestibulären Bereich leitet entweder Erregungs- oder Hemmprozesse ein. Der Therapeut kann also mit ihrer Hilfe das gesamte Erregungsniveau des ZNS aktiv beeinflussen und steuern (vgl. 4.3.1).

4.2.2.4 Geplanter sensorischer Input

Unter „geplantem sensorischen Input" verstehen wir Situationen, in denen das Angebot und die Aufnahme sensorischer Informationen geplant und kontrolliert werden können. Die Planung erfolgt dabei durch das gezielte Angebot von Situationen und Materialien. Wenn das Angebot dem jeweiligen Integrationsniveau des Kindes entspricht, wird das Kind adaptiv, d.h. angemessen und exakt, reagieren können. Ist das Ziel der therapeutischen Maßnahmen z.B. eine Integrationsförderung auf Hirnstammniveau, so muß der sensorische Input so gestaltet sein, daß das Kind weniger kognitiv reagiert. Sollen dagegen kortikale Integrationsprozesse gefördert werden, muß das Material und die Aufgabenstellung zu einer mehr kognitiven Antwort anregen. Zu einem geplanten sensorischen Input gehört auch, daß eine Aufgabenstellung das Kind an seiner obersten Leistungsgrenze fordert, es aber nicht überfordert.

4.2.2.5 Bewegung

Die Entwicklung von Wahrnehmung und Motorik hängt eng zusammen. Über motorische Aktivitäten erhält das Kind Zugriff auf die Welt und lernt, sensorische Eindrücke zu organisieren. Wahrnehmungsförderung und Lernzuwachs können also nur über die Bewegung erreicht werden. Dabei stellt die Zunahme der motorischen Geschicklichkeit nicht das Ziel der Therapie dar. Vielmehr soll eine verbesserte Neuralintegration angestrebt werden. Diese zeigt sich in adaptiven Reaktionen auf die Umwelt.

Es ist nötig, daß das Kind aktiv wird und die gestellten Aufgaben selbständig löst. Das Kind entdeckt so die Welt durch sein eigenes Tun. Was ihm die Sinne vage erfahrbar machen, kann es durch Handeln wirklich begreifen. Bei diesem Lernen stellen in den Augen des Kindes Material und Situation die Anforderungen, nicht aber der Therapeut. Dies gelingt nur, wenn die gestellte Aufgabe dem Kind sinnvoll erscheint.

Um auf die wechselnden Bedingungen der Umwelt adaptiv reagieren zu können, ist es wichtig, daß das Kind sensomotorische Schemata, d.h. situationsübergreifende Muster entwickelt. Damit ein Muster erlernt werden kann, muß in der Therapie das momentan angestrebte Bewegungsmuster in einer Vielzahl geplanter Situationen vom Kind immer wieder neu produziert werden. Das Bewegungsmuster „Gleichgewicht halten beim Fuß-vor-Fuß-Balancieren“ z.B. wird in vielen Situationen geübt, wie beim Gehen über einen Strich, Bordstein, Balken, Baumstamm etc.

Über diesen „Weg der Variationen“ lernt das Kind das zugrundeliegende Bewegungsmuster. Es kann nun in neuen Situationen adaptiv reagieren, d.h. es hat das Muster generalisiert. Es ist äußerst ungünstig, mit dem Kind Einzelsituationen zu trainieren. Auf diesem Weg erlangt das Kind wohl sogenannte „Splitterfertigkeiten“, kann sie aber nicht in Verbindung bringen und auf ähnliche Situationen übertragen. (Wird z.B. mit einem stark feinmotorisch gestörten Kind sehr intensiv das Binden einer Schleife geübt, so entwickelt das Kind möglicherweise eine Splitterfertigkeit. Diese Fertigkeit kann aber nicht auf ähnliche feinmotorische Tätigkeiten übertragen werden. Die Integrationsfähigkeit des Gehirns wird dadurch nicht gefördert.)

4.2.2.6 Bildung von Sprachmustern

Sprache wird über das handelnde Umgehen mit der Umwelt erlernt. „Begriff“ kommt von „Be-greifen“. In der Therapie steht daher immer das handelnde Erleben vor dem kognitiven Erfassen und Versprachlichen. Das Kind muß einen Begriff in vielen verschiedenen Situationen erleben, bevor es ihn frei anwenden kann. Es gilt also, dem Kind auch im Sprachbereich eine Musterbildung zu ermöglichen, damit es in neuen Situationen sprachlich angemessen reagieren kann. (Lernt ein Kind z.B. den Begriff „heiß“, muß es zuerst „heiße“ Erfahrungen in vielen ähnlichen Situationen – Ofen, Kerze etc. – sammeln. Daraus entwickelt sich der abstrakte Begriff „heiß“, der später auch im übertragenen Sinn verwendet werden kann: z.B. „eine heiße Sache“.)

4.3 Aufbau der Therapie

Zur Behandlung lerngestörter Kinder liegt eine Vielzahl von Programmen vor, die in der Vorschule und Schule eingesetzt werden können. Alle Programme gehen von bestimmten Denkansätzen aus. Sie sind z. B. neurologisch, perzeptiv-motorisch oder ganzheitlich ausgerichtet. Dabei setzen sie sich bestimmte Schwerpunkte wie fundamentale Sinnesschulung und sensorische Integration, Hilfe bei neuro-, senso-, psycho- oder soziomotorischen Störungen, visuelles oder auditives Wahrnehmungstraining. Die Ansätze der einzelnen Programme lassen sich anhand des Stufenmodelles von AFFOLTER (1975) übersichtlich (Abb. 38) einander zuordnen. Gleichzeitig wird in Abb. 38 die Reizverarbeitung auf den verschiedenen Integrationsstufen deutlich.

In unserer langjährigen Arbeit mit integrationsgestörten Vorschul- und Schulkindern zeigte sich, daß die meisten vorhandenen Therapieprogramme auf der höchsten, d. h. 3. Integrationsstufe ansetzen. Ihr Ziel ist die Förderung schulmäßig verlangter Grob- und Feinmotorik, visumotorischer Koordination, visueller und auditiver Wahrnehmung. Auch die auf der 2. Integrationsstufe angesiedelte psychomotorische Übungsbehandlung nach KIPHARD (1977)/NAVILLE (1973) oder die heilpädagogische, perzeptiv ausgerichtete Bewegungserziehung nach FROSTIG (1972)/REINARTZ (1979) konnte vielen unserer Kinder nicht die notwendigen Voraussetzungen für den vorwiegend kognitiv gestalteten Erstunterricht vermitteln.

So entstand unser neuropsychologisch ausgerichtetes Therapiekonzept, das sich in seinem Aufbau an der Phylogenese und Ontogenese des Menschen orientiert.

Der Mensch vollzieht in seiner ontogenetischen Entwicklung die Stadien der Phylogenese im Zeitraffertempo nach. Er kommt über das Robben, Kriechen und Krabbeln zum aufrechten Gang. Die Verbindung und Speicherung einzelner Wahrnehmungen auf jeder dieser Stufen verhelfen ihm zu einer zunehmenden Strukturierung seiner Umwelt und seiner selbst.

Ein Integrationsprozeß kann nur angeregt werden, wenn die Therapie die ontogenetischen Entwicklungsschritte des Menschen nachvollzieht. Sie orientiert sich dabei an dem Entwicklungsstand der Hirnreifung des einzelnen Kindes und ermöglicht ihm auf diese Weise eine bessere Neu-

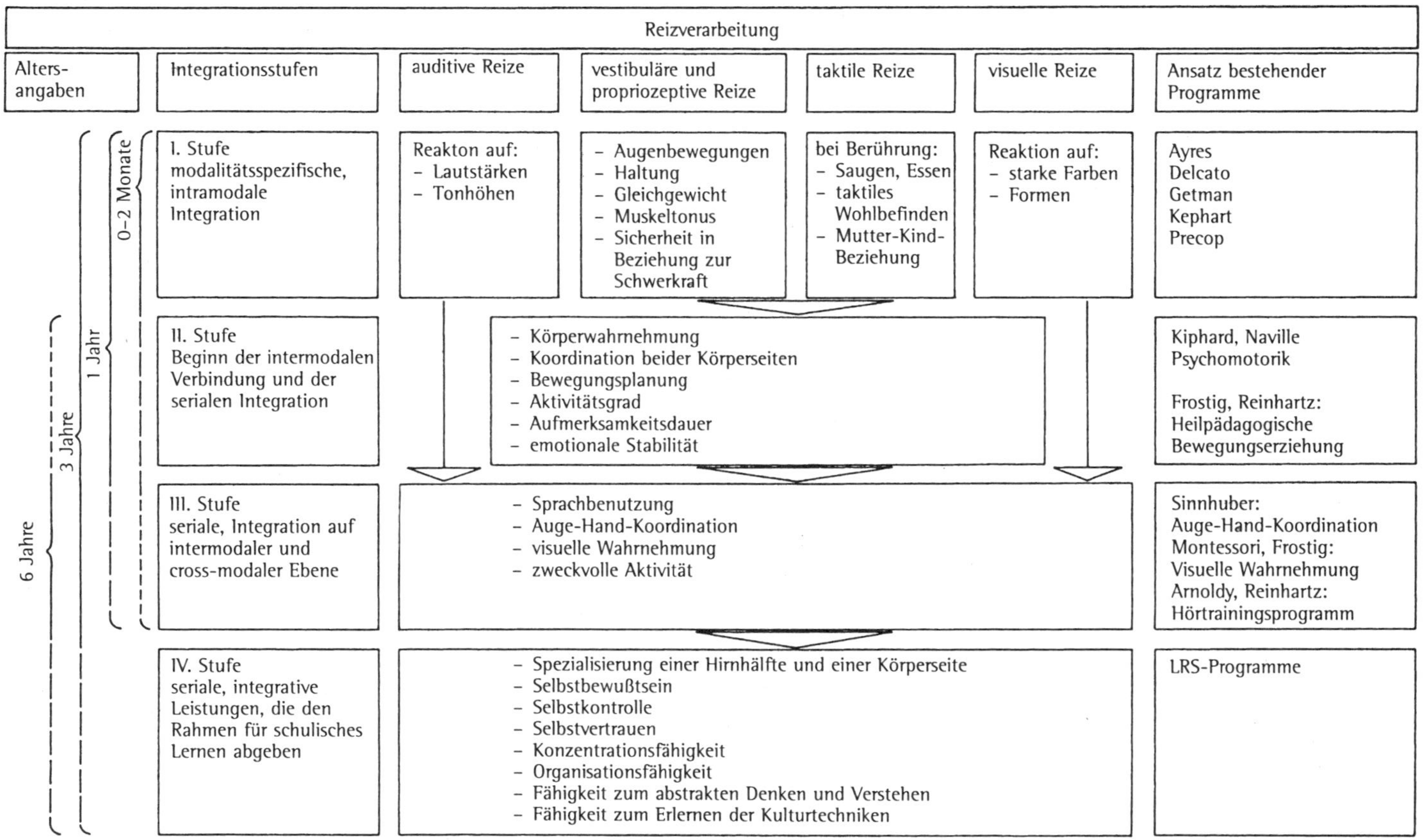

Abb. 38 Entwicklung integrativer Prozesse als eine Voraussetzung höherer psychischer Funktionen modifiziert nach AYRES (1984), MILZ (1982) und AFFOLTER (1925).

ralintegration seiner Wahrnehmungen. Immer muß bei dem gezielten, geplanten Vorgehen Raum für die individuelle Entwicklungsgeschwindigkeit des Kindes bleiben. Nur so kann Über- oder Unterforderung in der Aufgabenstellung vermieden, das kindliche Selbstwertgefühl gestärkt und die Freude am Lernen geweckt und erhalten werden.

Die Therapie orientiert sich weiterhin an der Entwicklung der Neuralfunktionen innerhalb der Ontogenese. Sie folgt in ihrer Stufen-Konzeption dieser Hirnentwicklung (vgl. Abb. 37). Dabei geht sie zuerst subkortikale, später kortikale Funktionen an.

Abb. 39 zeigt den gesamten Therapieaufbau im Überblick. Nach einer eingehenden individuellen Diagnose beginnen wir mit einer Basistherapie für alle Kinder. In der Individualtherapie richten wir uns nach dem Entwicklungsstand, dem Störungsbild und dem Entwicklungsfortschritt jedes einzelnen Kindes.

4.3.1 Basistherapie

Wir beginnen die Förderung *aller* lerngestörten Kinder mit einer Basistherapie im taktil-kinästhetisch-vestibulären und propriozeptiven Bereich. Diese „Grund-legende“ Therapie setzen wir bei allen durch die Diagnostik erfaßten Syndromen ein.

Funktioniert das taktil-kinästhetisch-vestibuläre System eines Kindes ungestört, so beherrscht es nach PRECOP (1980) folgende Fähigkeiten:

- Bewußtsein von Körperhaltung und Gleichgewicht
- Empfänglichkeit für Tastreize
- Bereitschaft, sich aktiv mit Berührungen auseinanderzusetzen
- Vorstellung und Vorwegnahme eines Bewegungsmusters von einem Gegenüber
- Einplanung von Kraftdosierung, An-/Entspannung, Widerstand, gezielter Richtungseinhaltung
- Bildung und Automatisierung von motorischen Sequenzen und Abläufen
- Übertragung von visuell (und/oder akustisch) wahrgenommener oder vorgestellter Bewegung in die Vorstellung der eigenen Bewegung

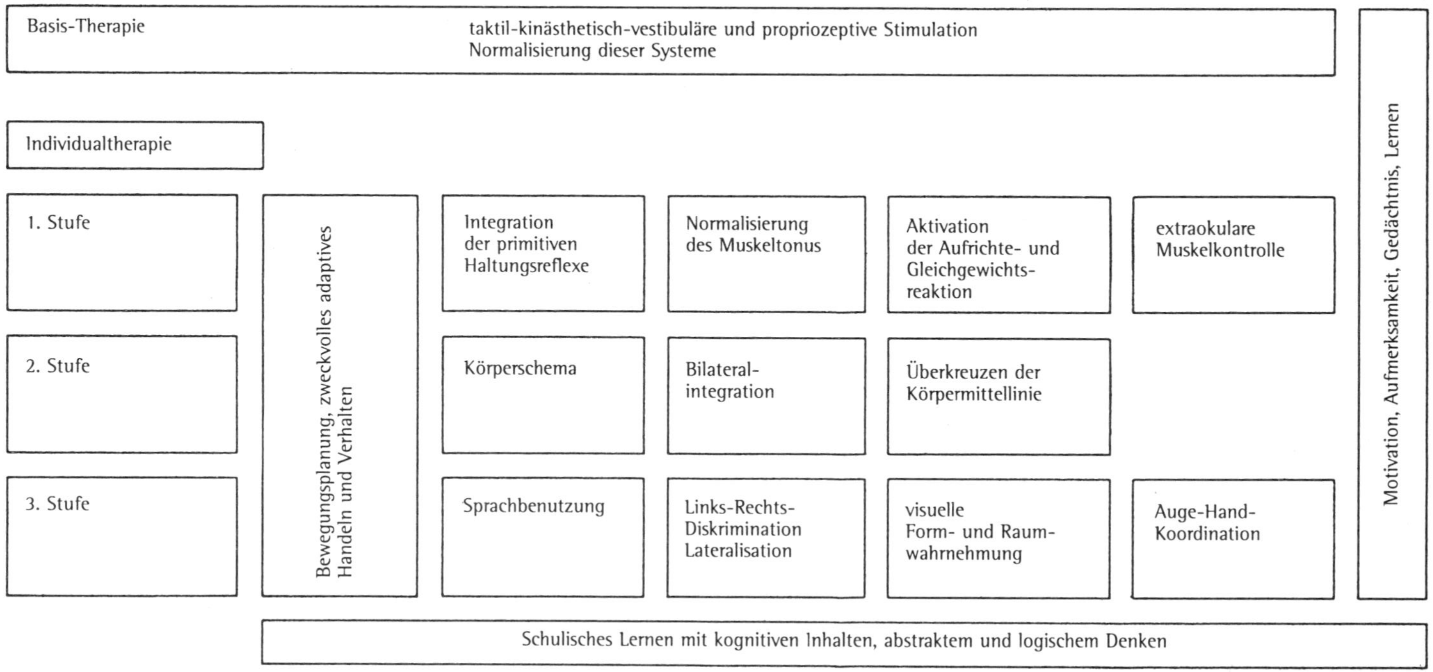

Abb. 39 Schematische Darstellung des Therapieaufbaus.

Die Basistherapie wirkt direkt auf den Hirnstamm ein und regt alle Sinnesmodalitäten gleichermaßen an. Sie reguliert das Aktivitätsniveau des gesamten ZNS und trägt damit generell zur neurologischen Integration bei.

Die taktil-kinästhetisch-vestibuläre Stimulation sollte etwa 30 Minuten dauern. An diese Stimulierungsphase schließt sich unmittelbar eine Zeit erhöhter allgemeiner Lernbereitschaft an. Überstimulation ist möglich, vor allem zu Beginn der Therapie. Sie äußert sich in anhaltender Übererregung des Kindes (länger als 30 Minuten nach Behandlungsende), in Zerstörungswut oder destruktiver Haltung gegenüber der Umgebung oder auch in einer Rückzugshaltung, eventuell sogar in Erbleichen oder Erbrechen. Vorsicht ist auch bei erhöhter Krampfbereitschaft eines Kindes, bei Hypertonus und Athetose geboten. Gegenmaßnahmen bei taktil-kinästhetischer Überstimulation sind leichte gleichförmige vestibuläre Reize, bei zu geringer Erregung starke vestibuläre Bewegungsreize.

Die Stimulation erfolgt immer in Verbindung mit möglichst aktiven Bewegungsaufgaben wie Schaukeln, Rutschen, Drehen, Auf-/Abbewegungen, Balancierspielen usw., anfangs – entsprechend der ontogenetischen Entwicklung – möglichst in Bauch- oder Rückenlage, später im Vierfüßlerstand, im Sitzen und Knien, im Stand und in der Fortbewegung. Dabei werden die taktil-kinästhetischen Reize in möglichst abwechslungsreiche Bewegungsspiele „verpackt", z.B. Rollen/Rutschen über verschiedene Unterlagen („Glatteis"). Immer sollte der Stimulation ein Thema zugrunde liegen, es darf nicht Stimulation um der Stimulation willen werden!

Die Basistherapie läßt sich für den taktil-kinästhetischen Bereich in drei Phasen gliedern:

1. Phase: *Gewöhnung an Körperkontakt*

   Die Kinder nehmen bei Bewegungsspielen (wie Nachlaufen, Abschlagen usw.) kurzfristig Körperkontakt auf und ertragen ihn.

2. Phase: *Gezielte Stimulation des Körpers*

   Am Anfang werden nur einzelne Körperteile – wie Arme oder Beine – berührt, später wird der ganze Körper in die Stimulation einbezogen. Sobald es das Kind zuläßt, sollte bei allen

Spielen die intensive Stimulation von Fußsohlen, Händen, Gesicht und Mundbereich beachtet werden, da diese Körperzonen besonders reizempfänglich sind. Die Kinder denken sich selber „Wasch-", „Reib-", „Berührungspiele" aus. Oft helfen auch kleine Reime, Gedichte oder Lieder, die diese Thematik beinhalten. Zuerst erfolgen alle Aufgaben unter visueller Kontrolle, möglichst bald jedoch auch mit geschlossenen Augen (z.B. durch Aufsetzen einer Maske), um die Wahrnehmung möglichst auf den taktil-kinästhetischen Sinneskanal zu konzentrieren. Als sehr gut hat sich dabei die Therapie in der Gruppe (4 bis max. 9 Kinder) erwiesen, da die Kinder sich gegenseitig helfen, anregen und nachahmen.

3. Phase: *Förderung der Diskriminationsfähigkeit*

In dieser Phase sollen eingehende Reize bis auf wenige einzelne gehemmt, diese aber richtig interpretiert und integriert werden. Die Stimulation erfolgt jetzt im Bereich taktiler Lokalisation von Reizen, z.B. bei der Fingerunterscheidung, der gleichzeitigen Tastwahrnehmung von zwei oder mehr Reizen, in der Formwahrnehmung durch die Hände oder im Erkennen von einfachen Zeichnungen auf der Haut.

Die vestibuläre Stimulation läßt sich nicht grundsätzlich in Therapiephasen einteilen. Zuerst muß herausgefunden werden, welche Art von vestibulären Reizen das Kind bevorzugt. Manche Kinder wünschen heftige vestibuläre Stimulation, andere entwickeln gerade dabei große Ängste. Schaukel- und Drehbewegungen sollten in verschiedenen Körperlagen durchgeführt werden, um alle Rezeptoren im Gleichgewichtsorgan anzuregen. Schnelle Bewegungen wirken eher erregend und tonuserhöhend, langsame Bewegungen dagegen beruhigend und tonussenkend.

Durch die propriozeptive Stimulation wird die Tiefenwahrnehmung des Körpers angeregt, d.h. der Muskeltonus und die Gelenkrezeptoren. Die Stimulation erfolgt vor allem durch Druck auf die Gelenke (z.B. Auflegen einer Last) oder durch Zug an den Gelenkstellen (z.B. Hängen an der Sprossenwand). Der Einsatz von Vibratoren ermöglicht es, die Gelenkrezeptoren gleichzeitig durch Druck und Zug zu reizen. Meistens kann man die Tiefenwahrnehmung im Zusammenhang mit taktil-kinästhetischen Spielen fördern. Der Therapeut muß aber die Propriozeption bewußt in das Spielangebot einbeziehen.

Die Stimulation im Basisbereich erfolgt anfangs regelmäßig und möglichst häufig. Später richtet sie sich nach dem individuellen Bedarf eines jeden Kindes. Sie sollte jedoch über die Basistherapie hinaus während der gesamten Therapiezeit immer wieder zur Steuerung des Erregungsniveaus des Gehirns eingesetzt werden.

4.3.2 Individualtherapie

Während wir die Basistherapie in Form einer taktil-kinästhetisch-vestibulären und propriozeptiven Stimulation bei allen integrationsgestörten Kindern gleichermaßen anwenden, setzen wir mit der aufbauenden Individualtherapie bei jedem Kind auf einer unterschiedlichen Stufe an. Durch eine eingehende Diagnose (Beobachtungen und Tests) können wir auf den individuellen neurologischen Entwicklungsstand und das Störungsbild jedes einzelnen Kindes eingehen. Die Therapie setzt an den entwicklungsmäßig frühesten „Schwachstellen" an. Auf diese Weise wird kaum ein Kind unter- oder überfordert. Es wird aber auch kein Entwicklungsschritt übergangen, der möglicherweise zu einem späteren Zeitpunkt zu Einbrüchen im Lern- und Leistungsverhalten führen könnte.

4.3.2.1 Integration der primitiven Stell- und Haltereflexe

Auf der ersten und untersten Stufe gehen wir die Integration von noch vorhandenen primitiven Reflexen an. Hier seien vorrangig der ATNR, STNR, der TLR in Bauch- und Rückenlage und vereinzelte Hand-/Armreflexe genannt (vgl. 2.2.1).

Die Hemmung des TLR erfolgt durch die aktive Einnahme einer solchen Position oder Bewegung, die zwangsweise die Kontraktion der antagonistischen Muskeln erfordert, d.h. die Kontraktion der Muskeln, die gegenläufig zu denen stehen, die den TLR auslösen. Für die Bauchlage sind deshalb Schaukel- und Rollbretter, Hängematten, Schlauchrollen etc. geeignet, da sie notwendigerweise im Bewegungsablauf das Heben des Kopfes und das Strecken der Arme und Beine bewirken. Für die Integration des TLR in Rückenlage lassen sich ebenfalls Hängematte und Rollbrett einsetzen, nur müssen die Bewegungsabläufe jetzt ein Anbeugen von Kopf und Extremitäten erzwingen.

Der TNR (STNR und ATNR) wird besonders effektiv durch die gezielte Einnahme von bestimmten Positionen integriert, wie sie AYRES (1979) vorschlägt. Hierzu eignen sich Bewegungsspiele in diesen Positionen, auf Rollbrettern, Balken, Plattformschaukeln, Balancierbrettern usw. Wichtig ist wieder der Beginn aller Übungen im Vierfüßlerstand, später erst als Erschwerung im Stand, eventuell zusätzlich gekoppelt mit Gleichgewichtsübungen.

Die Therapie dauert oft Wochen und Monate, bis die noch aktiven Reflexe erfolgreich integriert werden können. Außerdem ist es notwendig, im weiteren Therapieverlauf diese Übungen häufig zu wiederholen. Die Reflexe sind oft noch nicht gesichert und können daher erneut auftreten.

4.3.2.2 Normalisierung des Muskeltonus

Mit der Integration der Haltungsreflexe erfolgt gleichzeitig die Normalisierung des Muskeltonus. Die Spiele hierzu erfordern die bewußte Wahrnehmung von Körperanspannung und -entspannung. Dabei erhöhen schnelle Bewegungen in der Regel den Muskeltonus, während langsame Bewegungen ihn eher dämpfen. Auch wirken alle Spiele, die Stell-, Stütz- und Gleichgewichtsreaktionen erfordern, tonusregulierend. Durch Ausüben von Zug und Druck auf die Gelenke werden außerdem die Propriozeptoren angeregt.

4.3.2.3 Aktivation der Aufrichte- und Gleichgewichtsreaktion

Neben der Integration primitiver Reflexe und der Normalisierung des Muskeltonus erfolgt auf dieser Stufe die Aktivation der Aufrichte- und Gleichgewichtsreaktionen.

Der Mensch benötigt bestimmte Mechanismen, die ihm das Stellen, die Beibehaltung der eingenommenen Haltung, die Gleichgewichtseinhaltung und die Fortbewegung ermöglichen. Die dafür notwendigen Reaktionen sind nicht bewußt geplant, sondern automatisiert. Ihre Integration erfolgt hauptsächlich im Bereich des Mittelhirns. Diese elementaren motorischen Muster stellen die Grundlage für einen Großteil der weiteren sensomotorischen und sensorisch-integrativen Entwicklung des Kindes dar. Da die Aufrichte- und Gleichgewichtsreaktionen eine integrierende Funktion für visuelle, motorische, okulomotorische und lokomotorische (d.h. der Fortbewegung dienende) Reize und Reaktionen haben, setzen wir diese Therapie bei allen Kindern ein, auch wenn ihre Haltungsmechanismen nur leicht gestört sind.

Der bewußte Wille sollte bei automatisierten Bewegungsabläufen nur zur Erstellung eines allgemeinen Planes eingesetzt werden, nicht zur kognitiven Erfassung dieser Bewegungsabläufe. Wir „überqueren“ z.B. einen „Fluß“ „trockenen Fußes“, wenn wir auf verschiedenen Dingen/Geräten entlangbalancieren. Die Aufmerksamkeit des Kindes wird hierbei auf die Bewältigung der gesamten Aufgabe (Überqueren des Flusses) gelenkt, nicht aber auf die dafür erforderlichen Halte- und Gleichgewichtsreaktionen.

Die Therapie sollte immer Positionen simulieren oder nachahmen, die der ontogenetischen Entwicklung des Menschen entsprechen, d.h. das Kind sollte keine ruhende Stellung einnehmen, sein Körper sollte immer nach vorne ausgerichtet sein, die Bewegungsaufgaben sollten in Bauch- und Rückenlage beginnen und erst allmählich im Vierfüßlerstand, im Sitzen, Knien, Stehen und Gehen durchgeführt werden.

Die Übungen in Bauch- und Rückenlage lassen sich auf Rollbrettern, in Schlauchrollen, auf Bällen, Pappröhren, Fässern, aber auch auf Schaukelbrettern, Wippen etc. durchführen. Für den Vierfüßlerstand sind Schemel, Balancierbretter, Plattformschaukeln, Rollbretter usw. geeignet. Aufgaben im Sitzen, Knien und Stehen lassen sich u.a. mit Gymnastikscheiben, Therapiekreiseln, Schaukeln, Hängeleitern und -seilen, Tonnen und Rollbrettern verwirklichen.

4.3.2.4 Extraokulare Muskelkontrolle

Als drittes parallel laufendes Ziel der Förderung auf dieser ersten Stufe sehen wir die extraokulare Muskelkontrolle (vgl. Abb. 39).

Haltungs- und Augenmechanismen werden im weitesten Sinn vom Hirnstamm kontrolliert. Die extraokularen Muskeln, die Nackenmuskeln und das vestibuläre System sind eng miteinander verbunden.

Nackenmuskulatur und vestibuläres System beeinflussen die Augenmuskeln. Gleichzeitig stellt, nach AYRES (1979), die Nackenmuskulatur ein Mittel zur Integration vestibulärer Information dar.

Die Therapie beginnt deshalb mit einem *Training* zur *Kontraktion* der *Nackenmuskulatur:*

Kopf kreisen und rollen, Kopf-Stell-Reflexe, Rollen in der Schlauchrolle im Liegen (der Kopf führt die Bewegung), schnelle Änderungen der Bewegungsrichtung im Sitzen, Aufgaben im Vierfüßlerstand etc. Aufgaben und Spiele dieser Art sollten im gesamten Förderzeitraum immer wieder eingesetzt werden.

Es folgt ein gezieltes *Augenfunktionstraining*, das sehr anstrengend ist. Aus diesem Grund sollte es möglichst oft (mindestens zweimal täglich), aber jeweils nur maximal 3–5 Minuten durchgeführt werden. Es erfolgt zunächst als Einzeltraining. Die systematische Reihenfolge – Fixieren, dann Verfolgen von Zielen, jeweils monokular, dann binokular – muß unbedingt eingehalten werden, da sie entwicklungsmäßig aufgebaut ist.

Wir beginnen mit dem *Fixieren* von Zielen (z.B. roter Ball) in Augenhöhe, etwa 50 cm entfernt. Anfangs beträgt die Größe des Zieles 5–7,5 cm, später nur noch Pfennigstückgröße, die Fixierungsdauer 10–15 Sekunden. Der Kopf muß dabei möglichst bewegungslos gehalten werden. Anfangs liegt das fixierte Ziel genau in Körpermitte, später über/unter und rechts/links von der Mittellinie. (Der Kreuzungspunkt der Mittellinien liegt in der Augen-Nasenlinie.) Hilfen beim Fixieren stellen starke Hell-Dunkel-Effekte (Licht, Dia), kräftige Farben, minimale Bewegung des fixierten Objektes (etwa 5 mm) und zusätzliche Geräusche am Objekt dar.

Kann ein einzelner Punkt fixiert werden, schließen sich *Augensprünge* an. Zwei Ziele werden nacheinander fixiert. Anfangs liegen sie nahe beieinander, später vergrößern wir die Abstände. Auch hier beginnen wir mit senkrechten Sprüngen auf der Mittellinie (Punkte unterhalb der Mittellinie sind leichter zu fixieren als oberhalb) und gehen dann zu waagrechten und diagonalen über. Zuletzt erfolgen Augensprünge mit unterschiedlichem Zielabstand (25 und 45 cm). Bei diesen Aufgaben ist sowohl Akkomodation als auch Konvergenz eines jeden Auges erforderlich.

Aus den Augensprüngen entwickelt sich das kontinuierliche visuelle *Verfolgen.* Es beginnt wieder nahe der Körpermittellinie mit langsamen senkrechten Augenbewegungen (Seifenblasen, Jo-Jo, Kletterspecht, Purzelmännchen usw.). Es folgen langsame waagrechte Augenbewegungen (Autos, Züge, Bälle, bewegliche Figuren usw.), diagonale Augenbewegungen (Kugelbahnen, Purzelmänner etc.), halbkreis- und kreisförmige Augenbewegungen nach rechts und nach links (Pendel, Ball an der Schnur, Lichter, Fingerpuppen usw.). Alle Aufgaben sollen zuerst im Liegen (Bauch-/Rückenlage), dann im Vierfüßlerstand, im Sitzen, Knien und im Stehen durchgeführt werden.

Genaue Beobachtung der Augen des Kindes ist beim Augentraining unerläßlich. Eine Augenbewegung muß z. B. sofort angehalten werden, wenn das Ziel nicht mehr fixiert wird. Verliert beim binokularen Sehen ein Auge das Ziel, wird das führende Auge abgedeckt, und das andere sucht das Ziel. Dann wird beidäugig weiter verfolgt. Wichtig ist auch, das Kind immer wieder zu fragen, ob es zwei Bilder sieht oder vielleicht ein helles und ein dunkles. Das fixierte Ziel liegt dann nämlich nicht im Punkt des schärfsten Sehens, der Fovea.

Eine große Hilfe beim Verfolgen stellt die perzeptiv-motorische Koordination dar, wie sie KIPHARD (1983) beschreibt:

1. Stufe: Der visuelle Reiz wird mit taktil-kinästhetischer Wahrnehmung und Druck/Widerstand gekoppelt. Das Kind legt seine Hände oder Arme auf ein leicht bewegtes Objekt (z. B. Ball) und spürt die Bewegung. Dabei fixiert es seine sich bewegenden Hände.

2. Stufe: Die Koppelung des visuellen Reizes erfolgt nun hauptsächlich mit Druck und Widerstand, indem das Kind seine Finger z. B. auf eine langsam bewegte Taschenlampe legt. Die taktil-kinästhetischen Zusatzreize sind jetzt stark reduziert.

3. Stufe: Nun wird der visuelle Reiz nur noch mit einem leichten kinästhetischen Reiz verbunden. Das Kind zeigt z. B. mit seinem Finger auf ein leicht bewegtes Ziel.

4. Stufe: Das Verfolgen wird auf dieser Stufe durch einen starken visuellen Reiz erleichtert. Andere Zusatzreize fallen weg. Das Kind verfolgt jetzt z. B. mit den Augen eine Bleistifttaschenlampe.

5. Stufe: Als letztes folgt das Kind nur noch mit seinen Augen einem Bleistift in entsprechender Entfernung.

An das Verfolgen schließt sich die *sequentielle Kontrolle* an. Hierbei wird, nach KEPHART (1977), die Fähigkeit trainiert, sequentiell zu fixieren, ohne dabei den Zusammenhang der visuellen Gesamtsituation zu verlieren. Beim Lesen bedeutet dies z.B. das rhythmische Fixieren einer Abfolge von Buchstaben (sequentielles Fixieren). Wichtig ist das fließende Verfolgen der Augen, die nicht an kritischen Hinweisreizen (z.B. Ober-/Unterlängen eines Buchstaben) stehen bleiben und sie fixieren dürfen. Zusätzlich muß das Kind die Fixierungen einzelner Buchstaben verbinden. Es muß einen Zusammenhang zwischen vorheriger und nachfolgender Fixierung herstellen (visuelle Gesamtsituation). Für die sequentielle Kontrolle bieten sich Konzentrationsspiele in Reihenanordnung an. Hilfen stellen das Mitzeigen mit dem Finger (kinästhetisch-motorische Hilfe) und das rhythmische Mitsprechen dar (auditiv-motorische Hilfe).

Als letzte Stufe des Augentrainings erfolgt, nach KEPHART (1977), das *systematische visuelle Suchen.* Hierbei wandert der Blick nicht rhythmisch sequentiell weiter, sondern ein kritischer Hinweisreiz wird gezielt im Blickfeld gesucht und fixiert. Erleichtert wird diese Aufgabe durch eine klar strukturierte Anordnung der kritischen Hinweisreize in Zeilen- oder Reihenanordnung oder durch einfache, klare Hinweisreize (z.B. starke Farben, einfache Formen).

4.3.2.5 Körperschema

Die zweite Stufe der Individualtherapie befaßt sich u.a. mit dem Aufbau und der Förderung des Körperschemas (vgl. Abb. 39).

In der allgemeinen Diskussion zu diesem Bereich werden verschiedenste Begriffe wie Körperimago, Körperbild, Körperbegriff, Körperbewußtsein, Körpervorstellung, Körperwahrnehmung, Körperorientierung und Körperschema verwendet. Dies trägt zu einer erheblichen Begriffsverwirrung bei. Wir möchten uns auf den Begriff „Körperschema" beschränken und verstehen darunter eine zusammenfassende Bezeichnung für

- Wahrnehmen und Empfinden des eigenen Körpers
- Vorstellungen vom eigenen Körper
- Wissen um den eigenen Körper
- Orientierung am eigenen Körper

De Ajuriaguerra (1965) unterscheidet bei der Entwicklung des Körperschemas 3 Stadien: das sensorische Konzept vom eigenen Körper, das präoperative Konzept und das operative Konzept. Diese Stadien beschreiben, wie sich – ausgehend von Körperwahrnehmung und sensomotorischen Erfahrungen – allmählich ein kognitives Schema vom eigenen Körper bildet, das weitgehend unabhängig ist von Sinnesreizen und Wahrnehmungsprozessen. Für diese Entwicklung ist die Integration taktiler, kinästhetischer, vestibulärer und visueller Reize von entscheidender Bedeutung. Ebenso haben, nach Frostig (1980), kommunikative Fähigkeiten und Intelligenz, emotionale Entwicklung und soziale Anpassung am Aufbau des Körperschemas starken Anteil. Nach Ayres (1979) und Hunt (1961) kommt dabei dem vestibulären System eine wichtige Funktion zu, da es die Bewegungen des eigenen Körpers interpretiert.

Das so entstandene Körperschema darf, nach Schilder (1951), kein statisches Schema sein, sondern es muß sich flexibel vielen unterschiedlichen Situationen und Veränderungen anpassen können. Auf diese Weise wird es möglich, vom eigenen Körper als Bezugspunkt aus sich im Raum zu orientieren, ihn zu erfassen und jeden beliebigen motorischen (Handlungs-)Plan auszuführen. Gerade dieser Punkt stellt ein großes Problem für viele lerngestörte Kinder mit (Raum-)Orientierungsstörungen, Störungen beim Kreuzen der Körpermittellinie und in der Bilateralintegration, Lateralitätsstörungen und apraxischen (d.h. Planungs-)Problemen dar.

Den Aufbau des Körperschemas fördern wir bei den Kindern durch An- und Entspannungsübungen, durch Wahrnehmen von Druck und Widerstand auf passive und aktive Körperteile, durch taktile Reizung, durch Springen und Spielen auf federnden Unterlagen (Matratzen, Federrosten, Trimpolin, Trampolin usw.), wodurch eine starke taktil-kinästhetisch-vestibuläre Stimulation erfolgt.

Die Erfahrung der Rechts-Links- und Vorne-Hinten-Richtung ist bereits eng mit der Lateralität und dem Richtungssinn verknüpft. Sie sollte auf dieser Stufe wohl erfahren werden, muß aber nicht unbedingt kognitiv bewußt gemacht und vom Kind benannt werden. Vielmehr legen wir Wert darauf, die Körperteile zu erspüren und bewußt zu erleben (z.B. beim Springen, Fallen oder bei der Tastlokalisation), allmählich zu benennen und den Körper als Gesamtheit darzustellen (z.B. beim Malen oder Kneten). Es darf dabei nie die Versprachlichung fehlen, die auf dieser Stufe oft durch den Erwachsenen erfolgt. Wichtig ist auch, daß das Kind bewußt beide Körperhälften wahrnimmt und nicht eine (meist die linke) vernachlässigt.

4.3.2.6 Bilateralintegration

Eng verbunden mit der Entwicklung des Körperschemas ist die Förderung der Bilateralintegration und das Überkreuzen der Körpermittellinie.

Der menschliche Körper ist bilateral symmetrisch angelegt (zwei Augen, Ohren, Arme, Hände, Beine, Füße usw.). Die beiden Körperhälften müssen jedoch eine Funktionseinheit darstellen. Dies geschieht, so KEPHART (1977), durch Experimentieren der einzelnen Körperhälften für sich alleine, durch Herstellen von Beziehungen zueinander, durch Beobachten und Vergleichen der Unterschiede.

Diese Stadien der Entwicklung muß jedes Kind durchlaufen, doch es ist wichtig, daß im Laufe der Zeit aus der Bilateralität eine echte Lateralität entsteht. Durch Beobachtung sollte immer wieder festgestellt werden, ob das einzelne Kind sein bisheriges bilaterales Verhalten und Hantieren tatsächlich aufgibt, oder ob es nur momentan und willentlich die Bilateralität überspielt oder überwindet.

Die erste Stufe der Individualtherapie (s. Abb. 39) hat starken Einfluß auf die Entwicklung der Bilateralintegration. Die Integration der primitiven Stell- und Haltungsreflexe, die Normalisierung des Muskeltonus, die Aktivation der Aufrichte- und Gleichgewichtsreaktionen und die extraokulare Muskelkontrolle führen automatisch zu einer besseren Koordination beider Körperhälften. Findet also trotz intensiver Förderung auf dieser Stufe noch kein koordinierter Gebrauch der Hände statt, werden vom Kind diese vorausgehenden Schritte noch nicht richtig beherrscht. Ist die Integration jedoch erfolgt, bieten wir dem Kind Situationen und Spiele an, die die Integration beider Körperhälften speziell fördern:

Beide Arme/Beine führen gleichzeitig die gleichen Bewegungen aus (z.B. Engel im Schnee, beidarmiges Malen/Schreiben von Lichtspuren, beidbeiniges Hüpfen mit zusammengebundenen Füßen). Bewegungen in einer bestimmten Reihenfolge oder in einem bestimmten Rhythmus, abwechselnd von jeder Extremität ausgeführt (z.B. Schlagen eines aufgehängten Balles, Hüpfspiele, Flaggenspiel).

4.3.2.7 Überkreuzen der Körpermittellinie

An die Bilateralintegration schließt sich das alternierende Überkreuzen der Körpermittellinie mit beiden Armen/Händen, Beinen/Füßen gleichzeitig und nacheinander an (z.B. Rollen eines Balles abwechselnd mit jeder Hand vor dem Körper, Hin- und Herschieben eines Wagens mit beiden Händen gleichzeitig, Xylophonspielen mit ein oder zwei Schlägeln, Fußstapfen nachgehen und dabei die Füße abwechselnd überkreuzen). Weitere Übungen für die Wandtafel beschreibt KEPHART (1977). Wichtig ist, daß das Überkreuzen der Mittellinie möglichst oft alternierend erfolgt und Hände, Arme, Füße, Beine, aber auch Augen, Ohren, Kopf und Rumpf einbezieht.

Besonderen Wert sollte auch hier darauf gelegt werden, daß nicht eine Körperhälfte bevorzugt eingesetzt wird, sondern daß beide Körperhälften gleichmäßig gebraucht werden.

4.3.2.8 Sprachbenutzung

Sprachbenutzung beinhaltet Sprechvermögen und Sprachverständnis. An ihrer Entwicklung sind verschiedene sensorische Systeme, Motorik, Planungsfähigkeit von Handlungen, kognitive Fähigkeiten und Gedächtnis beteiligt.

Kinder mit Sprach- und Sprechstörungen weisen häufig Ausfälle in den oben genannten Bereichen auf. So zeigen, nach AYRES (1984), 50% der Kinder eine verkürzte Dauer des postrotatorischen Nystagmus. Ihre taktil-kinästhetische und propriozeptive Wahrnehmung ist gestört. Mangelhafte Handlungsplanung und -ausführung wirft bei der Artikulation große Probleme auf (vgl. 2.7.4). Die auditive Wahrnehmung und Differenzierung ist stark beeinträchtigt. Die Lateralisation ist nicht immer abgeschlossen.

Bei Kindern mit Sprach- und Sprechproblemen liegt die Ursache der Störung häufig in einer mangelhaften Integrationsfähigkeit. Rein logopädische Maßnahmen wirken daher nur unzureichend. Vielmehr benötigen diese Kinder zuerst eine nicht-sprachliche Integrationsförderung, die dem ontogenetischen Aufbau unserer Therapie folgt. Wir beginnen die sprachlichen Fördermaßnahmen daher mit einer basalen Stimulation im taktil-kinästhetischen und propriozeptiven Bereich. Gleichzeitig bieten wir starke vestibuläre Reize durch Schaukeln, schnelles Fahren (z.B. Rollbrett) und Springen (z.B. Matratzen, Trimpolin) an. Alle Spiele sollten durch ihre Aufgabenstellung zusätzlich die Zusammenarbeit der beiden Hemisphären herausfordern. Durch eine solche Förderung stellt sich bei vielen integrations- und sprachgestörten Kindern nach einiger Zeit Sprache und normgerechtes Sprechen ein.

Erst viel später wird die Sprache gezielt als Kommunikationsmittel in die Therapie einbezogen. (Dies bedeutet allerdings nicht, daß die Therapie bis zu diesem Zeitpunkt ohne Sprache abläuft. Sie wird aber nicht aktiv vom Kind gefordert.) Jetzt kann auch eine gezielte Artikulationsarbeit erfolgen, wenn sie erforderlich ist.

4.3.2.9 Lateralisation

Das Kind nimmt zuerst bewußt wahr und erfaßt, daß sein Körper zwei Hälften hat, diese aber unterschiedlich oder auch gleich sein und agieren können. Dann lernt es allmählich, die beiden Körperseiten gezielt zu unterscheiden, d. h. eine Seite bevorzugt für bestimmte Tätigkeiten einzusetzen und die Seiten zu benennen. Es kann jetzt von seinem eigenen Körpermittelpunkt ausgehend über die Körperteile hinweg Richtung in seine entferntere Umgebung projezieren. Das Kind nimmt zuerst z.B. seine linke Körperseite wahr. Dann streckt es seinen linken Arm aus und fixiert seine linke Hand. Damit kann es den Raum links von sich tatsächlich be-greifen. Im nächsten Entwicklungsschritt braucht das Kind nicht mehr den direkten Kontakt über die linke Hand, um den linken Raum zu erfassen. Der Raumbegriff „links“ hat sich gebildet. Die dadurch im Kind entstandene Seitigkeit und die damit verbundene Lateralisation der zerebralen Funktionen ermöglicht es ihm, sich in seiner Umgebung zurechtzufinden und auf ökonomische und angepaßte, d.h. adaptive Weise zu agieren und zu reagieren.

Die besten Trainingsmöglichkeiten für die Lateralisationsentwicklung und die Rechts-Links-Diskrimination liegen u.a. bei Balance- und Gleichgewichtsspielen (z.B. Schwebebalken, „Balancier-Straßen“, Balancierbretter, Therapiekreisel, Stelzen u.a.), Fang- und Wurfspielen (z.B. Luftballons, verschiedene Bälle, Ringe, Bohnensäckchen), Fahren mit dem Roller, Pedalo, Fahrrad oder mit Rollschuhen, Bewegungsspielen mit alternierendem Überkreuzen der Körpermittellinie, Posennachahmung mit spiegelbildlicher oder gleicher Stellung, feinmotorischen Auge-Hand-Koordinationsspielen, die noch nicht im Bereich des rein kognitiven Erfassens angesiedelt sein sollen wie z.B. Schrauben.

Wichtig ist, das Kind bei seinem Spielen und Handeln genau zu beobachten, da es auf gewissen Entwicklungsstufen (s. Schema S. 149) scheinbar adäquat lateral reagieren, in Wirklichkeit jedoch sich noch in der bilateralen Phase befinden kann. Seine Bewegungsmuster und damit seine Lernmöglichkeiten sind eingeschränkt. Die Orientierungsbegriffe „links-rechts“ sind nicht gegenwärtig und verwirren das Kind in entsprechenden Situationen. Ist die Lateralität noch nicht wirklich ausgebildet, kann das Kind viele seiner Bewegungen und Reaktionen nur bilateral symmetrisch ausführen. Beide Körperhälften sind also zur gleichen Zeit mit den gleichen Bewegungsabläufen beschäftigt, z.B. verkrampft beim Schreiben mit der rechten Hand die linke Hand oder sie führt kleine Mitbewegungen aus. „Das Kind erlebt auf diese Weise beide Seiten des Körpers in Aktion, wo eigentlich nur eine notwendig wäre, oder es erlebt die eine Seite des Körpers in Aktion, während an der anderen eine überflüssige Bewegung abläuft“ (KEPHART, 1977, S. 86). Zum anderen kann das Kind vollkommen einseitig werden und seine zweite Körperhälfte überhaupt unbeachtet lassen. Diese Störung kann bis zu einer völligen Vernachlässigung des visuellen Feldes auf dieser Seite führen (vgl. Syndrom „Einseitige Nichtbeachtung“, S. 99).

Zusätzliche taktile und vestibuläre Stimulation auf der vorwiegend vernachlässigten Körperseite (meist links), Hilfestellung bei Bewegungsaufgaben und starke Lichtreize auf dieser Seite, Durchführen von Spielaufgaben (im Liegen und im Vierfüßlerstand) mit der Zielrichtung zur weniger beachteten Körperseite helfen, die einseitige Nichtbeachtung allmählich abzubauen und die Aufmerksamkeit auch auf diese vernachlässigte Körperseite zu richten.

Auch die Einbeziehung der perzeptiv-motorischen Komponente, vor allem die Handaktivität, erleichtert die Beachtung beider Körperseiten und die bewußte Rechts-Links-Diskrimination. Wir gehen, zeigen, sehen, hören etc. in die entsprechende Richtung und beziehen dabei den gesamten Körper ein. Die Körpermitte muß als Trennungslinie zwischen rechts und links wahrgenommen werden.

4.3.2.10 Visuelle Form- und Raumwahrnehmung

Das Phänomen Form- und Raumwahrnehmung beeinflußt, laut AYRES (1979), Fähigkeiten in verschiedenen Sinnesmodalitäten, so z.B. die kinästhetische Wahrnehmung, die visuelle Form- und Raumwahrnehmung, die taktil-kinästhetische Wahrnehmung, die manuelle Formwahrnehmung und in geringem Maße auch die Figur-Grund-Wahrnehmung.

Grundlage für die Raumwahrnehmung ist die Wahrnehmung der Bewegung mit Richtung und Geschwindigkeit. Durch Zusatzinformationen aus dem taktil-kinästhetischen Bereich und durch Integration mit visuellen Reizen entsteht allmählich ein vorwiegend „visuelles Umweltschema“, das sich ständig ändert. Es paßt sich der propriozeptiven Interpretation an und ist zur Planung und Ausführung motorischer Aktivitäten notwendig. Visuelle Form- und Raumwahrnehmung ist daher vorwiegend das Ergebnis angepaßter motorischer Reaktionen auf die Beziehungen zwischen Körper, Raum und Umwelt.

Grundlage für die rein visuelle Form- und Raumwahrnehmung sind funktionierende Hirnstammechanismen (Haltung, Gleichgewicht, Fortbewegung, Augenkontrolle). Wir setzen daher gezielt *erst* auf dieser fortgeschrittenen 3. Stufe mit der rein visuellen Form- und Raumwahrnehmung an (vgl. Abb. 39).

Die bewußte visuelle Wahrnehmung der Umgebung wird z.B. durch Rollbrettübungen im Vierfüßlerstand mit spezifisch visuell ausgerichteten Aufgaben angeregt, wie auch durch Rollen in der Schlauchrolle (Kopf-Stell-Reflex), Schaukel- und Balancierspiele auf Schaukelbrett und Therapieball und durch gezielte Wurfspiele. Es folgen visuelle Wahrnehmungsaufgaben, die bewußt den multisensorischen Input möglichst nur auf visuelle Reize reduzieren (z.B. Puzzle, Nachbauen, Nachlegen nach Vorlage, schnelles Erfassen optisch dargebotener Formen und Anordnungen).

Bei der Therapie ist es wichtig, darauf zu achten, ob das Kind mit den Augen normal fixieren und verfolgen kann. Gelingt es dem Kind in dieser Situation nicht, wirkt das Training der visuellen Form- und Raumwahrnehmung nicht integrationsfördernd.

4.3.2.11 Auge-Hand-Koordination

Eng verbunden und in gegenseitiger Abhängigkeit voneinander stehen die visuelle Form- und Raumwahrnehmung und die Auge-Hand-Koordination. Auge-Hand-Koordination meint die Koppelung von vorwiegend visuell aufgenommener Information (Input) mit der Handmotorik (Output). Sie spielt gerade im späten Vorschul- und frühen Schulalter eine wichtige Rolle, da zu diesem Zeitpunkt vom Kind Leistungen verlangt werden, die feinmotorische Fähigkeiten voraussetzen und weiterentwickeln. Das lerngestörte Kind ist aber oft entwicklungsmäßig noch nicht fähig, auf diese Anforderungen adaptiv zu reagieren. Es entwickelt Splitterfähigkeiten (z.B. Schnürsenkel binden), ohne daß es tatsächlich Augen und Hände koordiniert benutzen kann, Lernstörungen, Verhaltensauffälligkeiten und Lerndefizite sind oft die Folge.

Wir beginnen daher – wenn nötig – mit Übungen zum Greifen und Loslassen, mit der Fingerausdifferenzierung (Fingerspiele, Fingerpuppen, Klavier usw.) und mit Spielen, die den Pinzettengriff erfordern (z.B. Auffädeln von Holzperlen, Einordnen von kleinen Dingen usw.). Spezielle Aufgaben sollen die Handgeschicklichkeit verbessern (z.B.

Schraub-, Drehbewegungen, Schlagbewegungen, Zusammendrücken, Spreizen der Finger usw.). Zielkontrolle bei feststehenden Zielen (Perlen auffädeln, Nagel-, Steckspiele), erster einfacher Werkzeuggebrauch (z.B. Hammer, Besteck, Zahnbürste, Stifte, Schere usw.), Zielanpassung an bewegliche Ziele (z.B. Treffen und Fangen von Seifenblasen, Luftballons, Bällen etc.) schließen sich an. Als letztes führen wir gezielte Mal- und Schreibvorübungen durch.

Wichtiges Ziel ist bei dem Training, nicht bestimmte Fertigkeiten zu erlernen, sondern eine möglichst breite Variation von Bewegungshandlungen in unterschiedlichen Situationen zu ermöglichen (SCHILLING, 1981).

Eine zusätzliche Hilfe für viele lerngestörte Kinder stellt bei der Auge-Hand-Koordination auch das Einbeziehen grobmotorischer Aktivitäten dar. Sie können feinmotorische Aufgaben oft nur bewältigen, wenn ihnen eine grobmotorische Bewegung vorausgeht.

Auch bei dem Training der Auge-Hand-Koordination ist die genaue Beobachtung der extraokularen Muskelkontrolle des einzelnen Kindes und seiner Lateralitätsentwicklung unerläßlich, z.B. sollte ein Kind, das sich auf der bilateralen Stufe befindet, auch im Bereich der Auge-Hand-Koordination beidhändig agieren dürfen.

SCHULE

5 Therapie im Erstunterricht

Häufig weisen Kinder im Kindergarten oder in der Vorschule Integrationsstörungen auf. Zu echten Problemen werden diese aber erst, wenn sie in Bereichen wirksam und beobachtbar werden, die für sprachliche Fähigkeiten und Fertigkeiten und für schulisches Lernen notwendig sind. (Lesen, Schreiben und Rechnen sind Fähigkeiten, die heute jeder Mensch erlernen und beherrschen muß.) Da diese Form der Lernstörung oft erst nach Schuleintritt erkannt wird, steht der Erstklaßlehrer vor einem großen Problem: Er soll Fertigkeiten und Inhalte vermitteln, findet aber nicht bei allen Kindern die dafür notwendigen Voraussetzungen und Grundlagen vor.

Mit unserem Therapiekonzept haben wir versucht, schulunreife integrations- und damit lerngestörte Kinder im Rahmen des Erstunterrichtes auf schulisches Lernen vorzubereiten. Gleichzeitig haben wir ihnen die Möglichkeit angeboten, schulischen Zielen nachzukommen.

Durch diesen Ansatz können wir sicherlich nicht jedes stark lerngestörte Kind zu einem „Normalschüler" machen. Wir stellen mit diesem Konzept aber Lernhilfen für *alle* Kinder zur Verfügung. Diese Hilfen schaden keinem Schüler. Sie wirken vielmehr stark motivierend, da sie ganzheitlich und sehr individuell auf jedes einzelne Kind einwirken. Beim integrationsgestörten Kind aber mildern oder beheben sie sogar die Ursachen der Lernstörungen, da sie auf neurophysiologischer und -psychologischer Basis aufbauen und der ontogenetischen Entwicklung jedes Kindes Rechnung tragen.

5.1 Therapie und ausgewählte Lernziele

Das in Abb. 39 dargestellte Therapiekonzept wird mit Lernzielen und -inhalten des Erstunterrichtes gefüllt. Wir legen dabei vorrangig auf die Inhalte aus Erstlesen, Erstschreiben und Mathematik Wert, während wir Kunst, Werken, Sport, Musik/Bewegung mehr als Unterrichtsform und -prinzip verstehen. (Eine Auswahl möglicher Lernziele erfolgt auf S. 168).

Wichtig beim Vorgehen im Unterricht ist immer

- die geplante therapeutische Zielsetzung,
- das genaue Einhalten der Abfolge der sich aufbauenden Therapiestufen und -ziele (nach einer eingehenden Diagnose und Therapieplanung),
- das Überprüfen des Lernfortschritts bei jedem einzelnen integrationsgestörten Kind.

5.1.1 Vorbereitende und begleitende Lernziele und Lerninhalte

Taktil-kinästhetische Wahrnehmung

- passives Wahrnehmen von taktil-kinästhetischen Reizen am Körper
- aktives Wahrnehmen von taktil-kinästhetischen Reizen am Körper
- bewußtes Wahrnehmen und differenziertes Deuten taktil-kinästhetischer Reize
- Lokalisieren taktil-kinästhetischer Reize
- Erhöhen der Merkfähigkeit für taktil-kinästhetische Reize

Symbolverständnis

- Funktion von Symbolen in der Umwelt wahrnehmen und deuten
- Symbole zuordnen
- Symbolcharakter von Buchstaben und Wörtern erkennen
- Notwendigkeit von Symbolen im täglichen Leben erkennen

Merkmale wahrnehmen, erfassen und deuten

- Feststellen von Merkmalen
- Auswählen nach Merkmalen
- Vergleichen und Unterscheiden

- Zuordnen und Ordnen
- Austauschen nach Vorschrift
- Sortieren und Zusammenfassen

Töne/Geräusche/Sprache differenziert wahrnehmen und deuten

- Geräusche, Töne, Laute differenzieren
- Geräusche, Töne, Laute lokalisieren
- auditive Merkfähigkeit steigern

Laute/Wörter bilden, sprechen und verstehen

- Laute/Sprache wahrnehmen und verstehen
- Sprechfähigkeit ausbilden
- Laute/Lautverbindungen bilden und deutlich sprechen
- Sprachlaute/Sprachlautverbindungen aus gesprochener Sprache heraushören und benennen

den eigenen Körper wahrnehmen und bewegen

- den eigenen Körper erleben
- Spannung und Entspannung erleben
- grundlegende Bewegungsmöglichkeiten des ganzen Körpers erleben und ausführen
- einzelne Körperteile wahrnehmen und kennen
- Beziehungen der Teile am Körper zueinander wahrnehmen
- Bewegungsmöglichkeiten einzelner Körperteile erfahren
- Gleichgewicht in verschiedenen Körperstellungen und auf unterschiedlichen Unterlagen halten
- Körper und Körperbewegungen verschiedenen Geräten und Materialien anpassen
- Einzelbewegungen/Posen imitieren

sich im Raum orientieren

- Raumlagebeziehungen vom eigenen Körper aus herstellen
- Bewegungsrichtungen wahrnehmen, nachvollziehen und benennen
- Raumlagebeziehungen auf die Fläche übertragen
- Sicherheit in der Auge-Hand-Koordination steigern
- erste bewußte Erfahrungen im Wasser sammeln

5.1.2 Lernziele und Lerninhalte für Erstlesen

Eine begrenzte Anzahl gut strukturierter Ganzwörter beherrschen

- Ganzwörter auffassen
- Ganzwörter einprägen
- Ganzwörter speichern
- Ganzwörter wiedergeben

Laute und Lautzeichen, sowie häufig vorkommende Lautzeichengruppen beherrschen

- Voraussetzungen schaffen für eine Laut- und Buchstabenerfassung
- Kennen und Wiedergeben von Lauten/Buchstaben und ihren Verbindungen

Durch Austauschen, Hinzufügen oder Weglassen von Lautzeichen die Bedeutung eines Wortes ändern

- Unterscheiden ähnlicher Laute und Buchstaben
- Erkennen des Stellenwertes eines Lautes/Buchstaben für die Wortbedeutung

Neue Wörter mit Hilfe von Lautzeichen und Lautzeichengruppen lesen

- Aufbauen von bekannten Wörtern
- aufbauendes und lautierendes Lesen neuer Wörter

Sätze und einfache Texte lesen

- Schulung der lesetechnischen Fertigkeiten
- Förderung der Sinnerschließung von Sätzen und Texten

5.1.3 Lernziele und Lerninhalte für Erstschreiben

- grob- und feinmotorische Bewegungsfähigkeit differenzieren
- Freude am grafischen Gestalten finden
- Ziffern und Buchstaben im richtigen Bewegungsablauf darstellen
- Wörter, Sätze und Texte gut lesbar und zügig auf- und abschreiben

5.1.4 Lernziele und Lerninhalte für Mathematik

Verstehen der Zahl

- die Zahl als Anzahl
- die Zahl als Maßzahl
- die Zahl als Ordnungszahl

Addition und Subtraktion von Zahlen

- Verstehen der Rechenoperationen (+/–) anhand verschiedener Darstellungen
- Additions- und Subtraktionsaufgaben
- Rechnen mit Geld

Geometrische Grunderfahrungen

5.2 Therapieplan für ein Schuljahr

Stellt der Erstklaßlehrer zu Beginn des Schuljahres Auffälligkeiten bei einigen seiner Schüler fest, sollte er sofort mit allgemeinen Beobachtungen in allen Unterrichtsbereichen (vgl. 3.3.1) beginnen. Es schließen sich gezielte klinische Beobachtungen (vgl. 3.3.2) und diagnostische Testreihen an (vgl. 3.2), die auch das weitere Schuljahr hindurch zur Überprüfung des Therapieerfolges herangezogen werden. Zeigt ein Schüler Störungssymptome, sollte möglichst schnell mit einer intensiven allgemeinen taktil-kinästhetisch-vestibulären Stimulation begonnen werden. Sie erstreckt sich schwerpunktmäßig über etwa 3 Monate und wird dann nur noch punktuell eingesetzt. Es schließt sich die Therapie von Haltungsmechanismen, Stellreaktionen und extraokularer Muskelkontrolle an. Diese Arbeit kann sich über einen Zeitraum von 5–6 Monaten erstrecken, wird aber bereits bald durch Aufgaben zu speziellen Syndromen erweitert. Da jedes Kind eine eigene Symptomatik zeigt, läßt sich ein fertiger Therapieplan nicht vorgeben. Der Lehrer muß vielmehr den allgemeinen Therapieablauf kennen, das Kind richtig einstufen und ihm die Möglichkeit der individuellen Entwicklung zugestehen.

5.3 Basistherapie im Erstunterricht

Wir wollen hervorheben, daß die wichtigste Voraussetzung für eine effektive Therapie das vertrauensvolle und akzeptierende Verhältnis zwischen Therapeut und Kind ist. Es muß eine zwangfreie Atmosphäre herrschen. Das Kind soll entscheiden dürfen, wieweit es eine Übung mitmachen will. Der Therapeut sollte dabei dem Kind ermutigend zur Seite stehen und durch genaue Beobachtungen dessen Schwierigkeiten

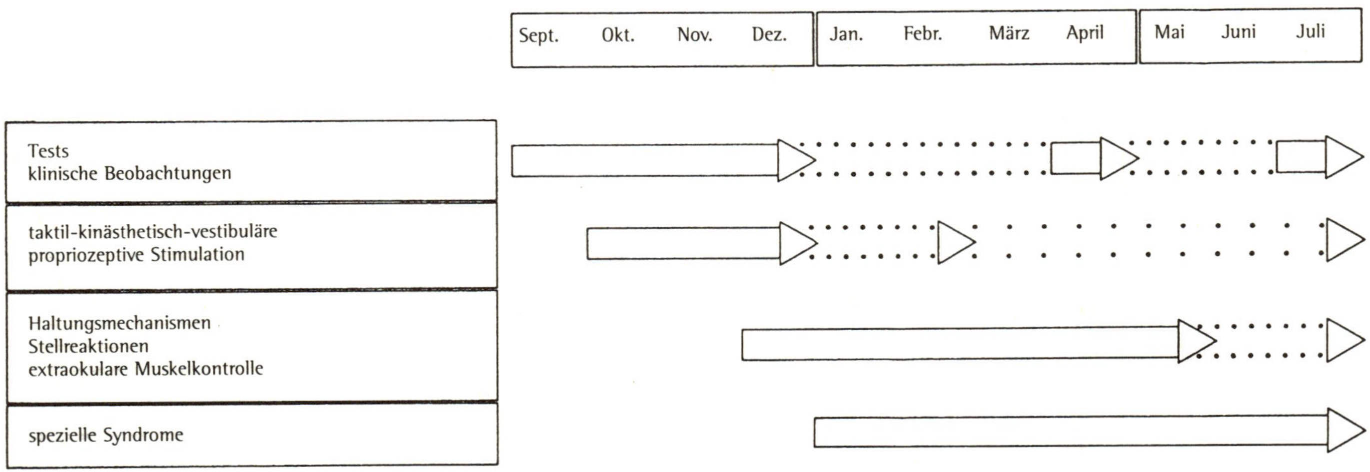

Abb. 41 Therapieplanung für ein Schuljahr.

erkennen. Die nachfolgenden Spiele werden als Anregung und Orientierungshilfe für ähnliche Übungen in der Basisförderung verstanden. Zum Teil lassen sich die Spiele mehreren Lernzielen oder verschiedenen therapeutischen Bereichen schwerpunktmäßig zuordnen. Wir haben sie beispielhaft *einem* Bereich zugeordnet. Die Reihenfolge der Lernziele kann je nach Zusammensetzung der Therapiegruppe und Grad der Störung verändert werden. Es sollte jedoch von den Zielen

- taktil-kinästhetische Wahrnehmung,
- den eigenen Körper wahrnehmen und bewegen,
- sich im Raum orientieren können

vorrangig ausgegangen werden, da sie grundlegend für die kindliche Entwicklung sind. Die Reihenfolge innerhalb des taktil-kinästhetischen Bereiches

- Gewöhnen an Körperkontakt,
- Erleben des Körpers durch gezielte Stimulation und
- Förderung der Diskriminationsfähigkeit am Körper

sollte erhalten bleiben. Erst muß die taktile Abwehrhaltung abgebaut werden, bevor sich eine taktile Diskriminationsfähigkeit entwickeln kann (vgl. 3.2.3).

Die Spielmöglichkeiten sollen vorrangig Integrationsstörungen beheben, gleichzeitig aber auf das Erlernen der Kulturtechniken vorbereiten und den Lernprozeß begleiten und unterstützen. Die Basistherapie kann bereits in der Vorschule beginnen. Je früher Kinder mit Integrationsstörungen gefördert werden, desto eher ist eine Verbesserung der neuronalen Verknüpfungen gewährleistet.

Taktil-kinästhetische Wahrnehmung
Teilziel: Passives Wahrnehmen von taktil-kinästhetischen Reizen am Körper

Taktil-kinästhetischer Bereich: Körperkontakt
Kurzzeitige Berührung
• die Kinder liegen auf einer fiktiven „Wiese“, mit geschlossenen Augen; • sie sind „verzaubert“; • der Lehrer „erlöst“ jedes Kind durch Antippen;

Taktil-kinästhetischer Bereich: Gezielte Stimulation
Stimulation von Bauch, Rücken und Beinen
• die Kinder ziehen sich in Bauch- und Rükkenlage über verschiedene Geräte (z.B. Langbank, Kasten, Balken); • der Lehrer erzählt eine Geschichte über das, was die Kinder auf diesem „Weg“ erleben; • die Langbank könnte z.B. ein „Pfad über einen tiefen Graben“ sein;

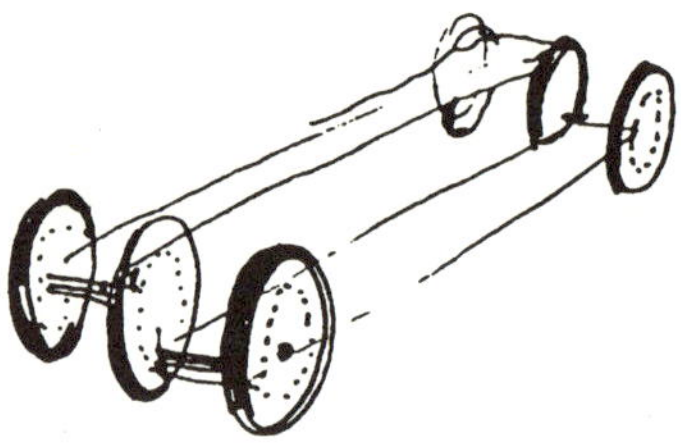

Pedalo

Taktil-kinästhetischer Bereich: Diskriminationsfähigkeit
Den Körper verschiedenen Unterlagen anpassen
• die Kinder kriechen, rollen oder krabbeln über verschiedene Unterlagen (z. B. Fußboden, Teppich, Matte, Matratze); • sie stellen dabei verschiedene Tiere dar; • sie müssen ihre Bewegung den verschiedenen Unterlagen anpassen;

Vestibuläre Stimulation
Stimulation der horizontalen und vertikalen Gleichgewichtsrezeptoren
• es ist eine Art Parcours aufgebaut mit verschiedenen Schaukelgeräten (z.B. Hängematte, Tonne, Schaukelbrett, Sportkreisel); • die Kinder wählen frei aus; • der Lehrer spielt z.B. ein Wiegenlied vor, zu dem die Kinder während des Zuhörens schaukeln;

Propriozeptive Stimulation
Druck auf Kniegelenke und Beinmuskulatur
• „Hänschen piep einmal“; • das Kind setzt sich mit verbundenen Augen auf den Schoß eines Mitschülers; • dieser gibt Geräusche von sich; • der Name des geräuscherzeugenden Kindes muß geraten werden;

Taktil-kinästhetische Wahrnehmung

Teilziel: Aktives Wahrnehmen von taktil-kinästhetischen Reizen am Körper

Taktil-kinästhetischer Bereich: Körperkontakt

Berühren und berührt werden

- die Schüler schieben sich auf dem Rollbrett gegenseitig durch den Raum, zu einem bestimmten Ziel hin;
- das schiebende Kind liegt in Bauch- oder Rückenlage auf dem Rollbrett und soll z.B. einen Ball zum Ziel bringen;

Taktil-kinästhetischer Bereich: Stimulation

Ganzkörperstimulation (kurzfristig)

- die Kinder liegen mit geschlossenen Augen im Kreis (Bauch- oder Rückenlage);
- sie stellen mit ihrem Körper eine „Straße" dar, über die ein „Auto" (z.B. ein Ball) fährt;
- der Lehrer rollt einen Ball über ihre Körper;
- die Kinder spüren, wann die Berührung beginnt, wann sie endet;

Taktil-kinästhetischer Bereich: Diskrimination

Differenzierung der Diskriminationsfähigkeit an verschiedenen Körperteilen

- die Kinder stehen mit geschlossenen Augen und stellen einen Baum dar;
- an verschiedenen Körperteilen wird ein Kind berührt (es wächst ein Apfel an seinem Baum);
- das Kind gibt die Stelle der Berührung an;

Vestibuläre Stimulation

Verschiedene Raumrichtungen erleben

- die Kinder schaukeln sitzend oder liegend auf einem Schaukelbrett;
- ihnen werden verschiedene Materialien als Unterlage auf dem Schaukelbrett angeboten (z.B. Frottee, Teppich);
- die Kinder suchen sich eine Unterlage für die Schaukel aus;

Propriozeptive Stimulation

Gleichzeitiger Druck auf die Wirbelsäule

- die Kinder rutschen in Rückenlage auf verschiedenen Materialien durch den Raum (z.B. Leinen, Frottee, Papier, Schaumgummi);
- sie stellen fest, welches Material am besten gleitet;

Taktil-kinästhetische Wahrnehmung
Teilziel: Bewußtes Wahrnehmen und differenziertes Deuten taktil-kinästhetischer Reize

Taktil-kinästhetischer Bereich: Körperkontakt

Verschiedene Berührungsqualitäten ertragen

- die Kinder liegen am Boden;
- der Lehrer berührt sie mit dem Finger, der flachen Hand oder der Faust;
- die Kinder spüren und benennen oder imitieren die Art der Berührung;

Taktil-kinästhetischer Bereich: Gezielte Stimulation

Stimulation mit verschieden-weichem Material „Waschspiel"

- die Kinder liegen kreisförmig mit geschlossenen Augen (Maske) am Boden;
- in ihrer Mitte werden verschiedene Waschmaterialien (z.B. Schwamm, Lappen . . .) am Boden ausgebreitet;
- der Lehrer reibt ihre Arme/Beine mit einem Material;
- die Kinder erraten das Material und zeigen es nach Abnehmen der Maske;

Rollen auf verschiedenen Materialien

Taktil-kinästhetischer Bereich: Diskriminationsfähigkeit

Diskriminierung durch die Handrezeptoren

- in einem „Krabbelsack" werden verschiedene Gegenstände (Spielsachen, Obst, Haushaltsgegenstände) ertastet;
- die Kinder beschreiben/benennen sie;
- Spielvariation: „Blinde Kuh" (Ravensburger Spiele);

Vestibuläre Stimulation

Rollen auf verschiedenen Materialien

- die Kinder tasten sich in Bauchlage mit den Händen über eine Rolle (evtl. mit geschlossenen Augen);
- am Boden sind verschiedene Materialien verteilt, die die Kinder beim Abrollen mit den Händen ertasten und erraten;

Propriozeptive Stimulation

Druck auf Fuß- und Beckengelenke

- die Kinder springen vom Kasten (nicht zu hoch) auf verschieden hohe Mattentürme und Mattenarten (z.B. Weichbodenmatte, herkömmliche Matten);
- sie stellen vergleichend fest, auf welchem Mattenturm sie sehr eingesunken sind;

Taktil-kinästhetische Wahrnehmung
Teilziel: Lokalisieren taktil-kinästhetischer Reize

Taktil-kinästhetischer Bereich: Körperkontakt

Punktueller Berührungsreiz

- die Kinder sitzen/liegen mit geschlossenen Augen im Kreis;
- sie werden dreimal kurz berührt; „tip-tip-tip, wo wird getippt?“
- die Kinder zeigen die berührte Körperstelle;

Taktil-kinästhetischer Bereich: Stimulation

Berührungsverlauf lokalisieren/ nachvollziehen

- „Wo läuft die Fliege?“;
- die Kinder sitzen oder liegen mit geschlossenen Augen;
- der Lehrer geht herum; er berührt die Kinder;
- er imitiert dabei das Krabbeln einer Fliege auf Armen, Beinen etc.;
- die Kinder zeigen den Verlauf der Berührung;

Taktil-kinästhetischer Bereich: Diskrimination

Fingerdifferenzierung

- mit 2 verschiedenen Materialien wird nacheinander über einen Finger gestrichen;
- das Kind lokalisiert den berührten Finger, benennt das Material und die Reihenfolge der Berührung;

Vestibuläre Stimulation

Rollen um Körperlängsachse

- das Kind rollt mit geschlossenen Augen über eine Decke;
- unter der Decke liegt ein Wollknäuel (oder ähnliches);
- das Kind zeigt, wo es die Unebenheit am eigenen Körper gespürt hat;

Propriozeptive Stimulation

Druck-Reiz

- die Kinder dürfen aufeinander „reiten“;
- sie „reiten“ einen vorgegebenen Weg zu einem Ziel;
- das „Pferd“ gibt nach Absteigen des „Reiters“ an, wo dieser saß;

Taktil-kinästhetische Wahrnehmung
Teilziel: Erhöhen der Merkfähigkeit für taktil-kinästhetische Reize

Taktil-kinästhetischer Bereich: Körperkontakt

Anzahl der Berührungsreize feststellen

- den Kindern wird verschiedene Male auf den Rücken oder Arm geklopft;
- sie zählen, wie oft bei ihnen „angeklopft" wird;
- die Berührungsreize dürfen nicht zu schnell aufeinanderfolgen!;

Taktil-kinästhetischer Bereich: Gezielte Stimulation

Reihenfolge merken

- die Hände werden:
  - naß abgerieben
  - abgetrocknet
  - eingecremt;
- das Kind wiederholt nach der Stimulation die verschiedenen Phasen pantomimisch und verbal;

Ertasten und Merken von Formen

Taktil-kinästhetischer Bereich: Diskriminationsfähigkeit

Qualitäten merken

- die Kinder haben die Augen geschlossen;
- ihre Hände werden mit verschiedenen Materialien (etwa drei) nacheinander stimuliert;
- die Kinder suchen die angewendeten Materialien aus einer vorgegebenen Vielfalt heraus;

Vestibuläre Stimulation

Schaukeln (Hängematte)

- das Kind schaukelt (mit geschlossenen Augen) in der Hängematte;
- es ertastet einen über ihm aufgehängten Gegenstand;
- der Lehrer bietet anschließend verschiedene ähnliche Gegenstände zum Betasten und Vergleichen an;
- der erste Gegenstand soll wiedererkannt werden;

Propriozeptive Stimulation

Gezielter Druck auf Füße, Kniekehlen und Wirbelsäule

- Medizinbälle werden auf die Füße, Kniekehlen oder die Wirbelsäule gelegt;
- das Kind zeigt nach Wegnahme der Bälle die Berührungsstellen oder benennt sie;
- anfänglich nur einen Reiz geben; später können alle drei Stellen gleichzeitig stimuliert werden;

Symbolverständnis

Teilziel: Funktionen von Symbolen in der Umwelt wahrnehmen und deuten

Taktil-kinästhetischer Bereich: Körperkontakt

Berührungsreiz ertragen und identifizieren

- ein Kind wartet mit verbundenen Augen auf einen Berührungsreiz;
- ein anderes Kind erhält durch eine Symbolkarte Anweisung über die Art der Berührung;
- die Symbole (z.B. für Antippen, Streichen, Tippen) werden vorher mit den Kindern vereinbart;
- das berührte Kind sucht nach der Berührung die entsprechende Karte heraus;

Taktil-kinästhetischer Bereich: Stimulation

Selbstdurchgeführte Stimulation

- die Kinder sitzen im Kreis um verschiedenste Gegenstände, die beim Waschen verwendet werden;
- der Lehrer zeigt eine Symbolkarte für einen bestimmten Gegenstand;
- die Schüler nehmen den entsprechenden Gegenstand und stimulieren sich selbst durch Reiben („Waschen") der Arme/Beine/des Gesichtes;

Beschleunigungsreiz (Rampe)

Taktil-kinästhetischer Bereich: Diskrimination

Differenzierung durch die Fingerrezeptoren

- in einer langen Reihe sind Autos in verschiedenen Richtungen aufgestellt (links/rechts);
- das Kind sitzt mit verbundenen Augen vor der Autoschlange;
- es erhält einen tastbaren Richtungspfeil (z.B. aus Sandpapier), der nach rechts oder links zeigt;
- es ertastet die Richtung und sucht ein Auto, das in diese Richtung „fährt";

Vestibuläre Stimulation

Beschleunigung (Rampe)

- verschiedene Verkehrszeichen (z.B. Richtungspfeile) werden mit den Kindern besprochen und am Fuß einer Rampe aufgestellt;
- die Kinder fahren mit dem Rollbrett die Rampe herunter und biegen in eine angezeigte Richtung ab;

Propriozeptive Stimulation

Kraftdosierung

- verschiedene Gegenstände (z.B. Medizinbälle, Kegel, Steine und Piktogramme für die Gegenstände) sind im Raum verteilt;
- das Kind erhält ein Rollbrett und belädt es mit mehreren Gegenständen;
- es fährt seine „Wagenladung" zu den Piktogrammen und ordnet ihnen die aufgeladenen Gegenstände zu;

Symbolverständnis
Teilziel: Symbole zuordnen

Taktil-kinästhetischer Bereich: Körperkontakt

Festgelegte Berührungsreize ausführen

- dem Kind wird ein Piktogramm über eine Tätigkeit gezeigt;
- es führt diese Tätigkeit bei einem Partner aus (z.B. auf die Beine patschen, am Rükken entlang streichen);

Taktil-kinästhetischer Bereich: Gezielte Stimulation

Gezielte Stimulation von Bauch und Rücken

- auf dem Boden liegt eine Reihe von Symbolkärtchen;
- ein Kind führt mit der Hand Kreis-/Dreiecksbewegungen auf dem Rücken oder Bauch eines liegenden Kindes aus;
- das liegende Kind sucht sich das entsprechende Symbolkärtchen;
- es ordnet das Kärtchen später einer tatsächlichen Form im Raum zu;

gezielte Stimulation
von Bauch und Rücken

Taktil-kinästhetischer Bereich: Diskriminationsfähigkeit

Differenzierung durch die Handrücken-rezeptoren

- das mathematische Symbol für „groß" „klein" (> <) wird auf den Handrücken des Kindes gezeichnet;
- das Symbol wird aus Symbolkarten herausgesucht und Gegenständen im Raum zugeordnet;
- Variante: das Symbol wird aus Sandpapier hergestellt, so daß es das Kind mit geschlossenen Augen ertasten kann;

Vestibuläre Stimulation

Beschleunigungsreiz

- das Kind erhält Symbolkärtchen (z.B. für Formen, Größen, Farben);
- das Kind fährt auf einem Autoschlauch die schiefe Ebene hinunter;
- es ordnet unten das Symbol einem entsprechenden Gegenstand zu;

Propriozeptive Stimulation

Kraftdosierung

- die Kinder bauen selbst ein Symbol (z.B. Pfeife) nach; sie verwenden z.B. Geräte aus der Turnhalle;
- beim Schieben/Ziehen der Gegenstände passen sie ihren Krafteinsatz dem Gerät an;

Symbolverständnis
Teilziel: Symbolcharakter von Buchstaben und Wörter erkennen

Taktil-kinästhetischer Bereich: Körperkontakt

Eigenes Bestimmen der Zeitdauer eines bestimmten Reizes

- ein Kind darf auf dem Körper des Partners mit zwei Fingern „herumspazieren";
- das passive Kind zeigt ein „STOP"-Schild, wenn der „Spaziergänger" anhalten soll;

Taktil-kinästhetischer Bereich: Stimulation

Stimulation der Fußsohle

- die Kinder rutschen barfüßig über die mit Tesa-Krepp aufgeklebten Anfangsbuchstaben ihrer Namen und benennen sie;
- Variation: anfänglich rutschen sie über den eigenen Anfangsbuchstaben und identifizieren ihn;

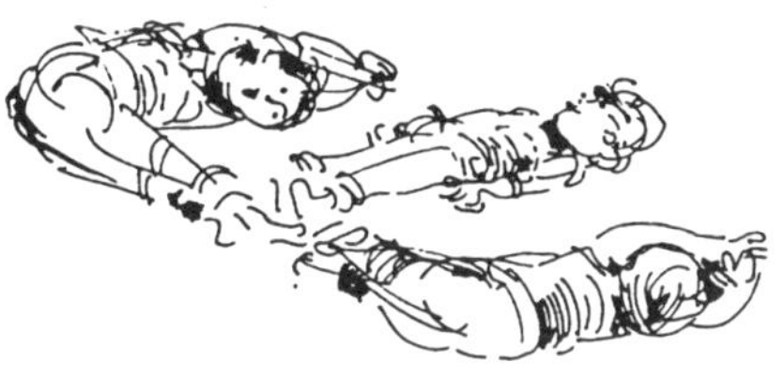

Gelenkstellungen zueinander erleben

Taktil-kinästhetischer Bereich: Diskrimination

Anregen der Rezeptoren der Fingerspitzen

- die Kinder erhalten Buchstaben, die in Linoleum/Holz eingekerbt sind;
- sie ertasten mit geschlossenen Augen den Buchstaben;
- sie sollen den Buchstaben finden, mit dem z.B. Apfel, Uli, ... beginnt;
- die Auswahl sollte nicht zu groß sein;
- je nach Diskriminationsfähigkeit sollten ähnliche Buchstabenformen gewählt werden (z.B. A, V, M);

Vestibuläre Stimulation

Rollen um Körperlängsachse

- die Namenskärtchen der Kinder liegen in einer Reihe am Boden;
- die Kinder rollen in einer Tonne zu einem Kärtchen und lesen den Namen vor;
- das Kind mit diesem Namen spielt weiter;

Propriozeptive Stimulation

Gelenkstellungen zueinander erleben

- die Kinder versuchen einen bestimmten Buchstaben mit ihrem eigenen Körper zu bauen;
- sie dürfen dabei gegebenenfalls auch Material verwenden;

Symbolverständnis

Teilziel: Notwendigkeit von Symbolen im täglichen Leben erkennen

Taktil-kinästhetischer Bereich: Körperkontakt

Körperkontakt an der Schulter ertragen

- die Kinder fahren als „Eisenbahn" durch das Zimmer;
- der Lehrer spielt Musik/Geräusche so ab, daß eine Verständigung nicht mehr möglich bzw. erschwert ist;
- ein Kind hebt eine „Kelle" hoch;
- je nach Farbe (rot/grün) bleibt der „Zug" stehen oder fährt weiter;

Taktil-kinästhetischer Bereich: Gezielte Stimulation

Stimulation der Gesäßrezeptoren

- die Kinder rutschen sitzend durch die Turnhalle;
- sie bleiben dabei auf den vorgegebenen Linien (Bodenmarkierungen der Turnhalle), die eine „Straße" darstellen;
- andere Kinder stehen an Kreuzungspunkten und geben durch Pfeile/Schilder die „Fahrtrichtung" an;

Taktil-kinästhetischer Bereich: Diskriminationsfähigkeit

Anregen der Rezeptoren in den Fingerspitzen

- je zwei Kinder spielen zusammen;
- jedes Kind hat einen aus Sandpapier aufgeklebten Pfeil;
- das zweite Kind ertastet mit geschlossenen Augen die Richtung des Pfeiles und legt seinen eigenen Pfeil entsprechend nach;
- das Ergebnis wird evtl. visuell kontrolliert und verbalisiert (z.B. „Mein Pfeil zeigt nach rechts");

Vestibuläre Stimulation

Selbstgewählte Stimulationsweise

- „Straßen" werden aufgezeichnet;
- die Kinder bewegen sich mit selbstgewähltem Material als „Fahrzeug" fort;
- ein Kind regelt als „Schutzmann" den Verkehr;
- die Symbolik sollte nur langsam erweitert werden;

Propriozeptive Stimulation

Druck auf Knie und Fußgelenke, Zug auf Wirbelsäule

- die Kinder umfassen ihre Kniegelenke und versuchen zu gehen;
- der Lehrer hält eine „Ampel" (aus Ton- und Seidenpapier herstellen, Taschenlampe hinter Seidenpapier halten);
- die Kinder gehen, solange die „Ampel" Grün zeigt; bei Rot verharren sie in der jeweiligen Bewegung;

Merkmale wahrnehmen, erfassen und deuten
Teilziel: Feststellen von Merkmalen

Taktil-kinästhetischer Bereich: Körperkontakt
Körperkontakt am Rücken ertragen • zwei Kinder stellen sich Rücken an Rücken; • sie vergleichen, wer größer/kleiner ist;

Taktil-kinästhetischer Bereich: Stimulation
Verschiedene Materialien bewußt erleben • die Kinder sitzen am Boden und reiben ihre Arme oder Beine mit verschiedenen Materialien (z.B. mit Watte, Stoff, Bürste, Kork ...); • die Kinder erleben die unterschiedlichen Qualitäten bewußt und verbalisieren sie (z.B. „Die Watte ist weich");

Taktil-kinästhetischer Bereich: Diskrimination
Differenzierung der Temperatursensibilität • der Lehrer stellt Plastikschüsseln mit verschieden warmem Wasser bereit (kalt-warm-„heiß", evtl. Eis); • die Kinder tauchen ihre Hände/Arme in verschieden warmes Wasser; sie stellen die Unterschiede fest;

Vestibuläre Stimulation
Bewegungsrichtung feststellen • das Kind liegt auf einem an der Decke befestigtem Schaukelbrett (mit verbundenen Augen) und wird geschaukelt; • es gibt durch Zeigen oder Verbalisieren an, in welche Richtung es geschaukelt wird (horizontale, vertikale Kreisrichtung);

Propriozeptive Stimulation
Unterschiedliches Gewicht spüren • auf den Rücken oder Bauch des Kindes werden bei geschlossenen Augen verschieden schwere Gegenstände gelegt (z.B. Medizinball, Backstein, Bohnensäckchen, kleiner Holzkasten); • das Kind stellt anhand des Gewichts fest, was auf ihm liegt;

Merkmale wahrnehmen, erfassen und deuten
Teilziel: Auswählen nach Merkmalen

Taktil-kinästhetischer Bereich: Körperkontakt

Kontakt durch Anfassen an den Haaren

- die Kinder sitzen im Kreis;
- ein Kind geht mit verbundenen Augen im Kreis von Kind zu Kind;
- es ertastet die Kinder mit langen oder kurzen Haaren;

Taktil-kinästhetischer Bereich: Gezielte Stimulation

Verschiedene Bürsten spüren

- verschieden harte Bürsten liegen vor den Kindern (anfänglich zwei Bürsten);
- die Kinder probieren die unterschiedlichen Qualitäten durch Bürsten ihrer Arme aus;
- die Qualitäten werden verglichen;
- die Kinder erspüren blind, mit welcher Bürste sie berührt werden;

Taktil-kinästhetischer Bereich: Diskriminationsfähigkeit

Differenziertes Wahrnehmen

- die Kinder erhalten zu zweit ein Säckchen, in dem sich Eicheln, Nüsse, Kastanien befinden;
- sie erhalten den Auftrag, z.B. alle Eicheln heraus zu finden;

Vestibuläre Stimulation

Schaukeln mit geöffneten Augen

- das Kind liegt auf einem niedrig aufgehängten Schaukelbrett;
- um das Kind sind verschieden farbige Muggelsteine verteilt;
- das Kind soll während des Schaukelns z.B. alle gelben Steine einsammeln;

Propriozeptive Stimulation

Druck auf Fußgelenke und Fußsohle

- die Kinder sind barfüßig;
- ein Kegel, eine Holzrolle, ein Holzklotz liegen unter einer Decke versteckt;
- ein Kind wird (blind) über die Decke („Straße") geführt; es sucht z.B. die Holzrolle mit den Füßen und stellt sich auf sie;

Merkmale wahrnehmen, erfassen und deuten

Teilziel: Vergleichen und Unterscheiden

Taktil-kinästhetischer Bereich: Körperkontakt

Berührung am Kopf ertragen

- ein Kind stellt mit verbundenen Augen fest, welches von zwei vor ihm stehenden Kindern größer oder kleiner ist;

Taktil-kinästhetischer Bereich: Stimulation

Rauh/weich am Rücken erleben

- die Kinder sitzen mit geschlossenen Augen im Kreis und halten ein rauhes oder ein weiches Tuch in der Hand;
- der Lehrer reibt den Rücken von jedem Kind mit einem rauhen oder weichen Tuch („abtrocknen“);
- das jeweilige Kind stellt fest, ob die Qualität des Tuches in seiner Hand dem am Rücken erspürten Tuch entspricht;

Form-differenzierung

Taktil-kinästhetischer Bereich: Diskrimination

Formdifferenzierung

- die Kinder sitzen mit geschlossenen Augen im Kreis;
- eine Kiste mit verschiedenen Formen steht in der Kreismitte;
- die Kinder holen sich eine Form und betasten sie;
- der Lehrer fragt: „Wer hat eine dicke Form/ein Dreieck ect.?“;
- die Kinder heben die entsprechende Form hoch;

Vestibuläre Stimulation

Langsame Drehbewegung mit geschlossenen Augen

- ein Kind sitzt mit geschlossenen Augen auf einer Drehscheibe;
- es erhält während des Drehens eine Form (z.B. Dreieck, Muggelstein, Klotz, Frucht ...) zur Differenzierung;
- es ertastet die Form und benennt sie (langsames Drehen ist nötig);

Propriozeptive Stimulation

Druck auf Schultergelenke

- der Lehrer stützt sich stark oder schwach auf die Schulter eines Kindes;
- das Kind stellt fest, ob der Druck stark oder schwach war;
- Spielweise: „Ein Elefant oder eine Maus ruhen sich bei dir aus.“ – „Wer kommt?“; Antwort: Der „Elefant“ oder die „Maus“;

Merkmale wahrnehmen, erfassen und deuten

Teilziel: Zuordnen und Ordnen

Taktil-kinästhetischer Bereich: Körperkontakt

Kontakt durch Anfassen

- die Kinder stehen im Kreis;
- alle Kinder mit blauen Hosen treten in den Kreis, nehmen sich bei der Hand und tanzen nach einer kurzen (Tonband-)Melodie;
- die anderen Kinder klatschen dazu;

Taktil-kinästhetischer Bereich: Gezielte Stimulation

Stimulation des Rückens

- die Kinder liegen im Unterhemd auf dem Bauch und haben die Augen geschlossen;
- sie werden mit je einem Gegenstand nacheinander stimuliert (z.B. Feder, Holz, Waschlappen);
- nach der Stimulation suchen sie das entsprechende Bildkärtchen des Stimulationsgegenstandes und ordnen es dem Gegenstand zu;

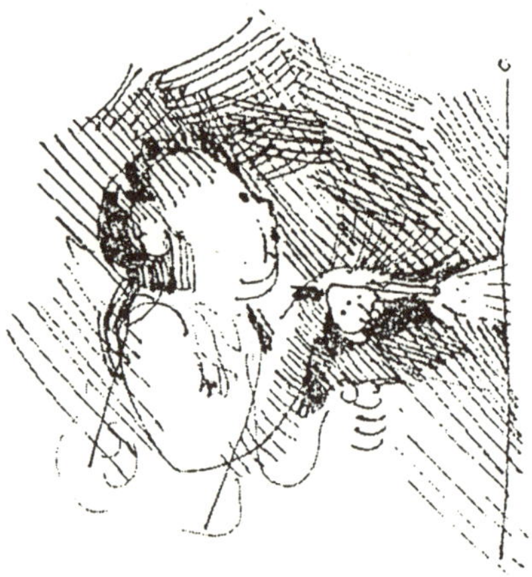

Taktil-kinästhetischer Bereich: Diskriminationsfähigkeit

Formdifferenzierung

- die Kinder erhalten Teile der Tastbrücken zur Formdifferenzierung;
- sie ordnen die richtigen Teile einander zu; dabei fragen sie sich gegenseitig: Wer hat das ...; („Tastbrücken" HBV-Verlag);

Vestibuläre Stimulation

Schaukeln in der Hängematte

- ein Kind schaukelt in der Hängematte;
- mit der Taschenlampe wird eine Form an die Wand gezeichnet;
- das Kind erhält verschiedene Merkmalkärtchen; es sucht die der gezeichneten Form entsprechende Karte heraus;

Propriozeptive Stimulation

Druck auf Schulterhalteapparat

- ein Kind sitzt auf dem Rollbrett und erhält ein Formplättchen;
- ein zweites Kind schiebt das sitzende Kind an dessen Schultern zu einer aufliegenden Reihe von Merkmalskärtchen;
- das sitzende Kind ordnet sein Formplättchen zu;

Merkmale wahrnehmen, erfassen und deuten
Teilziel: Austauschen nach Vorschrift

Taktil-kinästhetischer Bereich: Körperkontakt

Führen-Folgen

- die Kinder stehen mit geschlossenen Augen in einer bestimmten Reihenfolge (z.B. Bub – Mädchen);
- ein Kind ordnet die Reihe um, indem es die anderen Kinder an der Hand zu einem neuen Platz führt;
- die Kinder schauen, wie sie nun stehen, und benennen die neue Anordnung;

Taktil-kinästhetischer Bereich: Stimulation

Stimulation der Fußsohle oder/und Handflächen

- die Kinder krabbeln oder gehen barfuß über verschiedene Bodenmaterialien (z.B. Fell, Papier, Stoff) die in einer bestimmten Reihenfolge aufgelegt sind;
- die Reihenfolge wird verändert; die Kinder erspüren die neue Folge;
- sie tauschen die Materialien entsprechend der ursprünglichen Folge wieder aus;

Taktil-kinästhetischer Bereich: Diskrimination

Form- und Größendifferenzierung

- das Kind erhält eine Anweisung durch Merkmalskärtchen (z.B. kleine Kreise);
- es ersetzt nun in einer Formplättchenreihe z.B. alle großen Kreise durch kleine;

Vestibuläre Stimulation

Rollen in der Schlauchrolle mit geöffneten Augen

- ein Kind liegt in einer Schlauchrolle;
- am Boden liegen ungeordnet Formplättchen;
- das Kind erhält vor dem Losrollen durch Merkmalskärtchen die Anweisung, wie es die Anordnung der Formen verändern soll;
- das Kind rollt los und führt den Auftrag aus;

Propriozeptive Stimulation

Druck auf das Kreuzbein

- das Kind erhält den Auftrag, eine gelegte Plättchenreihe nach einer vorgegebenen Vorschrift zu verändern;
- das Kind läuft im Vierfüßlergang zu der Plättchenreihe;
- ihm wird dabei ein Gewicht (z.B. Backstein) auf das Kreuzbein gelegt;

Merkmale wahrnehmen, erfassen und deuten

Teilziel: Sortieren und Zusammenfassen

Taktil-kinästhetischer Bereich: Körperkontakt

Hand auf die Schulter legen

- der Lehrer stellt wortlos Kinder (z. B. alle mit Brille) als „Zug" auf;
- die Kinder fassen sich an den Schultern und „fahren los";
- sie überlegen, welche Kinder sich an den Zug anhängen dürfen;

Taktil-kinästhetischer Bereich: Gezielte Stimulation

Stimulation von Händen und Gesicht

- verschiedene Materialien stehen zur Verfügung;
- der Lehrer stimuliert Hände und Gesicht eines Kindes mit je einem Material;
- die Kinder erhalten „ihr" Material nach der Stimulation;
- sie ordnen die Materialien später nach gemeinsamen Oberbegriffen (z. B. Bürsten, Rollen, Tücher; trocken/naß, weich/hart);

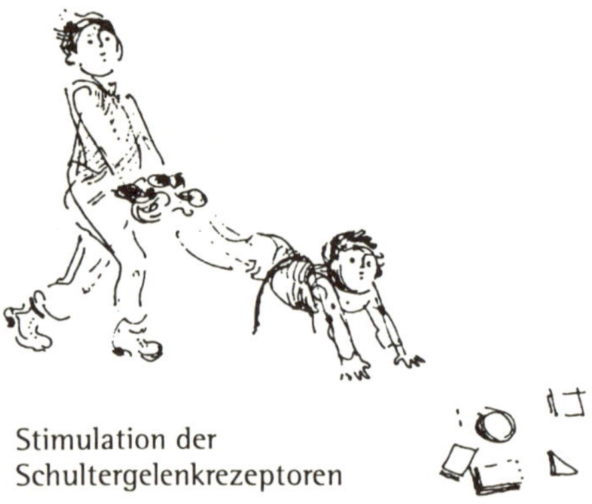

Stimulation der Schultergelenkrezeptoren

Taktil-kinästhetischer Bereich: Diskriminationsfähigkeit

Sortieren nach Merkmalen

- das Kind erhält die Anweisung, z. B. alle eckigen Formen/Gegenstände am Boden/Tisch in einen Korb zu legen;
- das Kind führt die Anweisung aus (die Augen sind dabei verbunden);
- es überprüft das Ergebnis durch Hinsehen;

Vestibuläre Stimulation

Schaukeln in der Hängematte mit geöffneten Augen

- am Boden liegen unter der Hängematte Form-Mengen;
- ein Kind liegt in Bauchlage quer in der Hängematte und wird geschaukelt;
- das Kind erhält ein Merkmalskärtchen; beim Schaukeln „liest" es dies und ordnet es den Form-Mengen zu;

Propriozeptive Stimulation

Stimulation der Schultergelenkrezeptoren

- ein Kind wird von einem zweiten Kind als „Schubkarren" geschoben; ein Seil hängt über seinem Rücken;
- es erhält den Auftrag, zu den in einiger Entfernung am Boden liegenden Formen zu „fahren" und gleiche Formen mit dem Seil zusammenzufassen;

Töne, Geräusche, Sprache differenziert wahrnehmen und deuten
Teilziel: Geräusche, Töne, Laute differenzieren

Taktil-kinästhetischer Bereich: Körperkontakt

Verschiedene Körperberührungen ertragen

- die Kinder sitzen sich mit verbundenen Augen paarweise gegenüber;
- der Lehrer patscht sich z.B. auf die Oberschenkel;
- die Kinder hören das Geräusch und vollziehen es beim Partner nach;

Taktil-kinästhetischer Bereich: Stimulation

Selbststimulation

- die Kinder sitzen mit geschlossenen Augen in einem Kreis;
- der Lehrer läßt Wasser laufen; während dieser Zeit „waschen“ sich die Kinder mit Schwämmen (Selbststimulation);
- ertönt eine Pauke, „trocknen“ sich die Kinder mit Handtüchern ab;
- Erweiterung: z.B. beim Klopfen – kämmen sich die Kinder;

Taktil-kinästhetischer Bereich: Diskrimination

Formdifferenzierung

- Trommel – Triangel – Klangstab sind je einer Form zugeordnet;
- die Kinder sitzen mit verbundenen Augen auf dem Boden; sie haben verschiedene Formen vor sich liegen;
- die Kinder hören auf das entsprechende Instrument und suchen das zugehörige Plättchen (z.B. Trommel = Dreieck);

Vestibuläre Stimulation

Schaukeln

- die Kinder suchen sich ein Schaukelgerät;
- der Lehrer spricht z.B. *a – u*; solange das Kind *a* hört, darf es schaukeln, bei *u* muß es anhalten;

Propriozeptive Stimulation

Zug an Hand-/Fußgelenken

- Partnerübung: die Kinder erhalten „Namen“; ein Kind heißt z.B. *sch*, das andere heißt *s*;
- das *sch*-Kind wird solange an den Fuß-/Handgelenken durch den Raum gezogen, wie der Lehrer *sch* spricht;
- ertönt das *s*, wird gewechselt;

Töne, Geräusche, Laute differenziert wahrnehmen und deuten

Teilziel: Geräusche, Töne, Laute lokalisieren

Taktil-kinästhetischer Bereich: Körperkontakt

Handflächen berühren sich

- die Kinder stehen sich paarweise gegenüber;
- die Kinder berühren sich mit den Handflächen;
- ein Kind hat die Augen verbunden und wird langsam zu einer Geräuschquelle geschoben (z.B. Rauschen im Radio);
- die Rollen werden getauscht;

Taktil-kinästhetischer Bereich: Gezielte Stimulation

Stimulation des Rückens

- der Lehrer spielt Töne auf der Flöte;
- die Kinder liegen auf dem Rücken und schlängeln sich langsam der Geräuschquelle entgegen; Spielname: „Schlangenbeschwörung";

Taktil-kinästhetischer Bereich: Diskriminationsfähigkeit

Figur-Grund-Differenzierung

- die Kinder sitzen in einer Reihe und tragen Masken; ein Kind sitzt vor der Reihe und gibt Laute von sich;
- die Kinder versuchen, dieses Kind zu finden;
- „unterwegs" liegen Bauklötze;
- jedes Kind sucht einen Klotz und bringt ihn dem geräuscherzeugenden Kind;

Vestibuläre Stimulation

Rollbrettfahren mit verbundenen Augen

- ein Kind liegt mit verbundenen Augen auf einem Rollbrett;
- zwei Kinder, die entfernt voneinander sitzen, erzeugen verschiedene Laute gleichzeitig;
- das Kind versucht, zu einem der beiden Kinder mit dem Rollbrett zu fahren;

Propriozeptive Stimulation

Belastung auf einem Schultergelenk/ Dehnung des Armes

- die Kinder stehen im Vierfüßlerstand mit verbundenen Augen;
- der Lehrer erzeugt einen Ton und geht dabei durch das Klassenzimmer;
- die Kinder zeigen mit ausgestrecktem Arm, wo sich der Lehrer gerade befindet;
- später übernehmen Kinder die Rolle des Lehrers;

Töne, Geräusche, Sprache differenziert wahrnehmen und deuten
Teilziel: Die auditive Merkfähigkeit steigern

Taktil-kinästhetischer Bereich: Körperkontakt

Berührung der Handflächen

- der Lehrer schlägt die Pauke;
- die Kinder sitzen sich paarweise gegenüber und zählen mit;
- sie schlagen dann die Handflächen entsprechend oft gegeneinander;

Taktil-kinästhetischer Bereich: Stimulation

Stimulation der Finger

- die Kinder sitzen im Kreis und haben eine Cremedose vor sich;
- der Lehrer spielt verschiedene Orff-Instrumente, die vor den Kindern versteckt sind;
- die Kinder cremen sich beim Ertönen (z.B. der Triangel) einen Finger intensiv ein;

Taktil-kinästhetischer Bereich: Diskrimination

Instrumente ertasten

- die Kinder sitzen im Kreis;
- verschiedene Instrumente liegen am Boden;
- ein Kind steht mit verbundenen Augen im Kreis; es wird ihm ein Instrument vorgespielt;
- das Kind ertastet das gehörte Instrument;

Vestibuläre Stimulation

Drehen in Längsachse

- die Kinder sitzen im Kreis;
- ein Kind sitzt auf einer Drehscheibe mit verbundenen Augen;
- diesem Kind wird eine Folge von 2–4 Lauten vorgesprochen;
- das Kind wird gedreht und nennt die Laute;

Propriozeptive Stimulation

Stimulation der Fuß- und Handgelenkrezeptoren

- der Lehrer macht eine Geräuschfolge mit den Händen oder Füßen vor (z.B. laut-leise-laut stampfen);
- die Kinder machen die Folge nach;
- die Kinder erfinden eigene Geräuschfolgen;

Töne, Geräusche, Laute differenziert wahrnehmen und deuten
Teilziel: Laute, Sprache wahrnehmen und verstehen

Taktil-kinästhetischer Bereich: Körperkontakt

Berührung am Rücken

- die Kinder arbeiten paarweise;
- ein Kind malt dem anderen nach Anweisung des Lehrers Dinge auf den Rücken (z.B. Male ein Dreieck!);
- das „spürende" Kind gibt an, ob der Gegenstand richtig gemalt wurde;

Taktil-kinästhetischer Bereich: Gezielte Stimulation

Stimulation der Extremitäten

- die Kinder arbeiten paarweise;
- ein Kind läßt eine Holzrolle oder ein Spielauto über den Körper des liegenden Partners fahren;
- der Lehrer gibt flüsternd Anweisungen, auf welchem Körperteil das Auto fahren darf;

Taktil-kinästhetischer Bereich: Diskriminationsfähigkeit

Fingerdiskrimination

- das Kind sitzt mit geschlossenen Augen da;
- der Lehrer streicht ihm über einen bestimmten Finger und spricht einen Laut dazu;
- das Kind wiederholt das Spiel beim Lehrer;

Vestibuläre Stimulation

Schaukelbewegung (vor/zurück)

- die Kinder schaukeln auf der Wippe;
- der Lehrer spricht einen Sing-Sang dazu (z.B. Sim – Sum);
- die Kinder fallen während des Schaukelns in den Sing-Sang ein;

Propriozeptive Stimulation

Druck gegen festen Untergrund

- die Kinder sitzen vor einer Wand;
- der Lehrer gibt Silben vor, die die Kinder nachsprechen;
- sie versuchen bei jeder Silbe die Wand mit den Füßen „wegzustoßen";
- Variante: kurzer – langer Druck gegen die Wand kann durch die Silbenlänge gekennzeichnet werden (z.B. baaa – ba);

Laute/Wörter bilden, sprechen und verstehen
Teilziel: Sprechfähigkeit ausbilden

Taktil-kinästhetischer Bereich: Körperkontakt

Sensibilisierung des Gesichtsbereiches

- zwei Kinder sitzen sich gegenüber;
- ein Kind hat die Augen geschlossen;
- das andere Kind tippt es im Gesichtsbereich an;
- das Kind mit geschlossenen Augen gibt an, wo es berührt wurde;
- Rollentausch;

Taktil-kinästhetischer Bereich: Stimulation

Stimulation der Sprechwerkzeuge

- die Kinder streichen sich Nutella um den Mund;
- mit kreisförmigen Zungenbewegungen lecken sie die Süßigkeit wieder ab;

Taktil-kinästhetischer Bereich: Diskrimination

Differenzierung der Empfindung über die Zungenlage

- die Kinder sitzen im Kreis;
- ein Kind „versteckt" z.B. seine Zunge so im Mund, daß eine Wölbung in der Backe sichtbar wird;
- die anderen Kinder imitieren das „Versteck" mit ihrer Zunge;
- Rollentausch;

Vestibuläre Stimulation

Drehbewegung

- ein Kind dreht sich auf der Drehscheibe oder im Schaukelnetz;
- es erzeugt dabei solange z.B. ein Autogeräusch, bis die Drehbewegung anhält;
- das Spiel wird mit offenen und geschlossenen Augen durchgeführt;

Propriozeptive Stimulation

Veränderung der Gelenkstellungen

- die Kinder ahmen verschiedene Tiere nach, die sich bewegen;
- sie erzeugen während der Bewegung das entsprechende Tiergeräusch;

Laute/Wörter bilden, sprechen und verstehen

Teilziel: Laute/Lautverbindungen bilden und deutlich sprechen

Taktil-kinästhetischer Bereich: Körperkontakt

Anfassen

- die Kinder stehen im Kreis und fassen sich an den Händen/Armen;
- sie sprechen gemeinsam Silbenfolgen (z.B. schi – scha – schu);
- sie hüpfen bei jeder Silbe einen Schritt im Kreis weiter;
- Variante: die Kinder bilden Reihen und hüpfen vorwärts; gewonnen hat die Gruppe, die zuerst an einem festgelegten Zielpunkt ankommt;

Taktil-kinästhetischer Bereich: Gezielte Stimulation

Stimulation Rasierschaum

- die Kinder sitzen auf dem Boden auf einer wasserfesten Unterlage; sie erhalten Creme oder Rasierschaum;
- sie sprechen rhythmische Silben/Reime und cremen sich entsprechend dem Reim mit rhythmischen Bewegungen ein;

Kraftdosierung

Taktil-kinästhetischer Bereich: Diskriminationsfähigkeit

Ertasten mit einer Hand

- das Kind erhält einen Tastbuchstaben für jede Hand;
- das Kind ertastet die Buchstaben nacheinander mit einer Hand und artikuliert sie deutlich;

Vestibuläre Stimulation

Drehen

- ein Kind sitzt (mit geschlossenen Augen) auf der Drehscheibe und dreht sich;
- verschiedene Mundbilder sind zu den Lauten um die Drehscheibe verteilt;
- das Kind artikuliert den Laut deutlich, bei dem die Drehscheibe stehenbleibt;

Propriozeptive Stimulation

Kraftdosierung

- das Kind rollt einen Medizinball über einen vorgeschriebenen Weg;
- der Ball stellt ein Tier dar, das durch eine bestimmte Lautfolge gekennzeichnet wird (z.B. kri-kra);
- das Kind spricht die Lautfolge solange, bis es mit dem Ball am Ziel angekommen ist;

Laute/Wörter bilden, sprechen und verstehen
Teilziel: Sprachlaute/-verbindungen aus gesprochener Sprache heraushören

Taktil-kinästhetischer Bereich: Körperkontakt

Berührung mit der Hand

- die Kinder setzen sich paarweise gegenüber;
- sie achten auf einen bestimmten Anlaut;
- der Lehrer spricht Wörter mit verschiedenen Anlauten;
- hören die Kinder den vereinbarten Laut, so patschen sie mit den Händen gegeneinander;

Taktil-kinästhetischer Bereich: Stimulation

Gezielte Stimulation einzelner Körperteile

- die Kinder „waschen" ihre Arme/Beine;
- sie nennen den Anlaut des Körperteils (Arme = A), der „gewaschen" wird;

Muskelkontraktion gegen Widerstand

Taktil-kinästhetischer Bereich: Diskrimination

Ertasten von Formen

- die Kinder haben Tastbuchstaben in der Hand; ihre Augen sind geschlossen;
- der Lehrer spricht ein Wort vor;
- die Kinder stellen den Anlaut fest;
- die Kinder vergleichen, ob der gehörte Anlaut ihrem Tastbuchstaben entspricht;

Vestibuläre Stimulation

Schaukeln mit geschlossenen Augen

- ein Kind liegt mit geschlossenen Augen auf dem Schaukelbrett;
- die Kinder sitzen im Kreis um das Schaukelbrett und erhalten Bildkarten;
- sie sprechen die Bildnamen deutlich;
- das schaukelnde Kind achtet auf einen bestimmten Laut und entscheidet, ob er im Wort enthalten ist;
- Rollentausch;

Propriozeptive Stimulation

Muskelkontraktion gegen einen Widerstand

- die Kinder stehen frontal zur Wand;
- der Lehrer spricht Wörter vor;
- hören die Kinder einen vorher vereinbarten Laut, versuchen sie, die Wand „wegzudrücken";
- dazu wird der Laut rhythmisch gesprochen;

Den eigenen Körper wahrnehmen und bewegen
Teilziel: Den eigenen Körper erleben

Taktil-kinästhetischer Bereich: Körperkontakt

Kurzfristige Berührung

- die Kinder spielen Fangen;
- dabei kann die Art der Fortbewegung jeweils neu bestimmt werden z.B. krabbeln);
- gefangen wird durch Anfassen oder Festhalten, je nach Vertrautheitsgrad der Kinder untereinander;

Taktil-kinästhetischer Bereich: Gezielte Stimulation

Stimulation des Rückens

- die Kinder lehnen sich mit dem Rücken an eine glatte Wand;
- sie drücken fest gegen die Wand und rutschen allmählich zum Sitzen an der Wand herunter;
- sie versuchen, auf demselben Weg wieder aufzustehen;

kurzfristige Berührung

Taktil-kinästhetischer Bereich: Diskriminationsfähigkeit

Finger einzeln spüren

- die Kinder erhalten Fingerpuppen (mit einer Fingerpuppe beginnen);
- der Lehrer erzählt eine Geschichte, zu der die Kinder mit ihren Puppen handeln;
- die Kinder erfinden selbst Geschichten;

Vestibuläre Stimulation

Rollen in Schlauchrolle

- die Kinder bauen gemeinsam ein Haus (z.B. aus Legosteinen, Bauklötzen etc.);
- dazu rollt immer ein Kind in der Schlauchrolle zu einem vorgegebenen Ziel, holt dort so viele Legosteine oder Bauklötze ab, wie es in der Hand halten kann, und rollt damit zurück;
- nun holt ein anderes Kind Baumaterial;

Propriozeptive Stimulation

Druck und Gegendruck

- die Kinder sitzen paarweise Rücken an Rücken; sie versuchen, sich gegenseitig wegzuschieben;

Den eigenen Körper wahrnehmen und bewegen
Teilziel: Spannung und Entspannung erleben

Taktil-kinästhetischer Bereich: Körperkontakt

Berührung mit den Händen

- zwei Kinder setzen sich am Tisch einander gegenüber;
- sie halten sich an der Hand und stützen die Ellenbogen auf;
- jedes Kind versucht, die Hand des Partners auf den Tisch zu drücken;

Taktil-kinästhetischer Bereich: Stimulation

Passive Stimulation der Beine und Arme

- die Kinder sitzen nur mit Turnzeug bekleidet auf Knotentauen, die von der Decke hängen;
- sie schaukeln solange, wie sie sich festhalten können (beim Auf- und Absteigen wird geholfen);

Berührung mit den Händen

Taktil-kinästhetischer Bereich: Diskrimination

Veränderung der Materialbeschaffenheit von Gips spüren

- jedes Kind erhält eine Form mit noch flüssigem Gipsbrei;
- die Kinder drücken Löcher in den Gips und gestalten so ein Bild;
- sie spüren durch das allmähliche Erhärten des Gipses mehr Widerstand; sie üben daher größeren Druck mit den Fingern aus;

Vestibuläre Stimulation

Rollbrett fahren mit geschlossenen Augen

- ein Kind sitzt oder kniet mit verbundenen Augen auf dem Rollbrett;
- ein zweites Kind zieht das erste an einem Holzreifen auf einem vorgegebenen Weg;
- das sitzende Kind hält durch Anspannen des Körpers das Gleichgewicht;

Propriozeptive Stimulation

Zug an den Gelenken

- die Kinder hängen an der Sprossenwand;
- sie grätschen die Beine zur „Schere“ und lassen sie wieder hängen;
- sie spüren dabei die Spannung im Körper und die relative „Entspannung“ beim einfachen „Hängen“;

Den eigenen Körper wahrnehmen und bewegen
Teilziel: Grundlegende Bewegungsmöglichkeiten des ganzen Körpers erleben und Bewegungen ausführen

Taktil-kinästhetischer Bereich: Körperkontakt

Rücken an Rücken gehen

- je zwei Kinder stehen Rücken an Rücken; sie haben ihre Arme gegenseitig eingehakt;
- ein Kind führt das andere zu einem festgelegten Ziel;
- das zweite Kind führt auf dem Rückweg;

Taktil-kinästhetischer Bereich: Gezielte Stimulation

Verschiedenen Untergrund spüren

- Langbänke werden aufgestellt;
- die Kinder schlängeln sich durch den Zwischenraum zwischen Bank und Boden;
- Variante: die Kinder rutschen über Eisflächen (auf Knien oder auf dem Bauch);
- sie rollen sich im Schnee;

Taktil-kinästhetischer Bereich: Diskriminationsfähigkeit

Materialdiskrimination mit den Fußsohlen

- eine Materialstraße wird ausgelegt (z.B. Matte, Felle, Matratze);
- die Kinder sind barfüßig;
- sie laufen in verschiedenen Gangarten (z.B. hüpfend) über diese Straße (geschlossene Augen);
- auf ein Zeichen (z.B. Klatschen) bleiben sie stehen;
- die Kinder erspüren und benennen das Material, auf dem sie gerade stehen;

Vestibuläre Stimulation

Rollen von der schiefen Ebene

- eine schiefe Ebene wird aufgebaut;
- die Kinder nehmen sich ein Gerät nach freier Wahl;
- sie rutschen oder rollen die schiefe Ebene mit ihrem Gerät hinunter;
- die Augen sind anfangs offen, später geschlossen;

Propriozeptive Stimulation

Ausgleichen mit dem ganzen Körper

- ein Kind kniet auf dem Rollbrett;
- ein zweites Kind zieht es mit Hilfe eines Stabes zu einem Ziel;
- die Geschwindigkeit wechselt zwischen schnellem und langsamen Ziehen;
- Rollentausch;

Den eigenen Körper wahrnehmen und bewegen
Teilziel: Einzelne Körperteile wahrnehmen und kennen

Taktil-kinästhetischer Bereich: Körperkontakt

Kurzes Berühren

- die Kinder liegen mit geschlossenen Augen am Boden;
- ein Kind geht herum und berührt den Körperteil eines anderen Kindes;
- dies Kind zeigt und benennt den berührten Körperteil;

Taktil-kinästhetischer Bereich: Stimulation

Stimulieren mit dem Pinsel

- die Kinder sitzen im Turnzeug am Boden;
- jedes Kind hat einen Pinsel (Härte nach Wahl) und „malt" an sich selbst;
- abwechselnd gibt ein Kind an, an welchem Körperteil alle anderen „malen" sollen;

Taktil-kinästhetischer Bereich: Diskrimination

Körperteile ertasten

- je vier Kinder spielen zusammen;
- ein Kind liegt unter einer Decke; die anderen drei Kinder betasten vorsichtig seinen Körper und geben an, welches Körperteil sie gerade ertastet haben;
- Rollentausch;

Vestibuläre Stimulation

Schaukeln in der Hängematte

- ein Kind schaukelt mit geschlossenen Augen in der Hängematte;
- die restlichen Kinder beobachten es;
- das schaukelnde Kind gibt an, wo es an seinem Körper die Hängematte spürt;
- die übrigen Kinder überlegen, ob die Angaben stimmen;

Propriozeptive Stimulation

Druck auf Gelenke

- die Kinder liegen mit geschlossenen Augen auf dem Boden;
- der Lehrer legt jedem Kind einen Medizinball auf ein Gelenk; die Kinder benennen das Gelenk (z.B. das Knie);
- Variante: zwei unterschiedlich schwere Bälle werden auf verschiedene Gelenke oder Körperteile gelegt; die Kinder spüren und benennen Teile;

Den eigenen Körper wahrnehmen und bewegen

Teilziel: Beziehung der Teile am Körper zueinander wahrnehmen

Taktil-kinästhetischer Bereich: Körperkontakt

Sich bewegen lassen

- ein Kind sitzt mit geschlossenen Augen auf dem Boden;
- ein zweites Kind bewegt den Arm des ersten in eine bestimmte Richtung;
- das erste Kind gibt an, in welche Richtung sein Arm zeigt;
- Rollentausch;

Taktil-kinästhetischer Bereich: Gezielte Stimulation

Eigenstimulation von Bauch/Brust

- die Kinder liegen auf dem Bauch und haben die Augen geschlossen;
- sie versuchen, durch Hin- und Herreiben am Boden eine „Mulde" in den Boden zu drücken;
- Variante: gleiches Spiel im Schnee oder Sand;

Muskelkontraktion gegen Untergrund

Taktil-kinästhetischer Bereich: Diskriminationsfähigkeit

Spüren der Fußteile

- die Kinder sitzen barfuß mit geschlossenen Augen auf dem Boden;
- der Lehrer gibt Anweisung: „Suche deinen großen Zeh!", „Wo ist dein Fußnagel?";
- die Kinder versuchen, das entsprechende Körperteil zu finden;

Vestibuläre Stimulation

Schaukeln auf dem Therapieball

- das Kind liegt auf dem Therapieball; es wird abwechselnd schnell oder langsam geschaukelt;
- vor dem Abrollen nach vorne wird das Kind gefragt, mit welchem Körperteil es zuerst den Boden berühren wird;

Propriozeptive Stimulation

Muskelkontraktion gegen einen Widerstand

- das Kind versucht, in Bauchlage auf einem Therapieball zu „hüpfen";
- es hält dabei die Arme gespreizt;
- der Lehrer „unterstützt" es durch Druck auf das Gesäß;

Den eigenen Körper wahrnehmen und bewegen
Teilziel: Bewegungsmöglichkeiten einzelner Körperteile erfahren

Taktil-kinästhetischer Bereich: Körperkontakt

Berühren verschiedener Körperteile

- die Kinder spielen in Zweiergruppen; ein Kind bleibt dabei passiv;
- das zweite Kind bringt verschiedene Körperteile von diesem Kind in eine bestimmte Stellung, die es beibehalten soll;
- die Kinder betrachten ihre „Figuren";

Taktil-kinästhetischer Bereich: Stimulation

Stimulation der Füße

- es wird ein Parcours zum Thema „Was die Füße können" aufgebaut;
- die Kinder gehen barfuß;
- Beispiele:
  - über eine Matte hüpfen;
  - auf dem Reifen balancieren;
  - einen Ball rollen;
  - auf einem Seil oder der Langbank gehen;

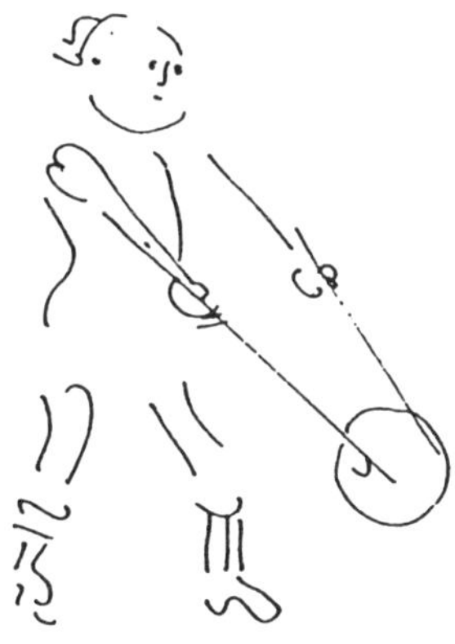

Taktil-kinästhetischer Bereich: Diskrimination

Formdiskrimination

- eine Papprolle wird aus Tonpapier angefertigt;
- die Kinder arbeiten paarweise;
- ein Kind hält eine Form oder ein Spielzeug in die Rolle;
- das zweite Kind steckt seinen Arm von der anderen Seite in die Rolle und ertastet den Gegenstand;

Vestibuläre Stimulation

Mit dem Tuch ziehen

- einem Kind werden die Augen verbunden;
- es liegt, sitzt, kniet oder steht auf einem Tuch;
- es wird vorsichtig mit dem Tuch durch den Raum gezogen; dabei hält es sich im Gleichgewicht;

Propriozeptive Stimulation

Kraftdosierung in den Armen

- die Kinder erhalten nacheinander verschieden schwere Bälle und rollen sie in ein Tor;
- dabei passen sie ihre Kraft und Bewegung dem jeweiligen Ball an (z.B. Medizinball, Plastikball, Therapieball);

Den eigenen Körper wahrnehmen und bewegen
Teilziel: Gleichgewicht in verschiedenen Körperstellungen und auf unterschiedlichen Unterlagen halten

Taktil-kinästhetischer Bereich: Körperkontakt

Druck aushalten

- die Kinder stehen sich paarweise gegenüber;
- sie stehen auf einem Bein und haben die Arme verschränkt;
- sie versuchen, sich gegenseitig wegzuschieben;

Taktil-kinästhetischer Bereich: Gezielte Stimulation

Ganzkörperstimulation (Bauchseite)

- die Kinder tragen Turnkleidung;
- jeweils ein Kind liegt auf einer mit Teppich bezogenen Balanciertonne und versucht, möglichst lange das Gleichgewicht zu halten;

Taktil-kinästhetischer Bereich: Diskriminationsfähigkeit

Materialdiskrimination

- auf dem Boden ist eine Taststraße aus verschiedenen Materialien ausgelegt;
- die Kinder tasten sich im Krabbeln auf der „Straße“ entlang zum Zielpunkt;
- eine Hand kann dabei erschwerend in die Hosentasche gesteckt werden; die Augen sind geschlossen;

Vestibuläre Stimulation

Verschiedene Schaukel- und Drehgeräte benutzen

- die Kinder suchen sich ein Gerät (Drehscheibe, Schaukelbrett, Wippe);
- sie versuchen, in der Hocke oder im Stehen auf dem Gerät zu balancieren;
- das Spiel wird auch mit geschlossenen Augen durchgeführt;

Propriozeptive Stimulation

Den Körper verschiedenen Unterlagen/ Hindernissen anpassen

- in der Turnhalle wird ein Parcours zum Hüpfen aufgebaut (z.B. verschiedene Matten, ein Kastenoberteil, Langbänke;
- die Kinder hüpfen ein- und beidbeinig über oder auf die einzelnen Hindernisse und wieder herunter;

Den eigenen Körper wahrnehmen und bewegen
Teilziel: Körper und Körperbewegungen verschiedenen Materialien anpassen

Taktil-kinästhetischer Bereich: Körperkontakt

Gemeinsam Rollen

- am Boden liegt eine große Papprolle, in die die Kinder hineinkriechen können;
- von jeder Seite legt sich ein Kind in die Rolle;
- die Kinder rollen gemeinsam zu einem Ziel;

Taktil-kinästhetischer Bereich: Stimulation

Verschiedenes Material am Körper spüren

- in einer Kiste liegen verschiedene Materialien zum Verkleiden;
- die Kinder sind nur mit Turnzeug bekleidet, um das „Verkleidungsmaterial" direkt auf der Haut zu spüren;
- sie suchen sich etwas zum „Verkleiden" und spielen „Theater" in dieser Verkleidung;

Taktil-kinästhetischer Bereich: Diskrimination

Figur-Grund-Differenzierung

- im Raum steht eine Wanne; sie enthält weiße Bohnen und einige verschiedene Formen/Gegenstände;
- die Kinder fahren mit geschlossenen Augen (Rollbrett) zu dieser Wanne;
- sie suchen sich in der Wanne eine(n) Form/Gegenstand und benennen diese(n);

Vestibuläre Stimulation

Rollen über verschieden große Bälle

- den Kindern werden verschieden große Bälle angeboten (v.a. Therapie- und Gymnastikbälle);
- die Kinder „schaukeln" in Bauchlage auf den Bällen;
- sie versuchen, nach vorne über die Hände „abzusteigen"; dabei müssen sie ihre Bewegung/Haltung dem Abstand zum Boden anpassen;

Propriozeptive Stimulation

Unterschiedlicher Druck auf die Fingergelenke

- Tapetenkleister wird mit Fingerfarbe gemischt;
- die Kinder tragen den Kleister auf ein großes Stück Packpapier/Tapete auf;
- sie malen Kratzbilder oder gestalten mit den Fingerkuppen „Spuren";

Den eigenen Körper wahrnehmen und bewegen
Teilziel: Einzelbewegungen/Posen imitieren

Taktil-kinästhetischer Bereich: Körperkontakt

Etwas vormachen/nachmachen

- die Kinder stehen paarweise zusammen;
- ein Paar macht jeweils ein selbsterdachtes „Kunststück" vor;
- die übrigen Paare machen das „Kunststück" nach;
- Rollentausch;

Taktil-kinästhetischer Bereich: Gezielte Stimulation

Stimulation von Körperteilen durch Reiben

- die Kinder sitzen im Kreis; sie überlegen, welche Körperteile sie reiben können;
- jedes Kind reibt einen Körperteil mit einem beliebigen Material;
- die Gruppe ahmt das Reibespiel dieses Kindes exakt nach;

Taktil-kinästhetischer Bereich: Diskriminationsfähigkeit

Posen ertasten

- ein Kind hat die Augen geschlossen;
- es tastet ein anderes Kind ab, das eine bestimmte Pose vormacht; das erste Kind ahmt die Figur nach;
- die übrigen Kinder helfen dabei;

Vestibuläre Stimulation

Drehen auf der Drehscheibe

- das Kind nimmt eine selbsterfundene Stellung auf der Drehscheibe ein;
- die anderen Kinder schauen zu und ahmen die Pose (an ihrem Platz) nach;
- Rollentausch;

Propriozeptive Stimulation

Stellung der Körperteile zueinander

- die Kinder ahmen verschiedene Tiere nach;
- sie achten dabei genau auf die Stellung der Arme/Beine und des Kopfes, um das Tier möglichst „echt" zu imitieren;

Sich im Raum orientieren

Teilziel: Raumlagebeziehungen vom eigenen Körper aus herstellen

Taktil-kinästhetischer Bereich: Körperkontakt

Unspezifischer Berührungsreiz

- die Kinder stellen sich als „Brücke“ auf, d. h. sie stehen im Vierfüßlerstand nebeneinander;
- das erste Kind kriecht unter der „Brücke“ durch und reiht sich am Ende wieder ein;

Taktil-kinästhetischer Bereich: Stimulation

Stimulation von Bauch/Rücken

- die Kinder ziehen sich gegenseitig in Bauch- und Rückenlage über die Langbänke;
- sie verändern nach jeder „Runde“ die Bänke in ihrer Anordnung;

Taktil-kinästhetischer Bereich: Diskrimination

Spuren nachvollziehen

- die Kinder hüpfen in einer Zick-Zack-Spur (bergauf/bergab);
- danach erhalten sie Rillenbretter/Linolschnitte mit verschiedenen eingekerbten Formen;
- sie schließen die Augen und fahren blind mit dem Finger die Spuren nach; dabei erkennen sie den gelaufenen Weg wieder;

Vestibuläre Stimulation

Rollen von der schiefen Ebene

- am unteren Ende der schiefen Ebene sind verschiedene Geräte aufgestellt);
- die Kinder rollen um die Körperlängsachse die schiefe Ebene herunter zu einem Gerät;
- sie führen auf dem Gerät ein „Kunststück“ vor;

Propriozeptive Stimulation

Zug an Gelenken

- ein Kind liegt in Bauch-/Rückenlage auf einem Teppichstück oder auf dem Rollbrett;
- ein anderes Kind zieht es um verschiedene Hindernisse herum zu einem Ziel;
- das Spiel kann als Wettspiel durchgeführt werden;

Sich im Raum orientieren
Teilziel: Bewegungsrichtung wahrnehmen, nachvollziehen und benennen

Taktil-kinästhetischer Bereich: Körperkontakt

Berühren und Folgen

- auf dem Boden werden drei Wege aus Tesa-Krepp aufgeklebt;
- ein Kind wird mit geschlossenen Augen einen Weg entlang geführt;
- es betrachtet anschließend die Spuren und gibt an, auf welcher es geführt wurde;

Taktil-kinästhetischer Bereich: Gezielte Stimulation

Stimulation der Fußsohle

- auf dem Boden wird eine „Taststraße“ aus verschiedenen Materialien ausgelegt; die Straße beschreibt verschiedene Raumformen (z.B. ○, ~~~, ◡);
- ein Kind läuft barfüßig mit geschlossenen Augen die „Teststraße“ entlang;
- am Ziel malt es den Verlauf der ertasteten Straße auf ein Papier; (für jedes Kind wird die Spur verändert);

Taktil-kinästhetischer Bereich: Diskriminationsfähigkeit

Hautzeichnung auf der Hand

- die Kinder zeichnen den Umriß ihrer Hände durch umfahren auf ein Papier;
- sie sitzen mit geschlossenen Augen am Boden;
- der Lehrer malt jedem Kind eine Form auf die Hand;
- die Kinder übertragen die Form auf ihre „Papierhand“;

Vestibuläre Stimulation

Schaukeln auf dem Therapieball

- das Kind liegt mit geschlossenen Augen auf dem Therapieball;
- der Ball wird horizontal oder vor und zurück bewegt;
- das Kind gibt durch Handzeichen an, in welche Richtung es gerade geschaukelt wird;

Propriozeptive Stimulation

Druck auf die Fußgelenke

- die Kinder sitzen sich in zwei Reihen gegenüber;
- ein Kind liegt in Bauchlage auf dem Rollbrett;
- ein Kind hält das liegende Kind an den Fußgelenken und fährt es zu einem Kind der gegenübersitzenden Gruppe;
- Rollentausch;

Sich im Raum orientieren

Teilziel: Raumlagebeziehungen auf die Fläche übertragen

Taktil-kinästhetischer Bereich: Körperkontakt

Berührung mit einem Ball

- zwei Kinder machen ein „Kunststück" mit einem Ball (Sie halten z.B. den Ball hoch);
- die restlichen Kinder erhalten ein Arbeitsblatt, auf dem diese zwei Kinder schon gezeichnet sind;
- sie zeichnen das „Ball-Kunststück" ein;
- Rollentausch;

Taktil-kinästhetischer Bereich: Stimulation

Druckstimulation

- die Kinder fertigen einen Umriß ihres Körpers auf Papier an;
- dann legen sie sich mit geschlossenen Augen auf den Boden;
- der Lehrer berührt einen Körperteil;
- die Kinder tragen die „Druckstelle" als Kreis auf ihrem Körperumriß ein;

Taktil-kinästhetischer Bereich: Diskrimination

Ertasten von Richtungen

- die Kinder haben die Augen geschlossen;
- sie tasten sich am Boden an einer „Fühlstrecke" aus Tesa-Krepp entlang (anfangs einfache klare Formgebung);
- sie legen die Strecke, ohne sie gesehen zu haben, mit Bleischnüren nach; sie vergleichen sie mit der „Fühlstrecke";

Vestibuläre Stimulation

Hüpfen mit dem Hüpfball

- ein Tisch wird mitten im Raum aufgestellt;
- die Kinder hüpfen mit dem Hüpfball einen selbsterfundenen Weg z.B.:
  - unter dem Tisch durch,
  - um den Tisch im Kreis herum;
- sie malen ihren Weg auf und erzählen dazu;

Propriozeptive Stimulation

Passive Veränderung der Körperteile zueinander spüren

- ein Kind liegt entspannt am Boden;
- ein anderes Kind erhält eine Bildvorlage mit einem Männchen;
- es verändert die Körperstellung des liegenden Kindes so, daß es die Körperhaltung des „Bildmännchens" einnimmt;

Sich im Raum orientieren
Teilziel: Sicherheit in der Auge-Hand-Koordination steigern

Taktil-kinästhetischer Bereich: Körperkontakt

An der Hand halten

- Zwischen die Handflächen von zwei Kindern wird eine Kartoffel (oder erschwerend ein Luftballon) gelegt;
- die Kinder versuchen, die Kartoffel an ein Ziel zu bringen, ohne daß sie herunterfällt;

Taktil-kinästhetischer Bereich: Gezielte Stimulation

Eine Tastwand erstellen

- die Kinder befestigen verschiedenstes Material an einer Holzwand oder Styroporplatte;
- sie tasten sich an dieser Wand mit geschlossenen Augen entlang und erzählen dazu;

Zwischen den Handflächen halten

Taktil-kinästhetischer Bereich: Diskriminationsfähigkeit

Perlen ertasten

- die Kinder fädeln eine Kette mit nur großen oder nur kleinen Perlen auf;
- die Perlen sind mit anderen kleinen Gegenständen in einer Kiste und sollen mit geschlossenen Augen gefunden werden;
- beim Auffädeln ist dann eine genaue visuelle Kontrolle der Handbewegung nötig;

Vestibuläre Stimulation

Schaukeln auf verschiedenen Geräten

- die Kinder suchen sich ein Schaukelgerät;
- sie schaukeln und verfolgen dabei mit den Augen und durch Mitzeigen den Strahl einer Taschenlampe oder ein ferngesteuertes Auto;

Propriozeptive Stimulation

Krafteinsatz beim Umgang mit Ballons

- die Kinder tippen Luftballons an, so daß diese fliegen;
- sie tippen ihren Luftballon immer wieder an, um ihn nicht zu Boden fallen zu lassen;
- die Größe der Luftballons ist unterschiedlich;
- anfänglich sollte der Ballon sehr groß sein (z.B. Zeitlupenball);
- später können normale Luftballons genommen werden;

Sich im Raum orientieren

Teilziel: Erste bewußte Erfahrungen im Wasser sammeln

Taktil-kinästhetischer Bereich: Körperkontakt

Die Beine bewegen

- die Kinder arbeiten paarweise;
- ein Kind hält sich, in Bauchlage schwimmend, am Beckenrand fest;
- ein zweites Kind bewegt dessen Beine wie eine „Schere“;

Taktil-kinästhetischer Bereich: Stimulation

Duschen und waschen

- die Kinder duschen vor dem Baden ausgiebig;
- sie bespritzen sich mit Wasser;
- sie laufen unter warmen/kalten Duschen durch;
- sie schäumen sich ein;

Taktil-kinästhetischer Bereich: Diskrimination

Materialdiskrimination im Wasser

- es werden verschiedene schwimmbare Materialen auf dem Wasser verteilt;
- die Kinder schließen die Augen;
- sie suchen die Gegenstände mit den Händen;
- Variante: Bleiringe werden versenkt und mit den Füßen gesucht;

Vestibuläre Stimulation

Beschleunigungsreiz durch Ziehen

- das Kind trägt Schwimmflügel;
- es hält sich mit beiden Händen an einem Seil fest und wird schnell durch das Wasser gezogen;

Propriozeptive Stimulation

Verschiedene Bewegungen durchführen

- das Kind erlebt die Tragfähigkeit des Wassers durch verschiedene Spiele;
- Beispiele:
  - durch das Wasser laufen;
  - durch das Wasser hüpfen;
  - in Bauchlage auf der Hand des Lehrers liegen;
  - am Beckenrand festhalten und mit den Beinen schlagen;

5.4 Individualtherapie im Erstunterricht

In den Spielen zur Individualtherapie wird allen drei Stufen der Therapie (s. Abb. 39) ein Spielangebot mit jeweils dem gleichen schulischen Lernziel zugeordnet. Alle Spiele enthalten einen Schwerpunkt, der sich auf den Teilbereichen der Therapie bezieht, der gerade angegangen wird (z.B. Körperschema). Allerdings läßt sich nicht vermeiden, daß auch andere Therapiebereiche (z.B. Muskeltonus) angesprochen werden. In allen Spielen ist immer die Planung von Bewegungsabläufen, die Förderung von Motivation und Aufmerksamkeit, die Schulung von Gedächtnisleistungen und die Ermöglichung von Lernen enthalten.

Der Lehrer oder Erzieher muß für jedes Kind individuell eine angemessene Spielaufgabe auswählen. Wichtig ist dabei, daß immer die Therapiestufen in ihrer Reihenfolge eingehalten werden. Der Inhalt der Spiele (z.B. Verstehen der Zahl) kann aber jederzeit ausgetauscht werden. Gelegentlich kann der schulische Inhalt sogar vollkommen wegfallen, wenn das Kind durch ihn an der adäquaten Ausführung des Spieles behindert wird. Immer aber müssen die Spiele für das Kind in einem direkten inhaltlichen und verbalen Zusammenhang mit einer Handlungs- oder Erlebnissituation stehen (z.B. „Die Herbstblätter tanzen"). Je nach Bedarf eines Kindes kann und muß ein Spiel leicht abgewandelt und mit neuem Inhalt versehen auch wiederholt angeboten werden.

Die Spiele innerhalb eines Lernbereiches (z.B. Lesen) bieten bei den ersten Lernzielen in ihrer Ausführung oft eine ontogenetisch frühe Stufe an, z.B. Bauch-/Rückenlage oder Vierfüßlerstand. Die aufbauenden Lernziele erfordern dagegen häufig in der Therapiesituation auch eine fortgeschrittene Entwicklung des Kindes (z.B. Spiele im Stand). Hier muß der Lehrer oder Erzieher wiederum individuell für jedes Kind die adäquate Therapiestufe finden und evtl. auch schwierige Lerninhalte sehr einfachen ontogenetisch früher ansetzenden Spielformen zuordnen.

Situationsabhängig kann ein einzelnes Spiel von einem oder von mehreren Kindern (in der Kleingruppentherapie) oder auch von der ganzen Klasse (während des Unterrichts) ausgeführt werden. Es können aber auch mehrere Spiele nebenoder hintereinander aufgebaut werden. Der Lehrer oder Erzieher beobachtet und ermuntert dabei jedes einzelne Kind. Diese Therapieform erfordert vorhergehende Planung und Organisation, ermöglicht aber dem Kind größere Aktivität und Motivation.

Wird das Spielangebot so gewählt, daß für jedes Kind der Klasse mindestens eine adäquate therapeutische Spielmöglichkeit besteht, sollte man den Kindern Freiheit bei der Wahl der Spiele lassen. Die Kinder werden unbewußt das Spiel aussuchen, das ihnen angemessen ist, Spaß bereitet und damit eine adaptive Antwort zuläßt. Jedes Kind hat bei dieser Art der Spielanordnung zusätzlich die Möglichkeit, sein Aktivitäts-Tempo selber zu steuern. Es kann Pausen einlegen, wo immer es sie benötigt. Die Motivation, der Lernerfolg und der Lernzuwachs werden trotz dieser persönlich gesetzten Unterbrechungen größer sein, als wenn das Kind untätig darauf wartet, endlich auch „an die Reihe zu kommen".

Die Sprache als Kommunikationsmittel zwischen Lehrer und Kind und die verbale Auseinandersetzung mit dem jeweiligen Spiel darf niemals fehlen. Der Lehrer oder Erzieher sollte die jeweilige Spielsituation in einfache Worte fassen, sie darstellen und dem Kind individuell durch erläuternde oder ermutigende Worte weiterhelfen. Er darf dabei nur die inhaltliche Seite eines Spieles ansprechen (z. B. „Die Herbstblätter tanzen ganz langsam um die Bäume herum"), nicht aber die Ausführung der Bewegungsabläufe (z. B. „Gehe vorsichtig Schritt für Schritt um die Keulen! Schau dabei genau, daß du mit deinen Beinen keine umstößt!"). Das Kind selber kann und darf zum Spiel sprachlich Stellung nehmen, muß es aber nicht, vor allem nicht auf den unteren Therapiestufen.

Das für die Spiele benötigte Material ist in der Materialliste im Anhang aufgeführt. Es kann jederzeit durch vorhandenes ähnliches Gerät oder Spielzeug ersetzt werden. Die Spielidee und vor allem die Therapieanforderung sollte jedoch erhalten bleiben.

Eine begrenzte Anzahl gut strukturierter Ganzwörter beherrschen
Teilziel: Ganzwörter auffassen

Integration der primitiven Haltungsreflexe

TLR/Bauchlage

- alle Kinder haben Namensschilder umhängen;
- Kinder mit gleichen Namen suchen sich und fahren gemeinsam auf einer vorgegebenen Strecke mit zwei Rollbrettern; dabei halten sie das Namensschild mit einer Hand vor sich;

Normalisierung des Muskeltonus

Abwechselndes Ziehen/Schieben (Rollbrett)

- das Kind liegt in Bauchlage auf einem Rollbrett; ein anderes hält es an den Beinen;
- in 4–5 m Entfernung liegen Gegenstände und zugehörige Wortkarten;
- das Kind schiebt sein „Auto" an den Beinen zu einem genannten Gegenstand, zieht es zurück und schiebt es wieder vorwärts zur entsprechenden Wortkarte;

Körperschema

Erspüren des Körperwiderstandes mit dem Rumpf

- die Kinder laufen im Raum herum; sie haben je einen Gegenstand oder eine zugehörige Wortkarte in der Hand;
- auf ein Signal hin suchen sich zusammengehörige Kinder;
- sie stellen sich Rücken an Rücken und versuchen, sich wegzudrängen;

Bilateralintegration

Schieben des Rollbrettes mit beiden Händen

- eine Straße mit Toren (Pappkartons, Schaumstoff) wird markiert;
- am Start ertastet das Kind einen Gegenstand, der in einem Sack versteckt ist;
- es lädt den Gegenstand auf sein Rollbrett und schiebt dieses vor sich her durch das Tor zum Ziel;
- am Zielpunkt liegen Wortkarten; das Kind legt den Gegenstand zur richtigen Karte und liest sie vor;

Sprachbenutzung

Springen auf federnden Unterlagen (Trimpolin)

- jedes Kind hat ein Namensschild umhängen;
- alle Kinder stehen um ein Trimpolin, ein Kind springt darauf;
- das springende Kind ruft einen Namen;
- das neue Kind mit dem zugehörigen Namenschild darf springen;

Lateralisation, Rechts-Links-Diskrimination

Balancieren auf einem dicken Seil

- rechts und links von einem Seil liegen Wortkarten; verteilt auf die ganze Länge;
- am Startpunkt ertastet das Kind einen Gegenstand in einer Krabbelkiste;
- es nimmt den Gegenstand und balanciert mit ihm bis zu der zugehörigen Wortkarte;
- es legt den Gegenstand zur Wortkarte, liest vor und geht ohne „Gepäck" weiter zum Ziel;

Aktivation der Aufrichte-/ Gleichgewichtsreaktionen

Rollen in einer Röhre aus Autoschläuchen

- eine Rollstrecke ist markiert;
- am Start liegen verdeckte Gegenstände;
- das Kind ertastet einen Gegenstand mit geschlossenen Augen, nimmt ihn in die Röhre mit und rollt zum Zielpunkt;
- am Zielpunkt liegen Wortkarten;
- das Kind ordnet den Gegenstand der richtigen Wortkarte zu;

Extraokulare Muskelkontrolle

Fixieren/Augensprünge (ein/zweiäugig)

- vor dem Kind sind in gleicher/unterschiedlicher Entfernung Gegenstände, dazugehörige Abbildungen und Wortkarten aufgebaut;
- das Kind fixiert nacheinander die Gegenstände usw.;
- auf ein akustisches Signal hin springt es mit seinen Augen von einem Gegenstand zu dem zugehörigen Bild und weiter zum Wortbild;

Überkreuzen der Körpermittellinie

Überkreuzen mit Armen im Liegen

- die Kinder liegen auf dem Rücken; rechts von ihnen liegen Gegenstände; links von ihnen dazugehörige Wortkarten;
- die Kinder heben eine Wortkarte auf, lesen sie und legen sie auf die rechte Seite, zum entsprechenden Gegenstand, ohne sich dabei zu drehen;
- Anordnung auch umgekehrt spielen;

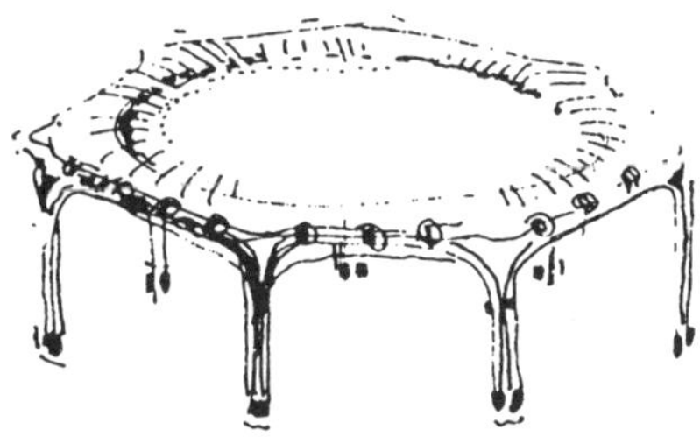

Trimpolin

Visuelle Form- und Raumwahrnehmung

Finden eines Weges im Vierfüßlerstand.

- von Startpunkten aus führen 3–5 farbige Wege zu einem Ziel;
- am Start liegt ein Gegenstand in einem Sack versteckt;
- das Kind ertastet den Gegenstand, nimmt ihn mit und sucht seinen Weg im Krabbeln;
- am Ziel ordnet es den Gegenstand einer Wortkarte zu und liest diese;

Auge-Hand-Koordination

Greifen und Loslassen von Gegenständen

- in einer Sandkiste sind Gegenstände vergraben; vor der Kiste liegen die zugehörigen Wortkarten;
- ein Kind „liest" eine Wortkarte und sucht den entsprechenden Gegenstand aus der Sandkiste;
- gleiche Aufgabenstellung, nur blindes Ausgraben des Gegenstandes;

Eine begrenzte Anzahl gut strukturierter Ganzwörter beherrschen
Teilziel: Ganzwörter einprägen

Integration der primitiven Haltungsreflexe	Normalisierung des Muskeltonus
TLR/Bauchlage (Rollbrett) • auf den Boden wird ein Wort groß mit Kreide aufgeschrieben und mit einem Wortrahmen versehen (z.B. [Oma]); • das Kind liest das Wort, legt sich auf das Rollbrett und fährt den Wortrahmen ab;	*Versteifen in Bauchlage* • auf den Boden wird großflächig mit Seilen ein Ganzwort gelegt; • ein Kind legt sich mit gestreckten Armen und Beinen auf den Boden; • es läßt sich von einem anderen Kind am Wortbild entlangschieben, dabei liest es das Wort laut vor;

Körperschema	Bilateralintegration
Körperdruck bewußt spüren • ein Wortbild wird von einem Kind erlesen; • das Kind schreibt mit dem Finger oder einer Bürste etc. das Wort einem anderen Kind großflächig auf Rücken, Arme, Beine, Bauch;	*Beidhändiges Halten und Spuren* • das Kind sitzt vor der Tafel und hält mit beiden Händen eine Stabtaschenlampe fest; • auf der Tafel stehen verschiedene bekannte Ganzwörter; • das Kind spurt mit dem Lichtkegel der Taschenlampe ein genanntes Wort nach und spricht dazu;

Sprachbenutzung	Lateralisation, Rechts-Links-Diskrimination
Schaukeln in der Hängematte • das Kind schaukelt mit geschlossenen Augen; • der Lehrer nennt ein Ganzwort; • das Kind zerlegt das Wort in seine Lautfolge und nennt sie;	*Wippen auf dem Wippbrett* (im Sitzen) • das Kind sitzt auf einem Wippbrett; • der Lehrer zeigt die Wortkarte von einem zwei- oder mehrsilbigen Wort; • das Kind erliest das Wort und klatscht seine Silben; dazu wippt es jeweils auf eine Seite;

Aktivation der Aufrichte-/ Gleichgewichtsreaktionen

Ein- und Ausrollen in eine Decke

- das Kind wird so in eine Decke eingerollt, daß sein Kopf in der Decke steckt, die gestreckten Arme aber herausschauen;
- dem Kind wird ein Tastwort in die Hände gegeben; es ertastet und „liest" das Wort;
- das Kind wird wieder ausgerollt;

Extraokulare Muskelkontrolle

Fixieren/vertikale und horizontale Augensprünge

- an die Tafel werden Ganzwörter in Reihen- und Zeilenanordnung geschrieben; ihre auffälligen optischen Merkmale werden farbig markiert;
- ein Wort wird genannt;
- das Kind fixiert das farbige Merkmal des Wortes an der Tafel;
- Wechsel nach zehn Sekunden;

Überkreuzen der Körpermittellinie

Überkreuzen mit den Augen und Armen im Knien

- vor dem knienden Kind liegen auf der linken Seite Ganzwörter, bei denen die wesentlichen Merkmale als Tastbuchstaben gestaltet sind;
- das Kind ertastet mit der rechten Hand die Merkmale und nennt das gelesene Wort; es darf sich dabei nicht drehen;
- auch in umgekehrter Seitenanordnung spielen;

Fingertraining

Visuelle Form- und Raumwahrnehmung

Vierfüßlerstand auf dem Schaukelbrett

- ein Kind balanciert im Vierfüßlerstand auf dem Schaukelbrett;
- ein anderes Kind vor ihm zeigt die Buchstaben eines bekannten Ganzwortes;
- das erste Kind spricht das Wort und darf zu jedem Buchstaben einmal kräftig schaukeln;

Auge-Hand-Koordination

Fingertraining

- mit dem Kind wird gemeinsam ein ertastbares Ganzwort hergestellt;
- das Kind fährt das Ganzwort abwechselnd mit je einem Finger der Hand nach und liest dazu;
- eventuell Aufgabe auch blind durchführen;

Eine begrenzte Anzahl gut strukturierter Ganzwörter beherrschen
Teilziel: Ganzwörter speichern

Integration der primitiven Haltungsreflexe
ATNR • an der Wand hängen Wortkarten mit Ganzwörtern; • auf dem Tisch des Kindes liegen die gleichen Wortkarten; • das Kind liest an seinem Platz ein Wort, klemmt sich die Wortkarte zwischen Schulter und Kinn und geht zur Wand; • es nimmt die abgebildete Position ein und sucht mit den Augen das zugehörige Wortbild;

Normalisierung des Muskeltonus
Versteifen im Sitzen • auf den Boden sind Tastbuchstaben verteilt; • ein Ganzwort wird genannt; • ein Kind macht sich im Sitzen steif und läßt sich von einem anderem Kind zu den Buchstaben dieses Wortes schieben (richtige Reihenfolge beachten!); • evtl. gleiches Spiel, aber im Sitzen ziehen;

Körperschema
Bodenkontakt bewußt machen • ein Kind liegt mit geschlossenen Augen auf dem Boden und erzählt, an welcher Stelle seines Körper es den Boden spürt und an welcher nicht (=Hohlraum); • in die Hohlräume werden Tastwörter geschoben, so daß auch hier Bodenkontakt entsteht; • das Kind ertastet und „liest" die Wörter;

Bilateralintegration
Beidhändiges Spuren mit Händen (Flaggen) • die Kinder stehen im Raum mit Blick zur Tafel; sie halten in jeder Hand eine Flagge; • an der Tafel stehen bekannte Ganzwörter; • der Lehrer flüstert ein Wort; die Kinder spuren beidarmig mit den Flaggen das Wort in die Luft;

Sprachbenutzung
Bauchlage auf Spastikerball • das Kind liegt in entspannter Bauchlage auf dem Spastikerball; • der Lehrer steht hinter dem Kind und flüstert zwei unterschiedlich lange bekannte Ganzwörter; • das Kind nennt das längere/kürzere Wort;

Lateralisation, Rechts-Links-Diskrimination
Balance auf Gymnastikrolle • das Kind liegt in Bauchlage auf einer Gymnastikrolle; • links von ihm liegen Karten mit vollständigem Wortbild, rechts von ihm liegen Wortkarten mit verschwommenem Wortbild; • durch Hin- und Herrollen versucht das Kind, sich mit der entsprechenden Hand jeweils auf das zugehörige Wort rechts und links zu stützen;

Aktivation der Aufrichte-/ Gleichgewichtsreaktionen

Rollen auf schiefer Ebene

- am oberen und unteren Ende einer schiefen Ebene liegen die gleichen Ganzwörter in unterschiedlichem Schrifttyp;
- das Kind liest ein Wort, rollt sich herunter und sucht unten das gleiche Wort;
- auch von unten nach oben rollen!

Extraokulare Muskelkontrolle

Verfolgen von Bewegungen in Bauchlage (Murmeln)

- am Start liegen Wortkarten und Murmeln;
- am Ziel steht ein Karton mit eingeschnittenen „Toren"; über jedem Tor steht eines der Wörter;
- in Bauchlage versucht das Kind, ein Wort zu lesen, das Tor zu suchen und die Murmeln hinein zu rollen; es beobachtet dabei den Verlauf der Murmeln;

Überkreuzen der Körpermittellinie

Überkreuzen mit Füßen (Stand)

- auf dem Boden liegt eine Reihe von Ganzwörtern (jedes Wort zweimal);
- das Kind steht auf der linken Seite der Reihe;
- es liest das erste Wort und tippt mit seinem linken Fuß auf das zugehörige Wort rechts von ihm; dabei überkreuzt es seine Mittellinie;
- auch seitenverkehrt spielen!

Visuelle Form- und Raumwahrnehmung

Balancieren im Vierfüßlerstand (Spastikerball)

- ein Kind balanciert im Vierfüßlerstand auf einem Spastikerball;
- ein zweites Kind spricht lautlos ein bekanntes Ganzwort;
- das erste Kind liest es ihm vom Mund ab und nennt es laut;

Auge-Hand-Koordination

Pinzettengriff (Perlen)

- das Kind markiert die einzelnen Buchstaben eines groß geschriebenen Ganzwortes mit verschiedenen Farben;
- es legt kleine Perlen/Muggelsteine in der gleichen Farbanordnung unter die Buchstaben des Wortes und „liest" dazu;

Eine begrenzte Anzahl gut strukturierter Ganzwörter beherrschen
Teilziel: Ganzwörter wiedergeben

Integration der primitiven Haltungsreflexe
TNR (Vierfüßlerstand) • auf den Boden liegen richtige und falsche Wort-Bild-Zuordnungen; • die Kinder ahmen Dromedare oder bucklige Katzen nach (gehobener Rücken, gestreckte Arme und Beine, Kopf nach unten gehalten); • die Kinder laufen als Dromedare/Katzen zu den richtigen oder falschen Wort-Bild-Zuordnungen;

Normalisierung des Muskeltonus
Versteifen im Stehen • auf dem Boden sind Wortrahmen von bekannten Ganzwörtern aufgezeichnet; • ein Wort wird genannt; • ein Kind macht sich ganz steif und wird von einem anderen Kind zu dem entsprechenden Wortrahmen geschoben;

Körperschema
Bewußter Gebrauch einzelner Körperteile (Hände – Füße) • Wortkarten mit Ganzwörtern werden erlesen; • die Kinder sitzen auf dem Boden; • sie versuchen, mit Händen oder Füßen abwechselnd die Wörter auf große Blätter zu schreiben (dicken Stift/Kreide verwenden!);

Bilateralintegration
Beidbeiniges Hüpfen • die Kinder haben lose zusammengebundene Füße; • auf dem Boden liegen groß geschriebene Ganzwörter; • der Lehrer nennt einen unvollständigen Satz (z.B. ... ist im Haus); • die Kinder hüpfen mit beiden Füßen gleichzeitig zu einem passenden Ergänzungswort;

Sprachbenutzung
Schaukeln • das Kind sitzt auf einer Schaukel mit Blick zum Lehrer; • der Lehrer erfindet ein Rätsel zu einem bekannten Ganzwort; • das Kind nennt das Lösungswort;

Lateralisation, Rechts-Links-Diskrimination
Balancieren auf Laufbüchsen • auf dem Boden sind viele Ganzwörter verteilt; • das Kind läuft auf Laufbüchsen zu Wörtern, die zusammen einen Satz ergeben;

Aktivation der Aufrichte-/ Gleichgewichtsreaktionen

Rollen auf einer Tonne

- vor einer Tonne liegen Tastbuchstaben;
- das Kind erhält ein Ganzwort und liest es;
- es legt sich auf die Tonne, hangelt sich mit seinen Armen vorwärts und sammelt die zugehörigen Buchstaben ein;
- es legt aus den Buchstaben das Wort;

Extraokulare Muskelkontrolle

Verfolgen von Lichtspuren

- ein Kind liest ein Wort und leuchtet es mit einer Taschenlampe auf den Boden;
- ein anderes Kind kniet auf dem Boden;
- es verfolgt den Lichtkegel, spurt mit Kreide das entstandene Wort und vergleicht es mit der Vorlage des anderen Kindes;

Überkreuzen der Körpermittellinie

Überkreuzen mit Armen (Vierfüßlerstand)

- das Kind steht im Vierfüßlerstand vor einem ca. 1 m breiten unvollständig gestalteten Wortbild;
- es spurt mit Kreide das Wortbild nach und ergänzt es;
- dabei darf es nicht seine Rumpfposition ändern;

Verfolgen von Lichtspuren

Visuelle Form- und Raumwahrnehmung

Wahrnehmen von Fixpunkten im Raum (Rollbrett, Bauchlage)

- im Raum sind viele Ganzwörter verteilt;
- das Kind liegt in Bauchlage auf dem Rollbrett und sammelt alle Wortbilder ein, die zu einem vorgegebenen Oberbegriff passen (z.B. „Spielzeug“);
- es liest die Wörter vor;

Auge-Hand-Koordination

Fingerbeweglichkeit (Fingerpuppen)

- an der Tafel stehen bekannte Ganzwörter;
- das Kind nimmt ein oder zwei Fingerpuppen;
- es läßt die Puppen zu einem Ganzwort eine Geschichte erzählen und spielen;

zu Seiten 212, 213

Beidhändiges
Halten und Spuren

Überkreuzen der
Mittellinie mit Augen
und Armen

Versteifen in Bauchlage

zu Seiten 216, 217

Fingerbeweglichkeit

Bewußter Gebrauch einzelner Körperteile

Laute und Lautzeichen sowie häufig vorkommende Lautzeichengruppen beherrschen
Teilziel: Voraussetzungen schaffen für eine Laut- und Buchstabenerfassung

Integration der primitiven Haltungsreflexe

TLR/Bauchlage (Rollbrett, Rampe)

- das Kind fährt in Bauchlage auf dem Rollbrett eine Rampe hinunter;
- unterhalb der Rampe sind im Abstand von 1,50 m Tore mit der Aufschrift „Anfang", „Mitte", „Ende" aufgebaut;
- der Lehrer nennt ein Wort und fragt: „Wo hörst du das ... ?";
- das Kind nennt die Position des Lautes und fährt zu dem entsprechenden Tor;

Normalisierung des Muskeltonus

Versteifen im Sitzen (Rollbrett)

- auf ein Tonband wird Musik aufgenommen; in die Musik werden vereinzelt Laute eingeschaltet;
- ein Kind sitzt steif auf einem Rollbrett, ein anderes Kind schiebt es an;
- hören die Kinder Musik, versteift sich das sitzende Kind;
- erklingt ein Sprachlaut, läßt es in seiner Spannung los und sitzt locker da (Schieben ist dann nicht mehr möglich!);

Körperschema

Taktile Reizung beim Abzeichnen des Körperumrisses

- ein Kind liegt auf dem Boden; ein anderes zeichnet seinen Körperumriß mit Kreide auf den Boden;
- beide Kinder beschreiben das entstandene Bild;
- beim Benennen der einzelnen Körperteile überlegen sie, mit welchem Laut jedes Wort beginnt (oder welche Worte den gleichen Anlaut besitzen);

Bilateralintegration

Beidhändiges Rollen (Medizinball)

- auf den Boden sind große Formen gezeichnet (∿∿, □, ○);
- Startpunkte sind an den Formen vorgegeben;
- ein Kind hat beide Hände lose zusammengebunden;
- es rollt einen schweren Medizinball auf der Form entlang und benennt sie anschließend;

Sprachbenutzung

Rutschen/Kriechen in Bauchlage

- Klanginstrumente, Dosen, Spielsachen etc. liegen in einem Kriechtunnel;
- das Kind kriecht mit geschlossenen Augen durch den Tunnel; dabei berührt es die Dinge und merkt sich ihren Klang;
- am Ausgang beschreibt/benennt es die Dinge und imitiert ihre Geräusche im Tunnel;

Lateralisation, Rechts-Links-Diskrimination

Drehen auf der Drehscheibe (Bauchlage)

- das Kind liegt auf einer Drehscheibe;
- um die Scheibe sind gleiche/ähnliche Wortbilder angeordnet;
- beim Drehen steckt das Kind die rechte (oder linke) Hand aus und holt gleiche/ähnliche Wortbilder;
- es legt sie auf die Scheibe und liest sie vor;

Aktivation der Aufrichte-/ Gleichgewichtsreaktionen

Rollen auf Spastikerball (Bauchlage)

- das Kind liegt in Bauchlage auf dem Ball; der Lehrer bewegt vorsichtig den Ball;
- der Lehrer nennt verschiedene Wörter;
- das Kind soll jeweils entscheiden, ob ein vorher festgelegter Laut gehört wird;
- bei richtiger Lösung darf das Kind den Ball stärker in Bewegung versetzen;

Extraokulare Muskelkontrolle

Horizontale Augensprünge

- das Kind kniet ca. 45 cm vor einer Wandtafel;
- auf der Tafel sind Formelemente der Druckschrift in horizontaler Linie farbig aufgemalt;
- auf Gongschlag/Signal hin fixiert das Kind die einzelnen Elemente von links nach rechts;
- (auch vertikale Anordnung möglich);

Überkreuzen der Körpermittellinie

Überkreuzen mit einem Arm (Auto)

- das Kind kniet auf dem Boden;
- vor ihm liegen ca. zehn Wortkarten, mit verschiedenen Anfangsbuchstaben;
- das Kind läßt mit einer Hand ein Auto zu den jeweils gleich beginnenden Wörter fahren; dabei überkreuzt es mehrmals die Mittellinie (Rumpfposition nicht verändern!);

TLR / Bauchlage

Visuelle Form- und Raumwahrnehmung

Fahren auf dem Pedalo (Vierfüßlerstand)

- am Startpunkt sind auf dem Boden Mundbilder ausgelegt;
- von den Mundbildern führen „Wege" zu den zugehörigen Buchstaben am Ziel;
- das Kind kniet auf einem Pedalo und fährt die Wege ab;
- am Ziel benennt es die Buchstaben, die zu den jeweiligen Mundbildern gehören;

Auge-Hand-Koordination

Nachspuren (Kleisterpapier)

- auf dem Boden liegt ein Papier; es sind darauf mit wasserfestem Stift große Buchstaben geschrieben;
- das Kind bedeckt das ganze Papier mit farblosem Tapetenkleister;
- dann nimmt es Fingerfarben und fährt auf den durchscheinenden Buchstaben Formelemente (wie V, O) mit der gleichen Farbe nach;

Laute und Lautzeichen sowie häufig vorkommende Lautzeichengruppen beherrschen
Teilziel: Kennen und Wiedergeben von Lauten/Buchstaben und ihrer Verbindungen

Integration der primitiven Haltungsreflexe

ATNR

- auf dem Boden sind Groß- und Kleinbuchstaben verteilt;
- das Kind nimmt die abgebildete Position ein;
- es klemmt einen Kleinbuchstaben zwischen Schulter und Kinn und krabbelt mit ihm zum zugehörigen Großbuchstaben;

Normalisierung des Muskeltonus

Versteifen der Arme/Hände im Stehen

- die Kinder erhalten Abbildungen von Reimwörtern;
- sie laufen damit im Raum umher;
- findet ein Kind seinen „Reimwortpartner", stellen sich beide Kinder gegenüber;
- sie versuchen, sich mit ganz steifen Armen/Händen wegzudrücken;

Körperschema

Buchstabenformen mit dem Körper nachbilden

- alle Kinder betrachten eine Buchstabenform genau;
- sie legen sich auf den Boden und bilden mit ihren Körpern diese Buchstabenform nach;
- der Lehrer rollt einen großen (evtl. schweren) Ball über den gesamten „Buchstaben";

Bilateralintegration

Beidhändig weggezogen werden (Rollbrett)

- auf dem Boden ist ein Buchstabe sehr groß aufgezeichnet;
- ein Kind sitzt auf einem Rollbrett; es hält in jeder Hand das Ende eines (Spring-) Seils;
- ein anderes Kind zieht das Rollbrett am Seil auf der Buchstabenspur entlang;

Sprachbenutzung

Schaukeln

- das Kind „reitet" auf einer aufgehängten Rolle; es bewegt dabei die Rolle vor und zurück, auf und ab;
- der Lehrer stellt dem Kind Rätsel: „Das Pferd reitet auf dem W e g"; er spricht dabei das letzte Wort zerhackt aus;
- das Kind nennt das Lösungswort;

Lateralisation, Rechts-Links-Diskrimination

Drehen auf dem Drehstuhl

- das Kind sitzt auf dem Drehstuhl und stößt sich mit dem linken/rechten Fuß ab;
- um den Drehstuhl herum sind Wörter mit Teilgleichheiten angeordnet;
- das Kind tippt beim Drehen mit seinem anderen Fuß auf Wörter mit gleichen Teilgleichheiten und liest diese Wörter vor;

Aktivation der Aufrichte-/ Gleichgewichtsreaktionen

Rollen in der Tonne

- im Raum sind ähnliche Buchstaben verteilt;
- ein Kind liegt in einer gepolsterten Tonne;
- ein anderes Kind rollt die Tonne von einem Buchstaben zum anderen;
- das Kind in der Tonne schaut beim Rollen heraus und benennt die Buchstaben;

Extraokulare Muskelkontrolle

Diagonale Augensprünge

- das Kind sitzt ca. 45 cm vor einer Wandtafel;
- an der Tafel sind in diagonaler Anordnung Magnetbuchstaben angeheftet;
- auf Zuruf/Signal fixiert das Kind der Reihe nach die jeweiligen Buchstaben, die der Lehrer nennt;

Überkreuzen der Körpermittellinie

Überkreuzen mit beiden Armen (Flaggen)

- das Kind hält in jeder Hand eine Flagge;
- der Lehrer nennt einen Laut;
- das Kind malt mit den Flaggen den zugehörigen Buchstaben groß in die Luft; es überkreuzt dabei seine Mittellinie in jeder Richtung;

ATNR (Vierfüßlerstand)

Visuelle Form- und Raumwahrnehmung

Krabbeln auf vorgegebener Spur

- auf dem Boden ist mit Sandsäckchen ein Weg markiert: rot für die Hände, blau für die Füße;
- am Weg liegen verschiedenste Spielsachen/Bilder;
- das Kind krabbelt auf der Spur entlang und merkt sich dabei die Dinge am „Wegrand“;
- am Zielpunkt benennt das Kind die gemerkten Dinge und kontrolliert sich evtl. durch überprüfen;

Auge-Hand-Koordination

Pinzettengriff (Wäscheklammern)

- auf dem Boden liegen ähnliche Buchstaben (b, d, q, p);
- vor dem knienden Kind liegen bunte Wäscheklammern;
- das Kind zwickt an gleiche Buchstaben Klammern der gleichen Farbe;
- es benennt die Buchstaben;

zu Seiten 222, 223

Buchstabenformen mit dem
Körper nachbilden

Versteifen der Arme/Hände
im Stehen

zu Seiten 227, 228

Beidhändig kreisende
Bewegung

Überkreuzen der Mittellinie
mit den Armen
(Rundtau)

Durch Austauschen, Hinzufügen oder Weglassen von Lautzeichen die Bedeutung eines Wortes ändern

Teilziel: Unterscheiden ähnlicher Laute und Buchstaben

Integration der primitiven Haltungsreflexe

TLR/Bauchlage (Rollbrett und Rampe)

- das Kind liegt auf einem Rollbrett und fährt eine Rampe herunter;
- unten stehen zwei Pappkartons mit „verzauberten“ Wörtern (z.B. Hand – Hund); die zu unterscheidenden Buchstaben sind rot markiert;
- das Kind fährt zwischen den Kartons hindurch und erfaßt mit je einer Hand einen Buchstaben;

Normalisierung des Muskeltonus

Sich am Gummiband selber ziehen (Rollbrett)

- zwei Kinder sitzen auf je einem Rollbrett; sie halten das Ende einer Gummischnur;
- die Kinder ziehen sich abwechselnd aufeinander zu;
- das ziehende Kind nennt ein Wort mit einem vorgegebenen Laut (ähnliche Laute: z.B. u – o, e – i);

Körperschema

Mundstellungen erfahren/erfassen

- die Kinder haben vor sich einen Spiegel stehen;
- sie singen das Lied: drei Chinesen mit dem ...;
- sie betrachten dabei genau die Veränderung ihres Gesichtes und Mundbildes; sie formen das Mundbild mit den Händen nach (evtl. auch kneten oder aufmalen);
- sie fahren bei den Mitschülern das Mundbild mit den Fingern nach;

Bilateralintegration

Beidhändig kreisende Bewegung

- ein Kind steht vor der Tafel;
- links und rechts von ihm ist je ein Reimwort aufgeschrieben (z.B. Fett – Bett);
- das Kind spurt mit Kreide halbkreisförmige Bewegungen (⌒⌒) zu den jeweils zusammengehörigen Buchstaben der Reimwörter;

Sprachbenutzung

Hüpfen auf Matratzen

- im Raum sind Federkernmatratzen verteilt; jede Matratze ist mit einem Laut gekennzeichnet (ähnl. Laute);
- der Lehrer nennt zwei ähnliche Worte (z.B. Hase – Hose);
- die Kinder laufen zu den zugehörigen Matratzen (a – o), hüpfen darauf und rufen das entsprechende Wort laut und deutlich;

Lateralisation, Rechts-Links-Diskrimination

Tragen von Medizinbällen

- auf dem Boden ist vor dem Kind eine lange Reihe ähnlicher Buchstaben ausgelegt;
- der Lehrer nennt einen Buchstaben;
- das Kind sucht von seinem Platz aus mit den Augen den Buchstaben, zeigt mit der zugehörigen Hand zur zugehörigen Seite (z.B. rechte Hand – rechte Seite) und trägt mit dieser Hand einen Medizinball zu dem Buchstaben;
- es kehrt zum Ausgangspunkt zurück;

Aktivation der Aufrichte-/ Gleichgewichtsreaktionen

Schaukeln auf Knotentau (Sitzen)

- das Kind sitzt auf einem Knotentau;
- es schleudert sich durch rhythmischen Fußstoß im Kreis;
- dabei spricht es rhythmisch einen Auszählvers;

Extraokulare Muskelkontrolle

Sequentielles Verfolgen

- auf dem Boden sind auf einem großen Papier ähnliche Buchstaben in Reihenanordnung aufgeschrieben;
- das Kind kniet vor dem Papier, liest laut vor und zeigt systematisch mit;
- der Lehrer schlägt dazu auf einer Trommel rhythmisch den Takt, der das Kind auffordert weiterzulesen;

Überkreuzen der Körpermittellinie

Überkreuzen der Arme (Rundtau)

- die Kinder stehen im Kreis und halten mit beiden Händen ein Rundtau;
- jedes Kind denkt sich zwei Reimwörter aus;
- bei der Nennung der Reimwörter zieht das jeweilige Kind das Rundtau durch überkreuzen der Arme weiter;

Sich am Gummiband selber ziehen (Rollbrett)

Visuelle Form- und Raumwahrnehmung

Weg mit Kreuzungen verfolgen (Gehen)

- auf dem Boden sind mit farbigen Schnüren Wege und Kreuzungen ausgelegt; an jeder Kreuzung liegt eine Zeile eines Kinderreimes;
- das Kind verfolgt im Gehen die Straße; an der Kreuzung liest es den Satzstreifen, springt über die Kreuzung und verfolgt den Weg weiter;

Auge-Hand-Koordination

Auf-/Zuschrauben von Gläsern

- in Gläsern sind je ein Tastbuchstabe versteckt; die Gläser sind zugeschraubt;
- der Lehrer nennt ein Wort; das Kind sucht dazu ein passendes Reimwort;
- das Kind schraubt die Gläser auf, holt den notwendigen Buchstaben für das Reimwort heraus und schraubt den Deckel wieder zu;
- es legt das Reimwort;

Durch Austauschen, Hinzufügen oder Weglassen von Lautzeichen die Bedeutung eines Wortes ändern

Teilziel: Erkennen des Stellenwertes eines Lautes/Buchstabens für die Wortbedeutung

Integration der primitiven Haltungsreflexe

ATNR auf Schaukelbrett

- das Kind nimmt auf einem Schaukelbrett die abgebildete Position ein;
- rechts liegen Wortbilder; links liegen Wortbilder, die in einem In-/Auslaut verändert sind;
- das Kind ergreift ein Wort von links und steckt es in seine linke Tasche;
- es wechselt seine Position spiegelbildlich und steckt das zugehörige Wort in die rechte Hosentasche;

Normalisierung des Muskeltonus

Versteifen im Sitzen

- zwei Kinder sitzen sich in je einem Reifen gegenüber und halten das Ende eines Taues;
- ein Kind nennt ein Wort und versucht dabei, das andere Kind aus dem Reifen zu ziehen;
- das andere Kind antwortet mit einem Spaßwort (z. B. Faden – Fuden) und zieht ebenfalls mit einem Ruck am Seil;

Körperschema

Berühren mit bestimmten Körperteilen

- vor dem Kind sind auf dem Boden Wortpaare ausgelegt, die sich durch einen Buchstaben unterscheiden;
- das Kind liest die Wörter vor und zeigt mit einem vorher festgelegten Körperteil auf den unterscheidenden Buchstaben;

Bilateralintegration

Greifbewegung mit den Füßen

- das Kind liegt in Rückenlage auf einer Matte;
- über dem Kind sind in ca. 50–60 cm Höhe Unsinnwörter und sinnvolle Reimwörter aufgehängt (Tisch – Risch);
- das Kind versucht, mit beiden Füßen die zusammengehörigen Wörter zu ergreifen und herunterzuziehen;

Sprachbenutzung

Hüpfen mit Hüpfball

- im Raum wird eine lange und eine kurze Wegstrecke markiert;
- der Lehrer gibt zwei Kindern je eine Wortkarte mit einem Wort, das sich nur durch einen langen/kurzen Vokal unterscheidet (z. B. Beet – Bett);
- das einzelne Kind entscheidet, welche Wegstrecke es mit dem Hüpfball (analog zum Vokal) abhüpfen muß;

Lateralisation, Rechts-Links-Diskrimination

Schwerpunktverlagerung

- die Kinder sitzen im Seitsitz in einem großen Kreis;
- der Lehrer gibt ein Wort vor und beginnt damit die „Zauberkette“;
- jedes Kind findet zum Wort ein Reimwort;
- dabei wird jedesmal der Seitsitz nach rechts oder links ohne Handstütz gewechselt (alle gemeinsam);

Aktivation der Aufrichte-/ Gleichgewichtsreaktionen

Sitzen auf Gymnastik-Drehscheibe

- der Lehrer hat ein Kreuzworträtsel auf den Boden (Papier) geschrieben;
- das Kind sitzt auf der Drehscheibe und dreht sich; um die Drehscheibe herum sind die fehlenden Buchstaben angeordnet;
- das Kind ergreift beim Drehen die Buchstaben und stoppt ab;
- es ergänzt das Kreuzworträtsel;

Extraokulare Muskelkontrolle

Verfolgen von vertikalen Bewegungen

- das Kind liegt in Rückenlage auf dem Teppich;
- über ihm sind in ca. 50–60 cm Höhe Wortkarten und dazu passende Bilder mit Reimwörtern an Gummifäden aufgehängt;
- das Kind zieht zuerst das Wortbild, dann das zugehörige Reimbild (z.B. Fisch – Tisch);
- es verfolgt dabei genau die Auf- und Abbewegung des Wortes;

Überkreuzen der Körpermittellinie

Seitgehen mit überkreuzen der Beine

- auf dem Boden sind großflächig Wortbilder verteilt, die sich durch lange/kurze Vokale unterscheiden;
- das Kind sucht zwei zusammengehörige Wörter und geht im Seitgang (mit überkreuzen der Beine) zu ihnen hin;
- es liest die Wörter vor;

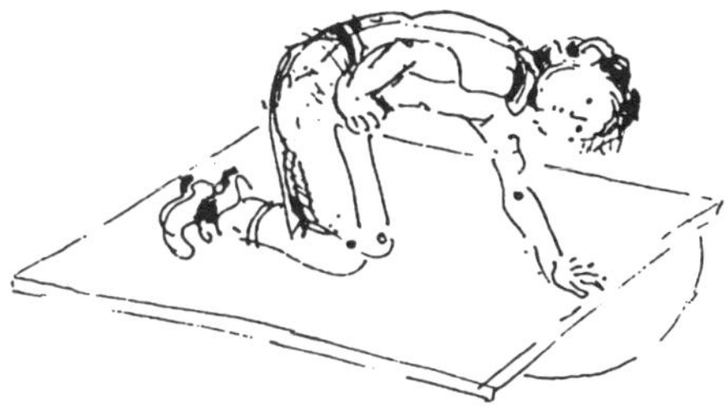

ATNR
auf Schaukel-Wipp-Brett

Visuelle Form- und Raumwahrnehmung

Rollen eines Balles (Vierfüßlerstand)

- auf dem Boden sind Lückenwörter verteilt, ebenso die fehlenden Buchstaben;
- das Kind sucht zusammengehörige Wörter und Buchstaben und verbindet sie durch farbige Striche;
- es rollt im Vierfüßlergang einen Ball auf diesem Weg entlang, indem es ihn vorsichtig mit der Stirn anstößt;

Auge-Hand-Koordination

Zielanpassung an feststehende Ziele

- an einer Sprossenwand ist eine schiefe Ebene angebracht;
- unten an der schiefen Ebene liegen Gymnastikreifen mit je einem Lückenwort (Silbe fehlt);
- das Kind erhält eine Silbe, klettert mit einem Ball auf die Sprossenwand und sucht den zugehörigen Zielreifen;
- es rollt den Ball auf der Rampe zum entsprechenden Reifen;

zu Seite 229

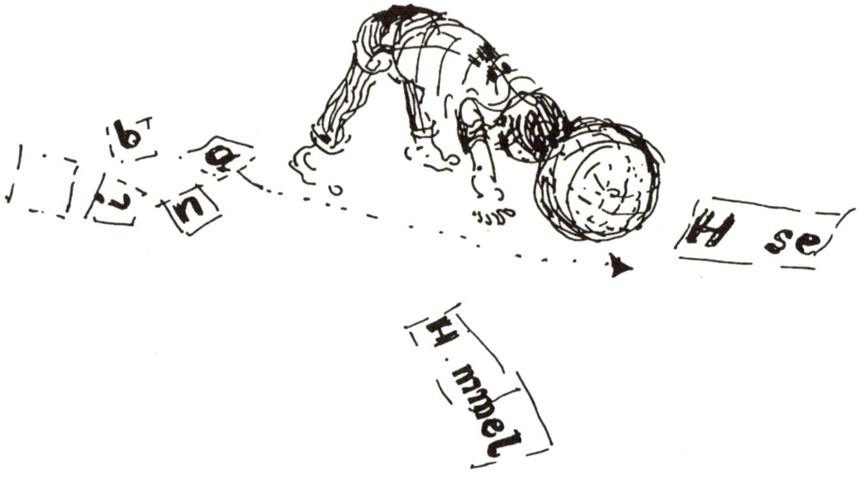

Rollen eines Balles
(Vierfüßlerstand)

Sitzen auf Gymnastik-Drehscheibe

Kontinuierliches
Verfolgen

Gehen in
vorgegebener
Hand-Fuß-Spur

Gezieltes Anblasen
einzelner Körperteile

Anpassung an
feststehende Ziele

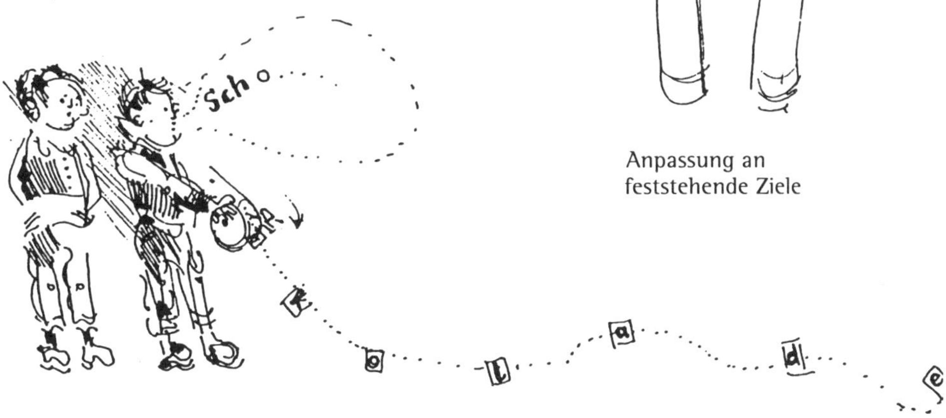

Visuelles Wahrnehmen einer Sequenz

Neue Wörter mit Hilfe von Lautzeichen und Lautzeichengruppen lesen

Teilziel: Aufbauen von bekannten Wörtern

Integration der primitiven Haltungsreflexe

ATNR (Vierfüßlerstand)

- auf dem Boden liegen verstreut Buchstabenwürfel, die ein sinnvolles Wort ergeben;
- das Kind errät das Wort; es befestigt mit einem Kopfband einen Schläger an seiner Stirn und versucht, durch Seitbewegungen des Kopfes im Vierfüßlerstand die Würfel zu einem Wort zusammenzuschieben;

Normalisierung des Muskeltonus

Boxen gegen großen Therapieball

- das Kind kniet vor einem großen Therapieball, der in einer Zimmerecke liegt;
- vor dem Kind liegen 4–5 unterschiedlich lange Wörter; das Kind liest sie vor;
- dann boxt es wortlos die Anzahl der Laute kräftig gegen den Ball;
- ein anderes Kind errät das Wort;

Körperschema

Gezieltes Anblasen einzelner Körperteile

- ein Kind liegt auf dem Boden;
- ein anderes Kind legt aus Papierbuchstaben ein Wort auf einen Körperteil des ersten Kindes;
- dann bläst es der Reihe nach die einzelnen Buchstaben weg und lautiert dazu;
- das liegende Kind errät das Wort;

Bilateralintegration

Beidhändiges Hochwerfen (Ballons)

- in einer großen Kiste liegen Luftballons mit Buchstabenaufklebern;
- der Lehrer nennt den Anfang eines Wortes: Was kann daraus werden? (z.B. M...);
- das Kind steckt beide Hände in einen Sack (ca. 20x40 cm) und wirft beidhändig die Luftballons hoch, die es für die Beendigung des Wortes benötigt;

Sprachbenutzung

Hüpfen in Autoschläuche

- am Boden sind als Weg Autoschläuche ausgelegt;
- das Kind steht am Startpunkt;
- der Lehrer nennt viele Wörter;
- hört das Kind ein Wort, das mit einem festgelegten Laut (Lautgruppe) beginnt oder endet, hüpft es in den nächsten Reifen;
- es erfindet evtl. schnell einen Satz zu dem Wort;

Lateralisation, Rechts-Links-Diskrimination

Gehen in vorgegebener Hand-Fuß-Spur

- auf dem Boden ist ein Hindernisweg durch ausgeschnittene Hand-Fuß-Spuren markiert;
- am Ziel ist ein Zeitwort in unterschiedlicher Anordnung auf Wortkarten geschrieben;
- das Kind folgt dem Weg durch genaues Aufsetzen von Händen und Füßen auf die vorgegebene Spur; dann erliest und vergleicht es das Wort und führt die Tätigkeit aus;

Aktivation der Aufrichte-/ Gleichgewichtsreaktionen

Klettern im Hängekorb

- unter einem Korb sind halbierte farbige Formen ((Va | ter)) mit zweisilbigen Wörtern verteilt;
- ein Kind hängt je einen Wortteil oben an den Hängekorb;
- ein anderes Kind holt die Teile wieder herunter und fügt die Wörter zusammen;

Extraokulare Muskelkontrolle

Kontinuierliches Verfolgen

- das Kind sitzt in einem verdunkelten Raum vor einer Tafel;
- an der Tafel steht ein Wort; unter jedem Buchstaben ist ein Punkt;
- das Kind tastet kontinuierlich die Punkte mit einer Bleistifttaschenlampe ab und liest dabei das Wort laut vor;

Überkreuzen der Körpermittellinie

Überkreuzen mit den Armen (Xylophon)

- auf einem großen Xylophon sind Buchstabenaufkleber angebracht;
- ein Kind nennt ein Wort;
- ein anderes „spielt" mit einem Klöppel das Wort ab, (linke/rechte Hand abwechselnd);

Überkreuzen der Mittellinie
mit den Armen (Xylophon)

Visuelle Form- und Raumwahrnehmung

Visuelles Wahrnehmen einer Sequenz

- an einer Bleischnur (ca. 10 m) sind in größerem Abstand die Buchstaben eines Wortes angeordnet;
- das Kind versucht, mit den Augen den Weg zu verfolgen und das Wort zu erraten;
- das Kind zieht die Schnur ein, rollt sie auf eine Rolle auf und lautiert dabei das entstehende Wort;
- dann spricht es das Wort auswendig;

Auge-Hand-Koordination

Zielanpassung an feststehende Ziele

- auf dem Boden stehen 9 Keulen auf markierten farbigen Punkten;
- unter jeder Keule liegt ein Buchstabe, den sich das Kind merkt;
- der Lehrer spricht ein Wort gedehnt vor;
- das Kind legt in der richtigen Reihenfolge um die zugehörigen Keulen einen Tennisring, ohne dabei das Holz zu berühren;

Neue Wörter mit Hilfe von Lautzeichen und Lautzeichengruppen lesen
Teilziel: Aufbauendes und lautierendes Lesen neuer Wörter

Integration der primitiven Haltungsreflexe

TLR/Bauchlage (Gymnastikstab)

- zwei Kinder liegen sich gegenüber auf dem Bauch; sie halten gemeinsam einen Gymnastikstab;
- der Lehrer nennt ein Wort;
- die Kinder überdenken die Lautfolge und lautieren sie;
- beim Lautieren heben sie bei jedem Laut den Stab möglichst hoch über ihren Kopf;

Normalisierung des Muskeltonus

Ziehen im Stand (Ziehtau)

- zwei Kinder stehen sich in je einem Reifen gegenüber; sie halten das Ende eines Ziehtaues;
- am Ziehtau sind die Buchstaben eines Wortes angebunden;
- jedes Kind versucht, das Seil soweit zu sich heranzuziehen, daß es einen Buchstaben des Wortes (in der richtigen Reihenfolge) abreißen kann;

Körperschema

Gleichzeitiges Berühren mit zwei Körperteilen

- auf dem Boden ist ein Leseband aufgezeichnet (z.B. Ⓜ ⓤ ⓣⓣⓔ ⓡ);
- das Kind sucht einen Weg für ein sinnvolles Wort und fährt ihn mit einem Körperteil (Hand, Fuß, etc.) nach;
- dann berührt es mit zwei Körperteilen gleichzeitig nach Ansage z.B. den ersten und letzten Buchstaben;

Bilateralintegration

Tragen von Reifen (mit Aufbau)

- zwei Kinder ordnen auf einem Reifen ein Wort aus Buchstaben an;
- dann tragen sie den Reifen an einen vorher bestimmten Zielpunkt, ohne daß dabei ein Buchstabe herunterfällt;
- (evtl. auch als Wettspiel zwischen mehreren Kinderpaaren);

Sprachbenutzung

Schaukeln in der Hängematte

- das Kind schaukelt in einer Hängematte und hält eine Taschenlampe;
- vor dem Kind hängen Wörter an der Wand, die es erliest;
- der Lehrer nennt ein neues Wort;
- das Kind überlegt sich eine sinnvolle Zusammensetzung mit den Wörtern an der Wand; es leuchtet mit der Taschenlampe das entsprechende Wort an und spricht das zusammengesetzte Wort (z.B. Hand – Schuh = Handschuh);

Lateralisation, Rechts-Links-Diskrimination

Rad-/Rollerfahren

- auf dem Pausenhof sind Bilder ausgelegt;
- das Kind liest einen Lückensatz;
- es überlegt, welches Wort fehlt, dann fährt es zu dem entsprechenden Bild, holt es und ergänzt damit den Lückensatz;

Aktivation der Aufrichte-/ Gleichgewichtsreaktionen

Überspringen von Schaumstoffteilen

- auf dem Boden ist in Form einer Buchstabenstraße ein Wort auf Schaumstoffteile verteilt;
- das Kind errät das Wort und hüpft beidbeinig über die entsprechenden Buchstaben; es spricht dabei die Laute;
- am Ziel schreibt es das Wort auf (oder nennt es noch einmal) z.B.

Ⓐ ⓣ ⓕ ⓔ ⓞ
Ⓞ ⓟ ⓘ ⓐ ⓛ;

Extraokulare Muskelkontrolle

Systematisches visuelles Suchen

- auf einem großen Blatt sind Buchstabenschlangen in Zeilenanordnung aufgeschrieben;
- in den Schlangen sind bekannte Wörter versteckt z.B. M R H ⓄⓂⒶ S U L A;
- das Kind sucht systematisch das Blatt nach den Wörtern ab;
- es legt auf die Wörter Ringe (von Einmachgläsern) und liest sie anschließend vor;

Überkreuzen der Körpermittellinie

Rollen eines Balles (Bauchlage, Rollbrett)

- das Kind liegt auf dem Rollbrett;
- vor dem Kind sind Wörter mit Signalgruppen ausgelegt z.B.

H
M — aus
L

- das Kind rollt mit je einer Hand einen Ball vom Anfangsbuchstaben zur Signalgruppe und liest dabei vor;
- unbedingt die Hand wechseln!

Ertasten und visuelles Nachprüfen eines Weges

Visuelle Form- und Raumwahrnehmung

Ertasten und visuelles Nachprüfen eines Weges

- auf dem Boden liegt ein Wort aus Tastbuchstaben, die durch Bleischnüre miteinander verbunden sind (z.B. H...a...s...e);
- das Kind tastet den Weg mit den Buchstaben blind ab und errät das Wort;
- es überprüft mit offenen Augen den Weg und liest das Wort nach;

Auge-Hand-Koordination

Zielanpassung an bewegliche Ziele

- ein Kind ist „Fänger"; es erhält ein Wort;
- die anderen Kinder halten 2–3 m lange Papierbänder, auf deren Ende ein Wort aufgeschrieben ist; die Wörter werden gemeinsam gelesen;
- auf „Los" laufen alle Kinder weg; sie ziehen ihr Band hinter sich her;
- das Fängerkind versucht, auf die Bänder zu treten, die zu seinem Wort passen (z.B. Vogel – Nest);

zu Seiten 234, 235

Anpassung an bewegliche Ziele

Überspringen von Schaumstoffteilen

Rad-/Rollerfahren

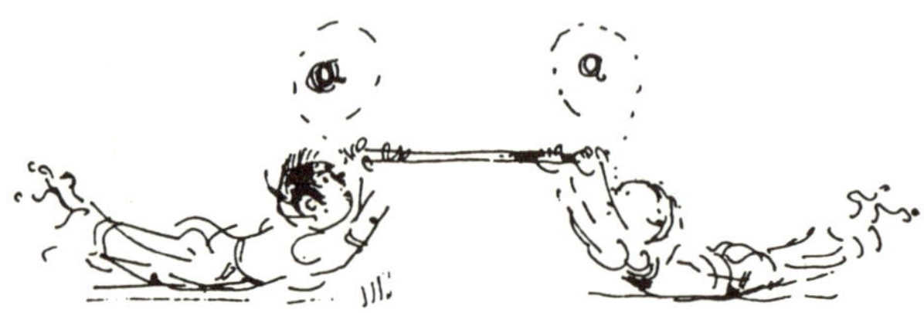

TLR/Bauchlage

Ziehen im Stand

zu Seiten 238, 239

Drehen im Schaukelnetz

Verfolgen von Bewegungen

Weg blind gehen und unter
Sichtkontrolle wiederfinden

Sätze und einfache Texte lesen
Teilziel: Schulung der lesetechnischen Fertigkeiten

Integration der primitiven Haltungsreflexe

ATNR (Vierfüßlerstand)

- das Kind sammelt im Vierfüßlerstand mit einer Hand zusammengerollte Papierkugeln ein, die auf dem Boden verstreut sind; es steckt sie unter Blickkontrolle in die seitengleiche Hosentasche (der andere Arm bleibt am Boden!);
- das Kind krabbelt schnell in ein „Versteck", holt die Kugeln wieder unter Blickkontakt (Kopfwendung) hervor, rollt sie auf und liest die darauf stehenden Wörter/Sätze vor;

Normalisierung des Muskeltonus

Schieben im Stand (Gymnastikstab)

- zwei Kinder spielen gemeinsam;
- sie erhalten je einen Gymnastikstab und einen Leseauftrag (in Form von Reihensätzen: z.B.
  Wir halten den Stab über den Kopf.
  Wir halten den Stab ...);
- die Kinder führen den Auftrag aus; sie versuchen anschließend, sich gegenseitig mit den Stäben wegzuschieben;

Körperschema

Anspannen der Arme/Hände

- auf ein 2 m langes dünnes Papier (Makulatur) werden Strukturwörter geschrieben;
- das Papier wird senkrecht so aufgehängt, daß es mit der Faust durchstoßen werden kann;
- das Kind liest jedes Strukturwort möglichst schnell, und durchstößt dabei an dieser Stelle mit der Faust das Papier;

Bilateralintegration

Beidhändiges Halten von Stäben

- jedes Kind erhält einen 50–60 cm langen Stab und steckt ihn durch einen Tennisring; es hält den Stab an den Enden fest;
- die Kinder erhalten über den OHP (o.a.) kurzfristig einen Auftrag (z.B. Dreh den Ring!);
- die Kinder führen den Auftrag aus (wichtig: beide Hände am Stab!);

Sprachbenutzung

Drehen im Schaukelnetz

- das Kind sitzt in einem Schaukelnetz, das an einem Haken aufgehängt ist;
- es wird gedreht (oder dreht sich selbst);
- vor dem Netz steht ein anderes Kind und hält Wortkarten hoch;
- das Kind im Netz muß beim Vorbeidrehen sehr schnell je ein Wort erfassen und vorlesen;
- (evtl. auch nur mit Einzelbuchstaben);

Lateralisation, Rechts-Links-Diskrimination

Sich Drehen nach einer Seite

- an einer Wand sind Wörter angebracht, die einen Satz ergeben;
- das Kind trägt an einem Arm eine Bleischnur als Armband;
- es steht mitten im Raum und streckt den beschwerten Arm zur Seite weg;
- es dreht sich in die Richtung des beschwerten Armes, bis es auf die Wand zeigt; es deutet auf ein Wort und liest es vor;
- die Wörter müssen einen Satz ergeben;

Aktivation der Aufrichte-/ Gleichgewichtsreaktionen

Hüpfen über Bank in Schlauchreifen

- rechts und links von einer umgedrehten Langbank (oder einem Seil) liegen Satzteile in Schlauchreifen (z.B. Ute holt | einen Ball);
- das Kind versucht, in der Hockwende (oder im beidbeinigen Standsprung) von einem Schlauchreifen in den zugehörigen anderen zu springen;
- es liest den Satz vor;

Extraokulare Muskelkontrolle

Verfolgen von Bewegungen

- auf dem Boden sind Wortkarten mit zusammengesetzten Wörtern ausgelegt;
- in entsprechender Entfernung hält ein Kind ein Seil und bewegt es schlangenförmig;
- das Seil soll bei einer Wortkarte liegen bleiben;
- das Kind liest das Wort;

Überkreuzen der Körpermittellinie

Schwingen eines großen Seiles

- zwei Kinder schwingen gemeinsam ein großes Seil vor ihrem Körper;
- ein drittes Kind läuft unter dem Seil durch; anschl. wird dem Kind jeweils ein Wort, im Sinne des aufbauenden Lesens, gezeigt (evtl. OHP benutzen) z.B. Felix
  Felix liest
  Felix liest ein
  Felix liest ein Buch;
- das Kind macht so viele Durchgänge, bis der Satz vollständig ist;

Anpassung an feststehende Ziele

Visuelle Form- und Raumwahrnehmung

Weg blind gehen und unter Sichtkontrolle wiederfinden

- Start und Ziel sind festgelegt;
- zwischen Start und Ziel stehen Kinder in Reifen; sie erhalten Wortkarten mit schwierigen Wörtern und lesen sie vor;
- ein Kind soll blind vom Start zum Ziel gehen; nähert es sich einem Reifen, so ruft das dort stehende Kind laut sein Wort;
- am Ziel schaut das Kind und findet sehend seinen Weg wieder;

Auge-Hand-Koordination

Anpassung an feststehende Ziele (Angelspiel)

- auf dem Boden liegen Buchstaben mit Büroklammern in einem Reifen;
- das Kind erhält eine Magnetangel und eine Lautzeichengruppe (z.B. aus);
- das Kind angelt die Buchstaben, die es vor die Lautzeichengruppe stellen kann;
- es liest vor z.B. M / H / L — aus

Sätze und einfache Texte lesen
Teilziel: Förderung der Sinnerschließung von Sätzen und Texten

Integration der primitiven Haltungsreflexe

STNR (Bauchlage auf Rolle)

- das Kind liegt in Bauchlage auf einer Rolle; es stützt sich mit den gestreckten Armen/Händen ab (kein Faustschluß!);
- das Kind legt seinen Kopf in den Nacken und schnappt mit seinem Mund eine Rätselkarte, die über seinem Kopf hängt (oder vom Lehrer gehalten wird); es legt sie vor sich ab;
- es liest das Rätsel und löst es;

Normalisierung des Muskeltonus

Zug an allen Extremitäten

- ein Kind liegt in Rücken-/Bauchlage mit weggestreckten Extremitäten auf dem Boden;
- vier andere Kinder sitzen an seinen Händen und Füßen; sie haben verschiedene Wortkarten vor sich liegen; (z.B. Papa/sitzt/im/Bett.);
- jedes Kind liest ein Wort vor und zieht kräftig an der Extremität;
- das liegende Kind überlegt, ob die Wörter einen Sinn ergeben oder nicht;

Körperschema

Buchstaben auf Körper schreiben und erraten

- zwei Kinder erhalten gemeinsam einen Satz mit einem Buchstabenfehler;
- die Kinder erlesen leise den Satz und finden den Fehler;
- ein Kind schreibt nun dem anderen den richtigen Buchstaben ohne Sichtkontakt auf ein Körperteil;
- das „fühlende" Kind errät ihn, bestätigt oder verneint;

Bilateralintegration

Abwechselndes Schlagen mit Händen

- an der Tafel sind zwei Spalten mit Wörtern aufgeschrieben, die Sätze ergeben können;
- das Kind nimmt in jede Hand einen nassen Schwamm;
- es sucht abwechselnd in jeder Spalte ein Wort, das zu einem (evtl. vorgegebenen) Satz gehört und „schlägt" es mit dem nassen Schwamm ab; es liest dabei laut vor;

Sprachbenutzung

Klettern und Rutschen

- das Kind erhält einen Lückensatz;
- es klettert auf die Sprossenwand und wählt unter den dort angebrachten Wortkarten diejenige aus, auf der das fehlende Wort steht;
- er rutscht mit der Karte auf der Rutschbahn (Langbank) herunter und liest den nun vollständigen Satz vor;

Lateralisation, Rechts-Links-Diskrimination

Drehen im Vierfüßlerstand

- die Kinder sitzen im Kreis und halten Bilder vor sich;
- ein Kind steht im Vierfüßlerstand in der Mitte; es hält in seiner nach links/rechts ausgestreckten Hand eine Wortkarte, die es liest;
- das Kind dreht sich langsam in der durch den Arm angezeigten Richtung; es bleibt stehen, wenn seine Hand auf das zu seinem Wort gehörende Bild zeigt;

Aktivation der Aufrichte-/ Gleichgewichtsreaktionen

Benutzen verschiedener Kletter- und Schaukelgeräte

- im Raum sind vielerlei Geräte ausgelegt und aufgehängt;
- die Kinder erhalten Satzkarten mit Aufträgen und lesen diese vor;
- dann führen sie die Aufträge mit Hilfe der Geräte aus; (z. B. Klettere auf die Leiter!);

Extraokulare Muskelkontrolle

Verfolgen mit Hilfe von taktil-kinästhetischer Wahrnehmung (Ball)

- auf dem Boden liegen verschiedene Wörter;
- auf dem großen Therapieball liegt ein Oberbegriff;
- das Kind sucht alle zum Oberbegriff passenden Wörter, liest sie vor und legt sie auf den Ball;
- es bewegt mit seinen Händen vorsichtig den Ball und beobachtet dabei die Wortkarten genau;

Überkreuzen der Körpermittellinie

Linien ziehen

- an der Tafel sind rechts und links (in Armreichweite) je eine Spalte mit Wörtern aufgeschrieben; es befinden sich rechts und links ähnliche und unterschiedliche Begriffe;
- das Kind steht genau in der Mitte der Wörterspalten;
- es zieht von links nach rechts (und umgekehrt) Linien zwischen ähnlichen Begriffen und liest diese vor;

Buchstaben auf den Körper schreiben und erraten

Visuelle Form- und Raumwahrnehmung

Puzzlespiel (für Boden)

- das Kind malt auf die Rückseite eines Textblattes ein dazu passendes Bild (DIN A3);
- es zerschneidet das Blatt und ordnet den Text auf einer Unterlage (z. B. Karton) wieder richtig an;
- durch Auflegen eines zweiten Kartons und Umdrehen läßt sich das Puzzlespiel überprüfen (richtiges Bild!);

Auge-Hand-Koordination

Zielanpassung an bewegliche Ziele

- an der Tafel steht ein Satz;
- das Kind liest ihn vor und betont ein Wort besonders stark;
- das Kind wirft einen Ball auf das betonte Wort und fängt ihn wieder auf;
- es betont beim erneuten Lesen ein anderes Wort;

Integration der primitiven Haltungsreflexe

TLR/Bauchlage (Rollbrett)

- das Kind reißt aus einem großen (Zeitungs-) Papier einen Torbogen;
- der Lehrer hält den Torbogen am unteren Ende einer Rampe senkrecht fest;
- das Kind steigt auf die Rampe und fährt in Bauchlage mit dem Rollbrett durch das Tor;

Normalisierung des Muskeltonus

Zug/Druck auf Hände/Finger

- zwei Kinder sitzen sich gegenüber und spielen „Fingerhakeln“ (Finger/Hände wechseln);
- sie versuchen, sich mit je einem Finger wegzudrücken (Ellbogen aufgestützt, Finger gespreizt);

Körperschema

An-/Entspannen der Arme/Hände

- die Kinder liegen mit geschlossenen Augen auf dem Boden;
- sie heben einen Arm und nehmen mit den Fingern eine selbstgewählte Stellung ein;
- die andere Hand kopiert diese Finger-Armstellung (bei geschlossenen Augen!);

Bilateralintegration

Beidhändiges Spuren

- auf einer großen glatten Unterlage werden rhythmische Bewegungen/Abläufe (z.B. Wellen) mit dicker Farbe (z.B. Ölfarbe) aufgetragen;
- das Kind spurt sehend und mit geschlossenen Augen die Farblinien nach (zuerst gleichgerichtete, dann entgegengesetzte, parallele, gekreuzte Bewegungen ausführen);

Sprachbenutzung

Drehen auf Drehscheibe (Bauchlage)

- das Kind liegt in Bauchlage auf einem Drehbrett;
- es stößt sich mit einer Hand ab;
- mit der anderen Hand tippt es während der Fahrt mit je einem Finger auf den Boden und benennt den Finger dabei;

Lateralisation, Rechts-Links-Diskrimination

Fortbewegung im Sand

- die Oberfläche eines Sandkastens wird geglättet;
- ein Kind legt durch Hüpf-/Krabbel-/Kriech- oder Drehbewegungen eine Spur;
- die Abdrücke werden rhythmisiert, indem das Kind etwa gleich große federnde Sprünge macht;
- die Spur wird evtl. abgezeichnet und nach rechts/links optisch unterschieden;

Aktivation der Aufrichte-/Gleichgewichtsreaktionen

Sitzen/Knien auf Schaukelbrett

- das Kind sitzt/kniet auf einem Schaukelbrett, das an einem Punkt aufgehängt ist;
- es versucht, beim Schaukeln aus Hölzern/Klötzen einen Turm aufzubauen;

Extraokulare Muskelkontrolle

Verfolgen von Eigenbewegungen

- das Kind streckt einen Finger aus und setzt ein rotes Hütchen auf die Fingerkuppe;
- es läßt den Finger langsam an seinem Gesicht vorbeimarschieren;
- dabei fixiert und verfolgt es genau den roten Hut;
- häufig Finger-/Handwechsel vornehmen;

Überkreuzen der Körpermittellinie

Überkreuzen mit Armen/Händen

- auf die Tafel (Papier) wird eine liegende Acht gezeichnet (ca. 60x25 cm);
- das Kind spurt die Figur mit der rechten und der linken Hand in beiden Richtungen nach;
- evtl. auch mit geschlossenen Augen spuren, oder mit einer Taschenlampe und den Augen abtasten;

Abhüpfen eines Weges

Visuelle Form- und Raumwahrnehmung

Abhüpfen eines Weges

- ein Weg wird aus einem dicken Seil in einem bestimmten Bewegungsablauf (z.B. Wellenlinie) ausgelegt;
- das Kind nimmt einen Hüpfball und hüpft auf dem Seil;
- am Ziel zeichnet es den Weg auf;

Auge-Hand-Koordination

Steuern eines Balles im Labyrinth

- das Kind erhält ein Kugellabyrinth und einen kleinen Ball;
- es versucht, im Sitzen/Knien/Stand den Ball durch das Labyrinth zum Ziel rollen zu lassen; dabei dosiert es die Kraft der Handbewegungen entsprechend;

zu Seite 241

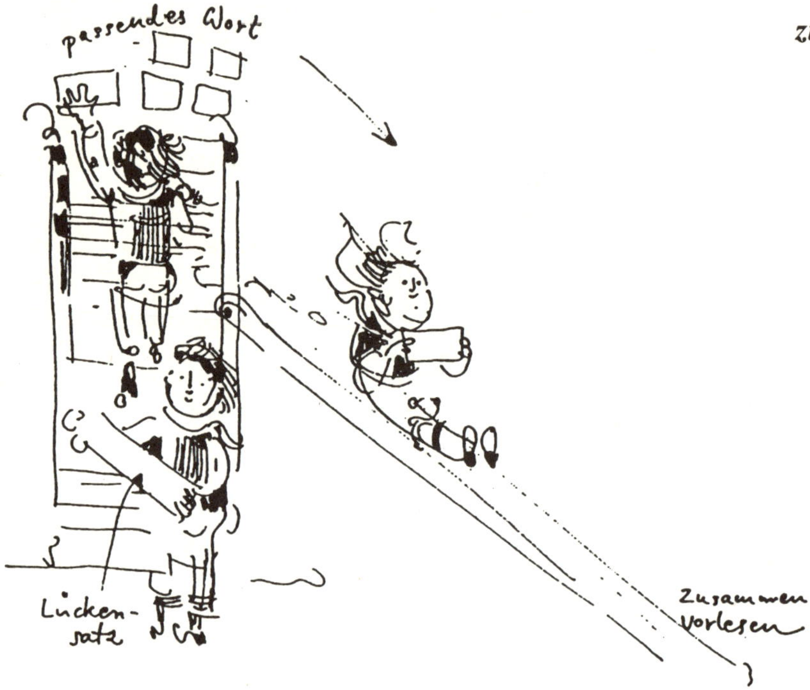

Klettern
und Rutschen

Linien ziehen

Ergänzen einer Spur

Beidseitiges Spurlegen
und Abhüpfen

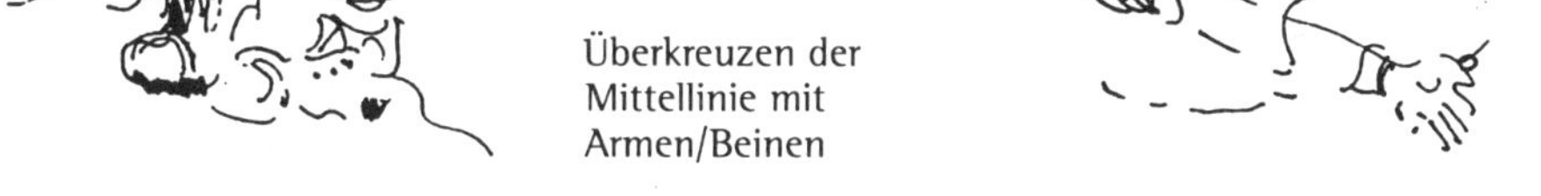

Überkreuzen der
Mittellinie mit
Armen/Beinen

Integration der primitiven Haltungsreflexe
TLR/Rückenlage (Hängematte) • das Kind liegt barfuß in Rückenlage in einer Hängematte; eine Seite der Matte befindet sich unter seinen Oberschenkeln, die andere unter seinen Armen; • das Kind erhält einen Filzstift; es versucht, durch schnelles Anheben von Armen und Beinen auf jeden Zehennagel einen Punkt zu malen (genaues Zielen beachten);

Normalisierung des Muskeltonus
Anspannen der Arme/Finger/Hände • das Kind erhält einen großen Klumpen Ton; • es versucht, mit der geballten Faust den Klumpen zu durchstoßen; • es nimmt einen kleinen Klumpen in die Hand und zerdrückt ihn in seiner Faust; der Ton quillt zu den Fingern heraus (evtl. Darstellen der entstandenen Ornamente);

Körperschema
Rhythmus mit dem Körper erspüren • auf Federmatratzen sind Farbpunkte in rhythmischem Abstand angebracht; • das Kind springt nach einem vorgegebenen Rhythmus (Musik, Trommel...) von Punkt zu Punkt; • es federt evtl. 2x auf einem Punkt nach; • evtl. grafische Umsetzung auf Papier;

Bilateralintegration
Beidbeiniges Spurlegen und Abhüpfen • das Kind liegt/kniet auf dem Rollbrett; es hat in jeder Hand einen nassen Schwamm/Kreide; • das Kind fährt eine Rampe hinunter und hält dabei rechts und links die Schwämme auf den Boden; • am Ziel angekommen betrachtet es die Spuren und hüpft sie mit gegrätschten Beinen nach;

Sprachbenutzung
Schaukeln im Schaukelnetz • das Kind sitzt im Grätschsitz in einem Schaukelnetz, das an einem Haken aufgehängt ist; • es wird in weite kreisförmige Schwingungen versetzt (die etwa einem auf den Boden gemalten Kreis entsprechen); • das Kind spricht dazu den Vers: „Der Mond ist rund, ..." • bei den Worten „... Augen, Nase, Mund" tippt es mit den Füßen an die entsprechenden Stellen im Kreis;

Lateralisation, Rechts-Links-Diskrimination
Wippen auf dem Wippbrett • das Kind sitzt/kniet auf einem Wippbrett; • auf dem Wippbrett liegt ein Brett mit Rillenfräsung und einer Kugel; • durch Wippen versetzt das Kind die Kugel im Rillenbrett in Bewegung; • es beobachtet die Kugel genau und versucht, sie zu beschleunigen oder abzustoppen; • es zeichnet die Kugelbahn ab;

Aktivation der Aufrichte-/ Gleichgewichtsreaktionen

Drehen auf Drehscheibe (Liegen)

- das Kind liegt in Bauchlage auf einer Drehscheibe;
- um die Drehscheibe ist in Armreichweite ein Doppelkreis gezeichnet oder aus Bleischnüren gelegt;
- das Kind rollt zuerst einen Ball innerhalb des Doppelkreises;
- dann zeichnet es mit Kreide während der Fahrt Ornamente in den Doppelkreis (z.B. III ∿∿∿ vvv);

Extraokulare Muskelkontrolle

Fixieren/Verfolgen von Bewegungen

- ein Kind liegt in einer gepolsterten Tonne auf dem Rücken;
- an deren Rand läßt der Lehrer eine Handpuppe auftauchen;
- das Kind fixiert die Puppe und verfolgt deren langsame Auf-/Ab- und Seitbewegung, die einen bestimmten Bewegungsablauf darstellt (z.B. ∿∿∿∿);

Überkreuzen der Körpermittellinie

Überkreuzen Arme/Beine (Liegen)

- das Kind liegt auf dem Bauch/Rücken; es erhält eine Kreide/nassen Schwamm;
- es malt mit einer Hand/beiden Händen gleichzeitig einen großen Bogen auf den Boden; er beginnt an einer Körperseite, führt die Hand den Kopf und endet an der anderen Körperseite;
- ähnliche Aufgabenstellung für Füße;
- Betrachten der entstandenen Bögen;

Anspannen der Arme, Hände, Finger

Visuelle Form- und Raumwahrnehmung

Ergänzen einer Spur (Rollbrett)

- im Raum sind großflächig Formen/Ornamente aufgemalt oder mit Schnur gelegt; jede Form ist aber unvollständig;
- das Kind fährt die Formen mit dem Rollbrett ab und ergänzt sie durch einen Kreidestrich;

Auge-Hand-Koordination

Tastspuren in Ornamentform

- das Kind tropft/malt mit UHU Ornamente auf eine Styroporplatte;
- es beobachtet die entstehenden Vertiefungen und tippt sie mit den Fingern nach;
- es malt die Vertiefungen mit Fingerfarbe aus oder füllt sie mit Knet;

Integration der primitiven Haltungsreflexe

ATNR (Vierfüßlerstand)

- an der Wand sind in Ellenbogenhöhe Buchstaben/Ziffern mit Startpunkt und Angabe der Bewegungsrichtung aufgezeichnet/aufgeklebt (evtl. Tastmaterial);
- das Kind nimmt die abgebildete Position ein, spurt mit dem Ellbogen die Buchstaben nach und benennt sie;

Normalisierung des Muskeltonus

Zug an Beinen/Füßen (Hängematte)

- das Kind liegt in Bauchlage in einer knapp über dem Boden hängenden Hängematte; auf dem Boden sind Tastziffern (z.B. aus Sandpapier) verteilt;
- der Lehrer merkt sich eine Ziffer;
- das Kind langt während des Schaukelns zu jeder Ziffer hin;
- langt es zu der gemerkten Ziffer hin, zieht der Lehrer das Kind kräftig an den Beinen;
- das Kind spurt diese Ziffer nach;

Körperschema

Bauchlage auf einer Luftrolle/-kissen

- das Kind liegt in Bauchlage auf einer Luftrolle;
- vor ihm liegt auf dem Boden ein großes Blatt und ein Stift/Kreide;
- ein anderes Kind nennt verschiedene Wörter;
- das liegende Kind schreibt immer dann einen (vorher bestimmten) Buchstaben auf, wenn es ihn im Wort hört;

Bilateralintegration

Schlagen mit den Händen (abwechselnd)

- an einem Stuhl/Tischbein/Stab wird ein Ball in einem Ballnetz befestigt;
- das Kind kniet vor dem Ball und läßt ihn im Halbkreis von einer Hand zur anderen Hand rollen (nicht zu stark anstoßen);
- die entstandene Pendelbewegung zeichnet es mit Kreide nach;
- das Kind markiert alle Bögen bei bereits bekannten Buchstaben;

Sprachbenutzung

Springen auf Trimpolin u. Matratzen

- ein Kind springt auf einem Trimpolin; um das Trimpolin sind Matratzen mit Buchstaben (Ziffern) verteilt;
- ein anderes Kind beschreibt einen Buchstaben durch ein Rätsel (z.B. „Er sieht aus wie ein Dach.“);
- das erste Kind springt von dem Trimpolin auf die entsprechende Matratze herunter;

Lateralisation, Rechts-Links-Diskrimination

Balancieren auf einer Bank

- rechts und links von einer Langbank sind Karten mit (leicht verwechselbaren) Formelementen der Schrift verteilt (z.B. ↘ ↗, V↗ ↗↘);
- das Kind krabbelt auf der Bank entlang und hebt dabei immer zwei gleiche Formelementkarten auf;
- es nimmt sie mit, legt sie am Ziel nebeneinander aus und malt sie ab;

Aktivation der Aufrichte-/ Gleichgewichtsreaktionen

Balancieren auf Bauklötzen

- aus großen Bauklötzen wird ein Buchstabe/eine Ziffer auf den Boden gelegt; Startpunkt und Bewegungsrichtung wird farbig markiert;
- das Kind balanciert vom Startpunkt aus den Buchstabenweg ab (im Krabbeln, Knien und Gehen);
- Aufgabe mit geschlossenen Augen und Handführung durchführen;
- Variation: Seil auf Klötze legen als Tastspur;

Extraokulare Muskelkontrolle

Verfolgen von Bewegungen (ferngesteuertes Auto)

- auf dem Boden ist großflächig ein Buchstabe/eine Ziffer aufgemalt; Startpunkt und Bewegungsrichtung sind markiert;
- das Kind stellt ein ferngesteuertes Auto auf den Startpunkt;
- es läßt das Auto genau auf der Linie entlangfahren;

Überkreuzen der Körpermittellinie

Werfen vom Drehstuhl aus

- das Kind sitzt auf einem Drehstuhl und wird gedreht;
- es hält auf seinem Schoß eine Schachtel mit Flaschendrehverschluß; in die Deckel ist jeweils ein Groß- oder Kleinbuchstabe geschrieben;
- vor dem Kind stehen zwei Kartons, einer für Groß-, einer für Kleinbuchstaben;
- das Kind sortiert während dem Drehen die Deckel und wirft sie in den entsprechenden Karton;

ATNR
(Vierfüßlerstand)

Visuelle Form- und Raumwahrnehmung

Anordnen von Buchstabenwürfeln

- auf möglichst große Würfel werden Buchstaben in Schreib- und Druckschrift aufgezeichnet;
- das Kind erhält eine Vorlage, wie es die Würfel anordnen soll;
- es führt die Aufgabe ohne Vorlage aus und vergleicht anschließend sein Ergebnis mit der Vorlage;

Auge-Hand-Koordination

Legen und Spuren (Rillensteine)

- das Kind erhält gefräßte Rillensteine (Pertra-Spielsatz);
- es ordnet sie so an, daß die Rille einen Buchstaben ergibt;
- es spurt mit Autos, Männchen den Buchstaben nach;
- es läßt Kugeln auf der Rille laufen und beobachtet den Bewegungsablauf;

Integration der primitiven Haltungsreflexe

TNR (Vierfüßlerstand)

- das Kind kniet auf dem Boden; seine Arme sind in den Ellbogen abgewinkelt, die Unterarme liegen auf dem Boden;
- der Lehrer hält eine Wortkarte möglichst hoch vor das Kind, so daß es zum Lesen den Kopf zurücklegen muß; er deckt nach und nach die einzelnen Buchstaben ab;
- das Kind streckt seine Arme durch und schreibt das Wort auswendig vor sich auf den Boden;

Normalisierung des Muskeltonus

Versteifen aus der Bewegung heraus

- auf dem Boden sind viele Wörter verteilt;
- die Kinder springen nach Musik über die Wörter; beim Verstummen der Musik erstarren sie in ihrer Bewegung;
- der Lehrer versucht, sie durch Anstoßen aus ihrer Erstarrung zu befreien und auf eine Wortkarte zu schieben;
- jedes Kind schreibt 3–4 Wörter auf, über die es gesprungen ist;

Körperschema

Bewußtes taktiles Wahrnehmen des Gesichtes

- von einem Kind wird eine Gipsmaske angefertigt (wenn es bereit ist);
- alle beschriften die Teile des Gesichtes gemeinsam mit Wortkarten;
- alle fertigen Reihensätze mit diesen Wörtern an;

Bilateralintegration

Abwechselndes Prellen mit beiden Händen (Ball)

- Teppichfliesen/große Blätter werden mit Wörtern von Reihensätzen beschriftet;
- die Kinder ordnen die Wörter zu Reihensätzen;
- sie prellen jedes Wort eines Reihensatzes mit einem Ball ab und wechseln dabei rhythmisch die Hand (rechts-links-rechts-links...)
- sie schreiben die Reihensätze auf;

Sprachbenutzung

Drehen (verschiedene Geräte)

- im Raum sind 3–4 Dinge zum Drehen aufgestellt/gehängt;
- ein Kind führt mit jedem Gerät eine Bewegung aus und erzählt dabei laut, was es tut;
- ein zweites Kind hört mit geschlossenen Augen zu und schreibt alles auf;
- dieses Kind führt die Aufgaben durch, die es aufgeschrieben hat (Vergleich anstellen);

Lateralisation, Rechts-Links-Diskrimination

Frei Wahl des Weges (Balancieren)

- die Kinder bauen aus verschiedenem Material „Wege“ (z.B. aus Säckchen, Steinen, Seilen, Kästen, ...);
- alle Kinder fertigen gemeinsam „Wegweiser“ mit den Wegnamen an;
- jedes Kind schreibt auf (d.h. am Wegweiser ab), auf welchem Weg es zuerst gehen will; es liest seinen Wunsch vor;
- es führt seine Aufgabe aus und wählt neu;

Aktivation der Aufrichte-/ Gleichgewichtsreaktionen

Fangen auf beweglicher Unterlage (Ball)

- im großen Kreis sind bewegliche Unterlagen aufgestellt; die Geräte sind mit Worten gekennzeichnet; auf jedem Gerät sitzt ein Kind und wirft einen Ball in der Runde weiter;
- ein weiteres Kind erhält eine Wortkarte; es sucht das gleiche Wort auf einem der Geräte; kann es sein Ziel erreichen, bevor der Ball die Runde gemacht hat?

Extraokulare Muskelkontrolle

Sequentielles Suchen

- vor dem Kind sind in vertikaler/horizontaler Anordnung Klangbausteine aufgestellt;
- jeder Baustein ist mit einem Wort gekennzeichnet, darunter einige mit gleicher Buchstabengruppe;
- das Kind schlägt mit einem Schlägel von links nach rechts/oben nach unten Wörter mit gleichen Buchstabengruppen ab;
- es schlägt in der Luft über jedem Stein, trifft aber nur gesuchte;

Überkreuzen der Körpermittellinie

Schlagen eines Balles von der Drehscheibe aus

- ein Kind schreibt eine beliebige Anzahl von Wörtern aus dem Grundwortschatz auf Karten;
- es legt die Karten um eine Drehscheibe herum;
- das Kind kniet/stellt sich auf die Drehscheibe und versucht, mit einem (Tisch-) Tennisschläger einen Ball aus der Fahrt heraus auf eine Wortkarte zu schlagen;
- es liest das Wort laut vor;

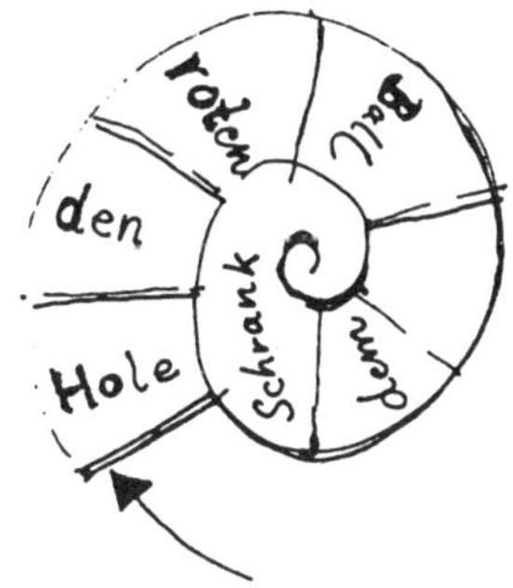

Fahren auf vorgegebenem Weg

Visuelle Form- und Raumwahrnehmung

Fahren auf vorgegebenem Weg (Rollbrett)

- auf dem Boden ist eine schneckenförmige Bahn mit Feldunterteilung aufgezeichnet;
- auf jedem Feld steht ein Wort (die Wörter ergeben einen Satz); ein Feld ist frei, es muß sinngemäß ergänzt werden;
- ein Kind kniet auf einem Rollbrett und „rudert" sich mit Stangen auf dem Weg vorwärts; es liest dabei den Satz; das fehlende Wort schreibt es mit Kreide auf;

Auge-Hand-Koordination

Zielanpassung an feststehende Ziele (Wurfringe)

- vor dem Kind sind Gymnastikstäbe aufgestellt und mit bestimmten Buchstaben gekennzeichnet;
- das Kind erhält Wurfringe, auf denen je ein Wort mit einem Buchstaben steht (z.B. ä, ö, ü);
- es wirft den Ring über den zugehörigen Stab, ohne ihn dabei zu berühren;
- das Kind schreibt die Wörter auf und liest sie vor;

Verstehen der Zahl
Teilziel: Die Zahl als Anzahl

Integration der primitiven Haltungsreflexe

TLR/Rückenlage (Rollbrett)

- das Kind liegt in Rückenlage auf einem Rollbrett, an dem ein langes Seil befestigt ist;
- das andere Seilende wird über eine Türklinke zum Kind zurückgeführt;
- auf dem Boden sind je zwei gleiche Mengenkarten ausgelegt;
- das Kind zieht sich am Seil zu den zusammengehörenden Karten;

Normalisierung des Muskeltonus

Abstoßen mit den Füßen (Rollbrett)

- ein Kind liegt in Bauchlage auf dem Rollbrett; seine Füße berühren die Wand;
- vor dem Kind sind „Tunnels“ mit Ziffern aufgebaut;
- das Kind wählt eine Ziffer aus und nennt sie; es stößt sich kräftig mit den Beinen ab und fährt durch den entsprechenden Tunnel;

Körperschema

Tragen mit verschiedenen Körperteilen

- vor dem Kind liegen Sandsäckchen und ein Schaumstoffwürfel;
- das Kind würfelt und nennt die Zahl;
- es lädt sich auf einen Körperteil entsprechend viele Sandsäckchen und trägt sie zu einem Zielpunkt;

Bilateralintegration

Beidhändiges Ziehen/Schieben eines Balles

- jedes Kind erhält zwei Gymnastikstäbe und eine beliebige Anzahl Bälle (möglichst verschiedene);
- jedes Kind zählt seine Bälle; auf ein Signal hin ziehen/schieben alle Kinder einen Ball mit ihren Stäben zu einem Ziel; dann holen sie ebenso weitere Bälle;
- auf ein neues Signal hin beenden sie das Spiel und vergleichen die Ballmengen;

Sprachbenutzung

Springen/Stoppen auf Trimpolin

- ein Kind springt auf dem Trimpolin; nach jedem Sprung stoppt es sich ab;
- es zählt dabei laut bis zehn (oder weiter) und wieder zurück.

Lateralisation, Rechts-Links-Diskrimination

Drehen auf Drehscheibe

- das Kind kniet auf der Drehscheibe; um diese sind Klötze verteilt;
- der Raum wird verdunkelt; ein zweites Kind geht um die Scheibe in Linksdrehung herum und leuchtet mit einer Taschenlampe einzelne Klötze an;
- das erste Kind dreht sich mit, sammelt die angeleuchteten Klötze ein und zählt sie;

Aktivation der Aufrichte-/ Gleichgewichtsreaktionen

Krabbeln/Kriechen durch Tonnen

- aus Tonnen wird ein Kriechtunnel gebaut; in den Tonnen ist eine bestimmte Anzahl von Gegenständen verteilt;
- das Kind kriecht durch den Tunnel und sammelt die Gegenstände ein;
- es ordnet die Dinge auf einem Blatt an, zählt sie und schreibt die Ziffer dazu;

Extraokulare Muskelkontrolle

Verfolgen pendelförmiger Bewegungen

- von der Decke hängt ein Ball (ca. 5 cm Durchmesser) in Augenhöhe eines stehenden Kindes;
- der Ball wird vom Lehrer in eine leichte Pendelbewegung versetzt;
- das Kind verfolgt mit den Augen den Ball und zählt dabei laut die Pendelschwünge mit, bis der Lehrer den Ball stoppt;

Überkreuzen der Körpermittellinie

Nachspuren mit Körperteilen

- das Kind sitzt auf einem markierten Kreuz;
- vor ihm ist eine Ziffer großräumig aufgemalt;
- das Kind nennt die Ziffer und spurt sie mit verschiedenen Körperteilen (Kopf, Füße, Hände, Ellbogen) nach; dabei darf es nicht das markierte Kreuz verlassen;

Nachspuren
mit Körperteilen

Visuelle Form- und Raumwahrnehmung

Balancieren auf dem Wippbrett

- über eine Rolle wird ein langes Brett gelegt; auf dem Brett sind Felder markiert;
- das Kind balanciert im Vierfüßlergang so über das Brett, daß jede Hand/jedes Knie in ein neues Feld kommen; dabei zählt es die Felder ab;
- am Ziel nennt es Anzahl der Felder und schreibt die zugehörige Ziffer auf;

Auge-Hand-Koordination

Halten mit Daumen und Zeigefinger (Pinzettengriff)

- das Kind erhält eine Zuckerzange (Pinzette) und viele Nüsse (Muggelsteine) in einem Korb;
- es holt immer die gleiche Anzahl an Nüssen mit der Zange (Pinzette) aus dem Korb und legt sie in verschiedenen Anordnungen auf den Tisch (z. B. ooo, o$^{o}_{o}$, o^{oo});

zu Seiten
252, 253

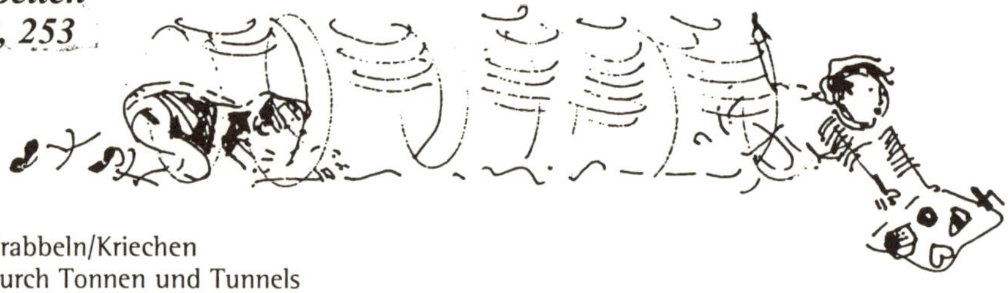

Krabbeln/Kriechen
durch Tonnen und Tunnels

Tragen mit
verschiedenen Körperteilen

Beidhändiges Ziehen/Schieben
eines Balles

Balancieren auf
dem Wippbrett

zu Seite 256

Hand um Hand vorwärtsziehen

Drehen am Knotentau

Anspannen der Arme/Hände

Verstehen der Zahl

Teilziel: Die Zahl als Maßzahl

Integration der primitiven Haltungsreflexe

TLR/Bauchlage (Rollbrett und Rampe)

- vor einer Rampe ist ein Zahlenstrahl mit Ziffern auf den Boden gezeichnet;
- das Kind fährt in Bauchlage die Rampe herunter und stellt fest, bis zu welcher Ziffer es gekommen ist;
- beim nächsten Versuch vergleicht es die zurückgelegten Strecken: (länger/kürzer, mehr/weniger);

Normalisierung des Muskeltonus

Anspannen der Arme/Hände

- das Kind erhält ein ca. 50 cm langes Gummiband (gut dehnbar!);
- es zeichnet die Länge des Bandes auf ein Blatt ab;
- es dehnt das Gummiband; ein anderes Kind zeichnet erneut ab;
- durch Zusammenbinden entstehen neue Längen;
- die Längen werden verglichen;

Körperschema

Spuren legen mit Körperteilen

- das Kind legt mit nassen Händen eine Spur auf ein Papier; es zählt die Handabdrücke ab;
- es legt daneben eine gleichgroße Anzahl von Fußabdrücken;
- es vergleicht die Länge der Spuren;

Bilateralintegration

Hand um Hand vorwärts ziehen

- ein Seil wird ca. 45 cm über dem Boden gespannt; an dem Seil werden Ziffernkärtchen (1–10) in Handabstand angebracht;
- das Kind liegt auf einem Rollbrett (Bauch-/Rückenlage) und zieht sich von Kärtchen zu Kärtchen;
- die Ziffernkarten werden in Armlänge angebracht; das Kind hangelt sich wieder vorwärts;
- das Kind vergleicht die zurückgelegten Strecken;

Sprachbenutzung

Drehen am Knotentau

- ein Kind klettert auf ein Knotentau;
- es erfaßt das Ende eines Gummibandes (4–5 m), dessen anderes Ende ein zweites Kind hält;
- das Kind wird um sich selber gedreht und wickelt sich dabei mit dem Band ein; es zählt die Umdrehungen mit;
- gleiches Spiel mit längeren/kürzeren Bändern; vergleichen;

Lateralisation, Rechts-Links-Diskrimination

Balancieren auf Balanciersteinen

- auf dem Boden sind unterschiedlich lange „Straßen" aus je gleich vielen Balanciersteinen ausgelegt;
- das Kind geht die Straßen ab und zählt dabei die Steine;
- es vergleicht Anzahl und Anordnung;
- es schiebt die Steine zusammen und vergleicht wieder durch Zuordnung;

Aktivation der Aufrichte-/Gleichgewichtsreaktionen

Hüpfen auf Hüpfball

- im Raum legen die Kinder eine Anzahl Rhythmiktücher hintereinander als Weg aus;
- sie hüpfen den Weg ab, (d.h. jedes Tuch) und zählen dabei laut;
- sie legen die doppelte/halbe Anzahl Tücher und zählen erneut;

Extraokulare Muskelkontrolle

Augensprünge

- ein Kind kniet auf dem Boden;
- ein (grünes) Band (40–50 cm) wird diagonal vor ihm auf den Boden gelegt (nähester Punkt 25 cm entfernt);
- das Kind fixiert auf ein Signal hin das untere Ende und dann das obere Ende des Bandes;
- das Band wird halbiert/verdoppelt, und die Aufgabe wiederholt;
- Vergleich: Was war am leichtesten/schwersten?; Warum?;

Überkreuzen der Körpermittellinie

Überkreuzen der Beine/Füße

- das Kind legt eine Anzahl von Sandsäckchen in einer waagrechten Reihe vor ein stehendes Kind,
- dieses Kind tippt mit einem Fuß auf jedes Säckchen und zählt dabei;
- es wird die doppelte/halbe Anzahl gelegt und mit dem anderen Fuß abgezählt;

Überkreuzen der Mittellinie mit Beinen/Füßen

Visuelle Form- und Raumwahrnehmung

Abfahren eines Hindernisweges (Rollbrett)

- im Raum sind Hindernisse verteilt; ein Seil markiert den Weg zwischen den Hindernissen;
- ein Kind liegt in Bauchlage auf dem Rollbrett; es fährt den Weg ab;
- dann fährt es den Weg „blind";
- Vergleich: Wann erscheint die Strecke länger/kürzer; warum?;

Auge-Hand-Koordination

Zielanpassung an feststehende Ziele

- das Kind steckt eine bestimmte Anzahl von Steckperlen zusammen;
- es macht eine Kette aus doppelt/halb so vielen Perlen;
- es legt die Ketten aneinander und vergleicht die Länge;

Verstehen der Zahl

Teilziel: Die Zahl als Ordnungszahl

Integration der primitiven Haltungsreflexe

ATNR im Sitzen (Rollbrett)

- auf dem Boden sind Reifen mit unterschiedlich großen Mengen verteilt;
- das Kind sitzt auf dem Rollbrett und hält mit beiden Händen einen Gymnastikstab; es stößt sich auf einer Seite ab und schaut dabei zu der anderen Seite;
- das Kind fährt die Mengen in der Ordnung ihrer Anzahl ab;

Normalisierung des Muskeltonus

Plötzliches Versteifen in einer Position

- jedes Kind hat eine Nummer um seinen Hals hängen; alle Kinder rennen umher;
- ein Kind ruft laut eine Zahl; das Kind mit der entsprechenden Nummer erstarrt mitten in seiner Bewegung;
- es werden der Reihe nach alle Nummern aufgerufen, bis alle Kinder erstarrt dastehen; Auflösung durch ein Signal;

Körperschema

Reize am Körper lokalisieren und differenzieren

- ein Kind liegt mit ausgebreiteten Armen und evtl. nacktem Oberkörper auf dem Rücken;
- ein anderes Kind legt ihm Tastziffern auf die Linie von Hand zu Hand;
- das liegende Kind nennt eine Ziffer, das andere Kind sucht den Vorgänger/Nachfolger und kreist ihn mit dem Finger ein;
- das liegende Kind bestätigt;

Bilateralintegration

Beidhändiges Schieben (Vierfüßlerstand)

- jedes Kind erhält ein Blatt Papier (DIN A3) mit einer Ziffer von 1–10;
- alle Kinder schieben im Vierfüßlergang ihr Papier vor sich her durch den Raum;
- auf ein Signal hin finden sich immer zwei Nachbarzahlen zusammen;

Sprachbenutzung

Auf-/Abwärtsbewegung im Schaukelnetz

- das Kind sitzt in einem Schaukelnetz, das an einer starken Feder aufgehängt ist; es schwingt auf und ab;
- das Kind hört eine Zahl und nennt möglichst schnell die Nachbarzahlen;

Lateralisation, Rechts-Links-Diskrimination

Agieren mit nur einer Körperseite

- im Raum sind Teppichfliesen mit großen Ziffern verteilt;
- das Kind versucht, die Fliesen mit nur einer Hand und Fuß (gleiche Körperseite) richtig zu ordnen (z.B. 1–10);
- es hüpft die Fliesenreihe ab und zählt dabei seine Sprünge;
- evtl. auch rückwärts oder blind hüpfen;

Aktivation der Aufrichte-/ Gleichgewichtsreaktionen

Sitzen auf Wippbrett

- zwei Kinder sitzen so auf einem Wippbrett, daß sie Gleichgewicht/Ungleichgewicht erzeugen;
- sie legen das zugehörige Zeichen (<, >, =) in die Mitte des Wippbrettes und verbalisieren es;
- gleiches Spiel im Knien, Vierfüßlerstand, Stand, rückwärts, seitwärts, blind;

Extraokulare Muskelkontrolle

Verfolgen von Bewegungen

- in einem Sandkasten werden Mulden gegraben;
- den Mulden werden Ziffern (z.B. von 1–10 aufsteigend) zugeordnet;
- in jede Mulde wird die entsprechende Zahl Schusser gerollt;
- das Kind betrachtet dabei in Bauchlage genau die Schusserbewegungen;

Überkreuzen der Körpermittellinie

Werfen über Körpermittellinie (drehende Schaukel)

- ein Kind wird auf der Schaukel gedreht; es hält in einer Hand einen Tennisball;
- vor dem Kind stehen in einer Reihe entsprechend große Kartons mit je einer Ziffer
- das Kind hört eine Zahl und wirft aus der drehenden Schaukel den Ball in den Karton mit dem Vorgänger/Nachfolger dieser Zahl;

Reize am Körper lokalisieren und differenzieren

Visuelle Form- und Raumwahrnehmung

Ball mit Kopf rollen

- auf einer Linie sind unterschiedlich lange (2–5 m) farbige Papierstreifen angeordnet;
- die unterschiedliche Länge wird festgestellt;
- die Kinder erhalten (Medizin-)Bälle; sie rollen diese mit ihrem Kopf im Vierfüßlergang auf den Strecken entlang;
- evtl. bei der kürzesten Strecke beginnen und bei der längsten enden;

Auge-Hand-Koordination

Zielanpassung an feststehende Ziele

- das Kind erhält eine Korkplatte, Nägel, einen Einmachring, Holzplättchen zum Annageln und einen Hammer;
- es würfelt eine Zahl und benennt sie; dann legt es einen Einmachring auf die Korkplatte und hämmert entsprechend viele Holzplättchen hinein;
- es numeriert die Ringe mit Ziffern;

zu Seiten 258, 259

Verfolgen von Bewegungen

Agieren mit einer Körperseite

Ball mit Kopf rollen

Werfen über Körpermittellinie

Plötzliches Versteifen in einer Position

Addition und Subtraktion von Zahlen

Teilziel: Verstehen der Rechenoperationen (+/–) anhand verschiedener Darstellungen

Integration der primitiven Haltungsreflexe

TLR/Bauchlage (Schaukelnetz)

- das Kind liegt in Bauchlage in einem Schaukelnetz;
- vor ihm sind auf dem Boden Noppersteine ausgebreitet; rechts und links von ihm stehen Kartons mit Ziffernaufschriften;
- das Kind hebt während des Schaukelns eine entsprechende Anzahl Steine auf und legt sie in den entsprechenden Karton;
- es schiebt die Kartons zusammen und addiert die Mengen;

Normalisierung des Muskeltonus

Druck/Anspannen der Hände (Ballon)

- das Kind bläst eine bestimmte Anzahl roter und blauer Luftballons auf; es addiert sie;
- das Kind wirft die Luftballons hoch; beim Fangen versucht es, die roten oder blauen Luftballons durch starkes Zusammendrücken platzen zu lassen; es subtrahiert die geplatzten Ballons;

Körperschema

Bewegen durch lange Röhre/Tonne

- vor einer langen Röhre liegen kleine Medizinbälle (in verschiedenen Farben);
- das Kind zählt sie ab;
- es trägt die Bälle durch die Röhre und ordnet sie nach Farben getrennt an; es addiert die Bälle und notiert die Aufgabe;

Bilateralintegration

Hüpfen auf Matratzen

- das Kind legt eine gerade Anzahl von Matratzen in einer Doppelreihe aus;
- es hüpft beidbeinig die Matratzen in der Grätsche ab und addiert dabei laut;
- es hüpft rückwärts und subtrahiert dabei;

Sprachbenutzung

Stehen auf beweglichen Unterlagen

- im Raum sind auf beweglichen Unterlagen farbige Gymnastikreifen ausgelegt (z.B. Wippbrett, Trimpolin);
- auf Zuruf (z.B. immer drei Kinder in einen Reifen!) suchen sich die Kinder einen Platz in einem Reifen; wer bleibt übrig?
- die Kinder addieren oder subtrahieren (z.B. ③+③+③+2 oder 11–③–③–③);

Lateralisation, Rechts-Links-Diskrimination

Tragen von Bleischnüren an Körperteilen

- das Kind bindet sich an jeden Arm/Fuß eine bestimmte Anzahl von Bleischnüren
- es vergleicht beide Arme/Füße nach ihrem Gewicht; es hält beide Arme/Füße zusammen und addiert die Schnüre;
- es wickelt alle Schnüre um einen Arm/Fuß; dann nimmt es wieder einige Schnüre weg; es verbalisiert die Subtraktion;

Aktivation der Aufrichte-/ Gleichgewichtsreaktionen

Gehen mit Laufbüchsen

- auf dem Boden ist eine Reihe aus Sandsäckchen ausgelegt;
- das Kind würfelt mit einem großen Schaumstoffwürfel eine Zahl;
- es ergänzt bis 10 durch Weiterzählen, indem es mit den Laufbüchsen entsprechend viele Säckchen übersteigt;

Extraokulare Muskelkontrolle

Verfolgen von Bewegungen (Deckel)

- das Kind markiert zwei Wege, die etwa 1 m lang sind;
- es legt/kniet sich auf den Boden und rollt eine bestimmte Anzahl von Deckeln (Bierdeckel, Flaschenverschlüsse) auf jedem Weg und verfolgt genau die Bewegung;
- am Zielpunkt zählt es die Deckel zusammen und legt die Aufgabe mit Ziffern;

Überkreuzen der Körpermittellinie

Überkreuzen mit Kopf (Rumpf/Schulter)

- das Kind kniet auf dem Boden; es hält die Arme auf dem Rücken und im Mund einen Löffel;
- vor dem Kind liegt eine ca. 60 cm lange Kugelbahn und eine bestimmte Anzahl Kugeln;
- das Kind stößt mit dem Löffel einige Kugeln von einer Seite der Bahn zur anderen; es subtrahiert die Anzahl von der Gesamtmenge;
- es stößt die Kugeln wieder zurück und addiert sie;

Gehen mit Laufbüchsen

Visuelle Form- und Raumwahrnehmung

Nachgestalten von Anordnungen

- auf dem Boden liegen farbige Holzklötze;
- das Kind holt eine bestimmte Anzahl je einer Farbe; es addiert die Mengen;
- es legt aus den Klötzen bestimmte vorgegebene Muster nach; es vergleicht die verschiedenen Anordnungen (evtl. auch blind abtasten), es stellt Gleichungen auf;

Auge-Hand-Koordination

Anpassung an feststehende Ziele/ Pinzettengriff (Knöpfe fädeln)

- das Kind erhält Knöpfe (mit 1–4 Löchern) und eine Schnur;
- es fädelt die Schnur durch alle Löcher eines Knopfes und zählt dabei;
- es addiert die Löcher eines neuen Knopfes beim Weiterfädeln;
- es legt die Aufgabe mit Tastziffern;

Addition und Subtraktion von Zahlen
Teilziel: Lösen von Additions- und Subtraktionsaufgaben

Integration der primitiven Haltungsreflexe

ATNR (Vierfüßlerstand)

- im Raum sind Teppichfliesen mit Ziffern verteilt;
- das Kind erhält eine Aufgabe mit Platzhalter; es löst leise die Aufgabe, klemmt die Aufgabenkarte zwischen Kinn und Schulter (abwechseln der Seiten) und geht im Vierfüßlergang zu der entsprechenden Ziffernfliese;
- es legt die Karte ab und erhält eine neue;

Normalisierung des Muskeltonus

Ziehen an den Händen

- ein Kind hält mit beiden Händen eine bestimmte Anzahl (Tennis-)Ringe sehr fest;
- der Lehrer nennt eine Subtraktionsaufgabe;
- ein anderes Kind löst sie im Kopf und zieht die entsprechende Anzahl an Ringen dem anderen Kind aus den Händen;
- die Aufgabe wird notiert;

Körperschema

Lokalisieren und Differenzieren von Kälte-/Druckreizen auf Körperteile

- ein Kind liegt mit geschlossenen Augen auf dem Boden (möglichst weit ausgezogen);
- ein anderes Kind legt 2–3 Geldstücke auf das liegende Kind; dies nennt die Anzahl;
- 2–3 Geldstücke kommen dazu/weg; Wieviele sind es jetzt?
- evtl. Notation der Aufgabe;

Bilateralintegration

Gleichzeitiges Greifen mit jeder Hand

- vor dem Kind steht rechts und links je eine Schüssel mit Bohnen o.ä.;
- der Lehrer nennt eine Zahl;
- das Kind holt gleichzeitig mit jeder Hand diese Anzahl an Bohnen, legt sie nebeneinander und nennt die Verdoppelungsaufgabe;
- evtl. Notation der Aufgabe;

Sprachbenutzung

Klettern im Hängekorb

- oben auf einem Hängekorb liegen Luftballons;
- das Kind erhält eine schriftliche Rechenaufgabe;
- es klettert auf den Korb, erfindet oben eine Sachgeschichte zu der Rechenaufgabe mit Ballons und demonstriert sie durch Herunterwerfen der entsprechenden Luftballons;

Lateralisation, Rechts-Links-Diskrimination

Drehbewegung und Zeigen nach links

- das Kind kniet auf einer Drehscheibe; um die Drehscheibe sind Rechenaufgaben angeordnet;
- das Kind erhält eine Aufgabe und löst sie;
- durch Abstoßen mit der rechten Hand gegen den Uhrzeigersinn kann es während dem Drehen mit der linken Hand die zugehörige Tauschaufgabe ergreifen;

Aktivation der Aufrichte-/ Gleichgewichtsreaktionen

Klettern auf Hängeleiter

- das Kind erhält eine Rechenaufgabe; es rechnet und merkt sich die Lösungszahl;
- das Kind klettert auf der Hängeleiter die entsprechende Anzahl Sprossen herauf und hüpft dann herunter;
- die anderen Kinder kontrollieren und notieren die Aufgabe;

Extraokulare Muskelkontrolle

Verfolgen (Kugelbahn)

- das Kind baut sich eine Kugelbahn, evtl. mit Richtungswechsel;
- es läßt eine beliebige Anzahl Kugeln rollen und verfolgt ihre Bewegung;
- ein anderes Kind läßt Kugeln rollen und beobachtet ebenfalls;
- die Kugeln werden addiert, und die Rechenaufgabe aufgeschrieben;

Überkreuzen der Körpermittellinie

Prellen von der Drehscheibe aus (Ball)

- das Kind kniet auf einer Drehscheibe und dreht sich möglichst schnell (wird gedreht);
- vor dem Kind sind an einer Stelle Kreise mit Ziffern aufgezeichnet;
- das Kind erhält eine Additions- oder Subtraktionsaufgabe und löst sie; es prellt den Ball aus dem Drehen heraus auf die Lösungszahl;

Gleichzeitiges Greifen mit jeder Hand

Visuelle Form- und Raumwahrnehmung

Schießen eines Balles vom Einbeinschemel aus

- das Kind sitzt auf einem Einbeinschemel; vor dem Kind sind in ca. 2 m Entfernung Tore mit Ziffern aufgebaut;
- das Kind hört eine Additions- oder Subtraktionsaufgabe, löst sie und schießt einen Ball in das entsprechende Lösungstor;

Auge-Hand-Koordination

Zielanpassung an bewegte Ziele (Ball)

- alle Kinder haben eine Ziffer umhängen und stehen im Kreis; sie haben alle einen Ball;
- der Lehrer nennt eine Ergänzungsaufgabe (3 + ? = 7);
- das Kind mit der Lösungszahl läuft weg; die anderen versuchen, es mit den Bällen abzuwerfen;
- Notation und Verbalisierung der Aufgabe;

zu Seiten 262, 263

Druck/Anspannung der Hände

Überkreuzen der Körpermittellinie mit dem Kopf

Tragen von Bleischnüren an Körperteilen

zu Seite 265

Prellen von der Drehscheibe aus

Anpassung an bewegte Ziele (Ball)

Klettern auf Hängeleiter

Schießen eines Balles vom Einbeinschemel aus

Integration der primitiven Haltungsreflexe

TLR (Bauchlage, Rollbrett)

- am Hutgummi sind Geldstücke aus Schokolade aufgehängt; sie hängen in einer Linie ca. 30–40 cm über dem Boden;
- das Kind liegt auf einem Rollbrett (Bauchlage), schnappt im Vorbeifahren möglichst viele Geldstücke mit den Händen und zieht sie herunter;
- es zählt die Geldbeträge zusammen;

Normalisierung des Muskeltonus

Druck mit den Fingern

- ein Kind erhält einen Bogen Spielgeld zum Ausstanzen;
- es klettert auf eine Hängeleiter, drückt oben das Geld mit seinen Fingern heraus und läßt einen „Geldregen" auf die anderen Kinder herunterregnen;
- jeder sammelt möglichst viele Geldstücke ein und zählt seinen Geldbetrag zusammen;

Körperschema

Druckreize vergleichen

- das Kind liegt/sitzt mit geschlossenen Augen auf dem Boden;
- es hält mit einer Hand/Arm/Bein einen großen Münzenstoß, mit der anderen Hand einen kleinen;
- es vergleicht das Gewicht der Stöße und ergänzt zum Gleichgewicht oder zum gleichen Wert;

Bilateralintegration

Gleichzeitiger Gebrauch der Hände

- in einem Eimer mit Sand sind Geldstücke vergraben;
- dem Kind werden die Hände lose zusammengebunden;
- es „baggert" mit beiden Händen nach den Geldstücken;
- es zählt seinen gefundenen Geldbetrag zusammen;

Sprachbenutzung

Schaukeln auf Wippbrett

- zwei Kinder sitzen sich auf je einem Wippbrett gegenüber;
- sie haben vor sich Münzen auf ihrem Wippbrett ausgebreitet;
- während des Schaukelns führen sie ein „Bankgespräch" und wechseln die Münzen gegen andere ein;

Lateralisation, Rechts-Links-Diskrimination

Balancieren mit unterschiedlicher Belastung

- das Kind füllt verschiedene Geldbeträge in Säcke;
- es vergleicht Wert und Gewicht der Säcke;
- es trägt als „Geldbote" mit einer Hand/Schulter etc. die Geldsäcke über Balancierwege/-brücken zu nächsten „Bank";

Aktivation der Aufrichte-/ Gleichgewichtsreaktionen

Balancieren mit „Gepäck" (Langbank)

- zwei Kinder erhalten Säcke mit möglichst vielen Münzen;
- sie gehen sich auf einer umgekippten Langbank entgegen, bleiben in der Mitte bei einem aufgehängten „Reifen-Schalter" stehen und wechseln die Geldsäcke;
- dann drehen sie um und gehen wieder zurück;

Extraokulare Muskelkontrolle

Verfolgen von Bewegung/Eigenbewegung

- zwei Kinder ordnen und benennen eine Anzahl von Münzen;
- sie legen gleiche Münzen auf den Rand eines Gymnastikreifens und tragen ihn gemeinsam zur „Bank";
- dabei beobachten sie genau die einzelnen Münzen, damit keine herunterfällt;

Überkreuzen der Körpermittellinie

Überkreuzen der Arme (Tau)

- durch ein Schokoladengeldstück wird eine Perlonschnur gezogen;
- die Kinder knien sich in einer Schlange hineinander hin; die Schnur wird auf einer Seite geführt (Wechseln der Seite);
- durch Hin- und Herbewegen wird das Geldstück mit beiden Händen nach vorne/hinten geschoben;
- ein Kind versucht, das Geldstück durch Beobachtung zu finden;

Balancieren mit Gepäck

Visuelle Form- und Raumwahrnehmung

Übertragen von Raumdimensionen

- das Kind sitzt auf dem Boden und hat verschiedene bekannte Münzen vor sich liegen;
- es sieht ganz kurz eine Anordnung von 3–4 Münzen im OHP;
- es legt die Anordnung mit seinen Münzen auf dem Boden nach;

Auge-Hand-Koordination

Pinzettengriff/Anpassung an feststehende Ziele

- das Kind erhält einen Sack mit Münzen;
- es ordnet die Münzen, indem es Münze für Münze in entsprechende „Sparbüchsen" mit Ziffernaufschrift steckt;

Integration der primitiven Haltungsreflexe

ATNR (Stand)

- das Kind nimmt die abgebildete Position ein;
- ihm wird dabei jeweils eine Flächenform auf die dem Gesicht zugewandte Schulter gezeichnet;
- es versucht, die Form durch Zuschauen zu erkennen;

Normalisierung des Muskeltonus

Abstoßen mit Füßen (Rollbrett)

- das Kind liegt auf einem Rollbrett;
- es stößt sich mit den Füßen möglichst kräftig ab; Startpunkt ist eine Zimmerecke;
- wie oft muß es sich abstoßen, um die andere Zimmerecke zu erreichen?

Körperschema

Springen auf dem Trimpolin

- das Kind springt auf einem Trimpolin und begleitet dabei seine Sprünge mit dem Kommentar: „auf-ab";
- evtl. Sprungbahn aus verschieden federnden Unterlagen gestalten;
- evtl. Springen im Vierfüßlerstand/Sitzen;

Bilateralintegration

Gleichzeitiges Greifen mit beiden Händen (Tuch)

- die Kinder halten mit beiden Händen den Rand eines großen Tuches; auf dem Tuch liegen Luftballons;
- auf Zuruf wird das Tuch mit beiden Händen in Bewegung versetzt;
- die Luftballons sollen sich dabei in festgelegte Richtungen bewegen;

Sprachbenutzung

Benutzen von Geräten auf ein verbales Signal hin

- im Raum sind verschiedene Geräte in einer Linie aufgestellt;
- ein Kind gibt Befehle: z. B. „Stell dich daneben/davor/dahinter ...";
- alle anderen Kinder agieren immer mit Blickrichtung zu dem „Lehrer";

Lateralisation, Rechts-Links-Diskrimination

Nachahmung von Posen

- ein Kind sitzt/steht vor den anderen Kindern und stellt eine Pose dar;
- die anderen Kinder ahmen die Pose spiegelbildlich oder seitengleich nach;

Aktivation der Aufrichte-/ Gleichgewichtsreaktionen

Fahren mit beweglichen Geräten

- die Kinder legen im Raum Bauklötze als Hindernisse aus;
- jedes Kind nimmt ein „Fahrzeug" und fährt in Wellenlinien um die Hindernisse;
- ein Seil wird um die Hindernisse in Wellenlinien gelegt und abgefahren;

Extraokulare Muskelkontrolle

Verfolgen von Bewegungen

- das Kind sitzt auf einem Stuhl in einem dunklen Raum;
- der Lehrer „zeichnet" ca. 45 cm von ihm entfernt mit einer Bleistifttaschenlampe eine Form in die Luft (z. B. Kreis);
- das Kind verfolgt mit seinen Augen und seinem ausgestreckten Arm die Lampe;
- das Kind malt die Form auf ein Papier;

Überkreuzen der Körpermittellinie

Überkreuzen der Arme (Klatschen)

- die Kinder stehen in einer Doppelreihe und laufen bestimmte Raummuster ab (z. B. Kreis, Dreieck, usw.);
- auf ein Signal hin bleiben sie stehen, wenden sich ihrem Partner zu und klatschen ihm mehrmals mit überkreuzten Armen auf die Hände (und evtl. sich auf die Beine);

ATNR
(Stand)

Visuelle Form- und Raumwahrnehmung

Gegangenen Weg aufzeichnen

- ein Kind führt ein anderes auf einem (einfachen) Weg durch den Raum; dabei geht ein Kind rückwärts;
- nach dem Spiel wird der Weg beschrieben und aufgezeichnet, evtl. auch mit Seilen nachgelegt;
- Achten auf Richtungswechsel!

Auge-Hand-Koordination

Schneiden von großen Formen

- das Kind schneidet großflächige Formen aus (z. B. Kreise);
- es legt diese Formen in analoger Raumanordnung auf dem Fußboden aus (z. B. kreisförmig) und hüpft sie ab;

zu Seiten 268, 269

Gleichzeitiger Gebrauch der Hände

Pinzettengriff/
Anpassung an feststehende Ziele

Druckreize vergleichen

Verfolgen von Bewegung/Eigenbewegung

gleichzeitiges Greifen mit beiden Händen

XYZ
Schluß
juche!

Material-Liste

Material zur Förderung der taktil-kinästhetischen Wahrnehmung

- Bälle
- Balanciertonne
- Bastelmaterialien
- Bleischnüre
- Bürsten
- Dinge zum Verkleiden
- Drehverschlüsse, Korken etc.
- Farben
- Fingerpuppen
- Föhn
- Formen und Buchstaben aus tastbarem Material
- Hängematte
- Hängenetz
- Holzbretter mit Rillenfräsung
- Holz- und Steckperlen
- Knotentau
- Kriechtunnel
- Langbank
- Linolplatten mit Form- und Buchstabenrillen
- Luftkissen
- Matratzen/Schaumstoffteile
- Naturalien (Reis, Bohnen, Erbsen etc.)
- Naturmaterialien (Kastanien, Eicheln etc.)

Tunnel aus Stoff

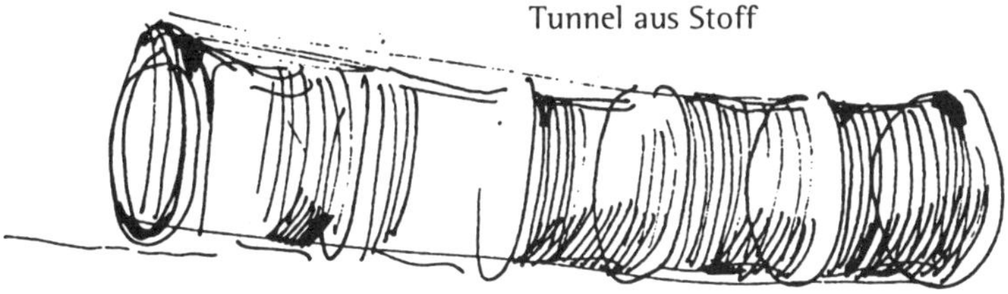

gepolsterte Tonne

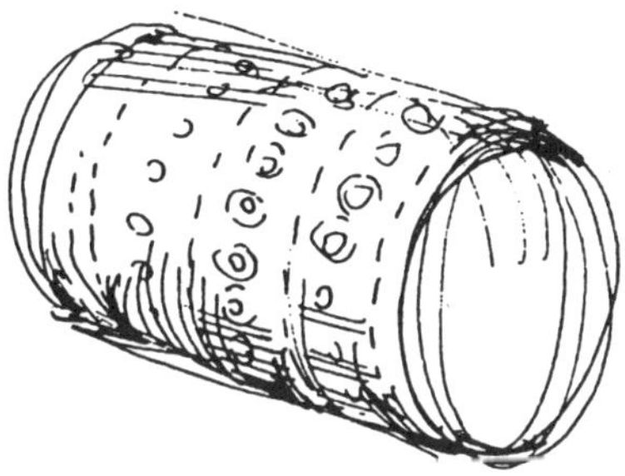

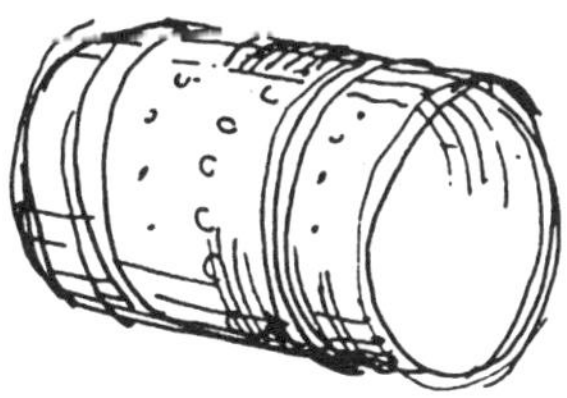

Balanciertonne
(mit Teppich bezogen)

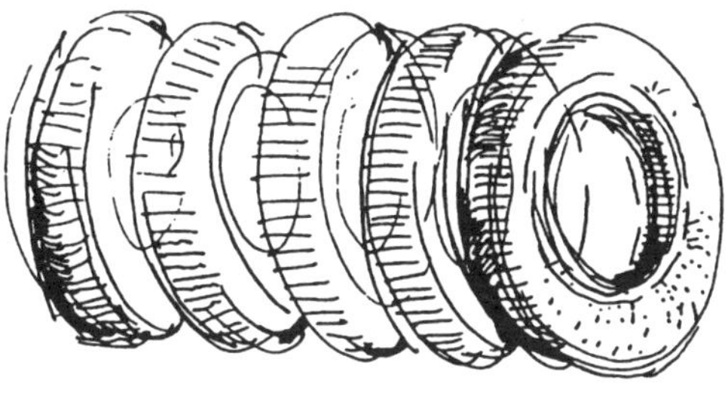

Röhre aus 5 Autoschläuchen

Rollbrett
(circa 35x55 cm)

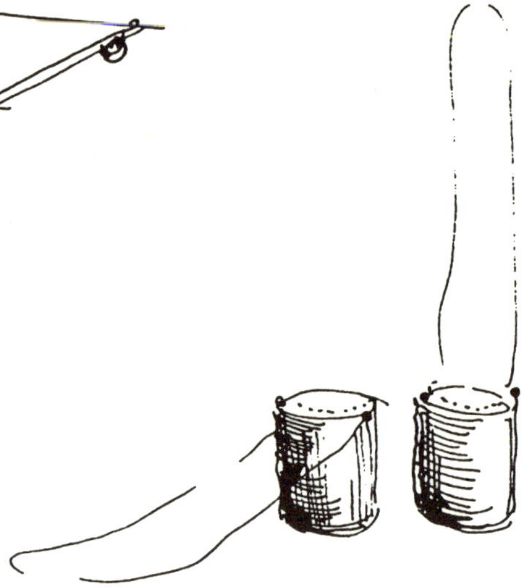

Laufdollis

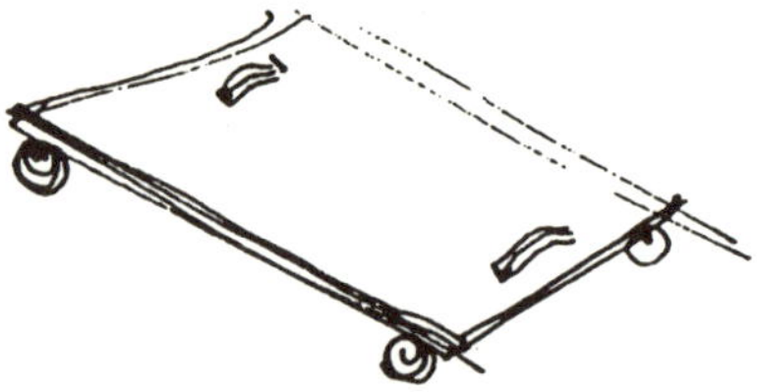

Rollbrett mit Griffen

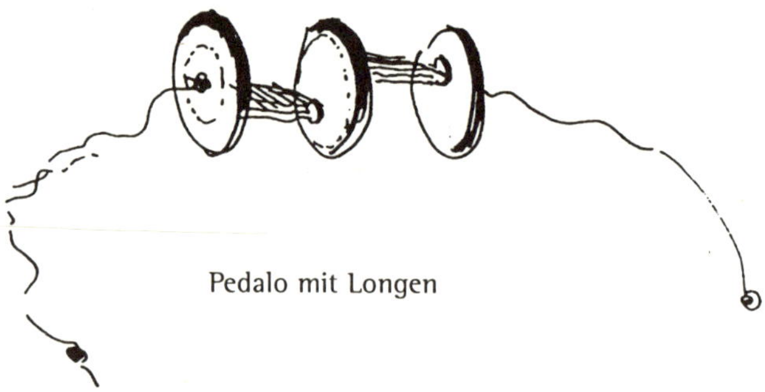

Pedalo mit Longen

Einer-Pedalo

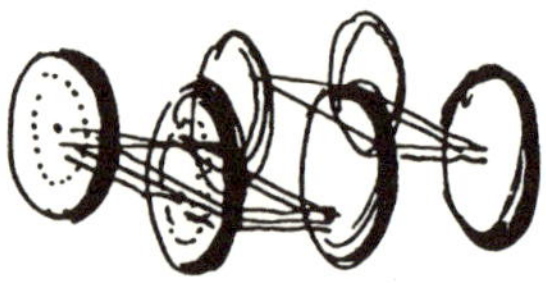

Doppel-Pedalo

Groß-Pedalo

- Pertra-Spielsatz
- Rasierschaum
- Rollbrett
- Schlauchrolle
- Seile/Taue
- Sport- und Therapiekreisel
- Tapetenkleister
- Tastdomino
- Teppichfliesen
- Therapiebälle
- Waschmaterialien (Waschlappen, Schwämme, Handtücher etc.)

Material zur Förderung der vestibulären Wahrnehmung

- Balancierbalken
- Balanciertonne
- Decken
- Drehscheibe
- Drehstuhl
- Einbeinhocker
- Fallschirmtuch/Schwungtuch
- Gymnastikrolle
- Hängekorb
- Hängematte
- Hänge-Strickleiter
- Hüpfbälle
- Kriechtunnel
- Luftkissen
- Rampe/Rutsche
- Rollbrett
- Roll-Wipp
- Schaukelbretter
- Schaukelnetz
- Schlauchrolle
- Sport- und Therapiekreisel
- Therapiebälle
- Trimpolin
- Wippbretter

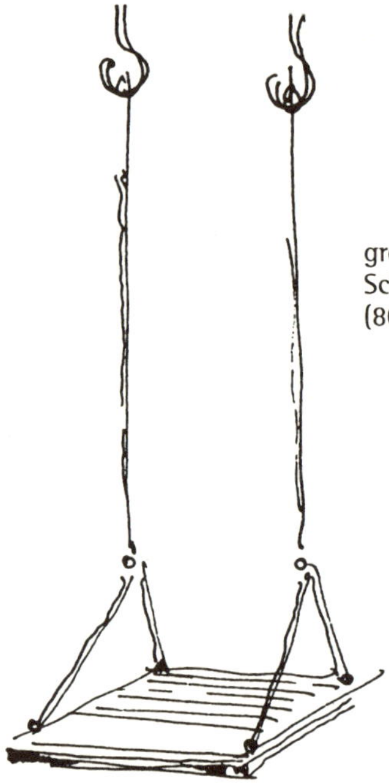

großes
Schaukelbrett
(80x80 cm)

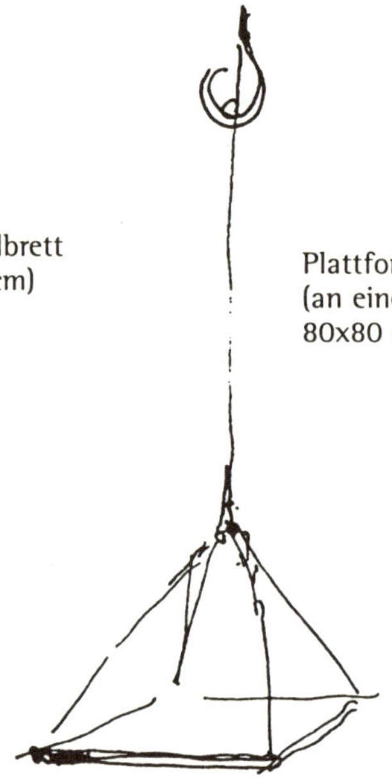

Plattformschaukel
(an einem Haken aufgehängt,
80x80 cm)

Tellerschaukel

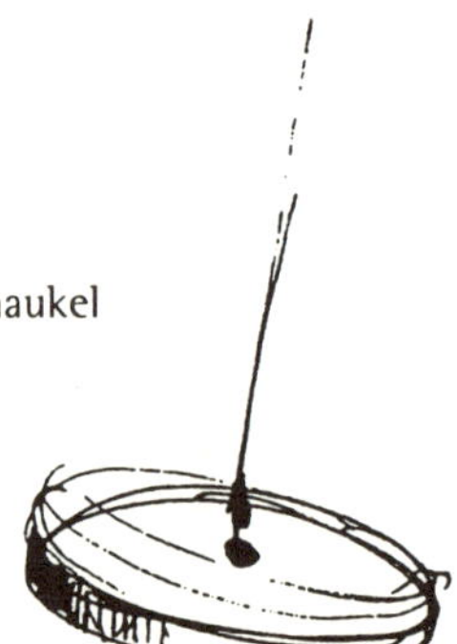

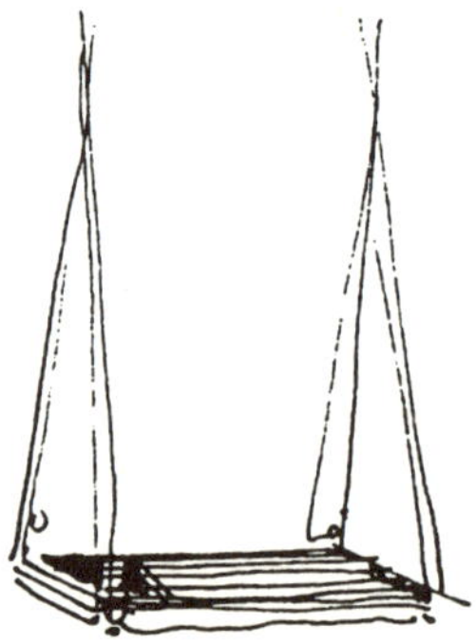

Schaukelbrett

Kinderschaukel

Expander-Feder

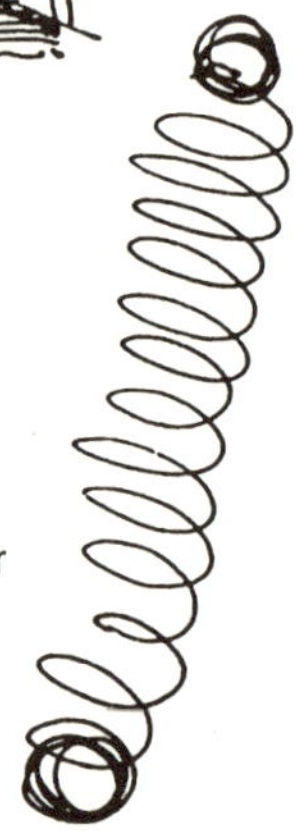

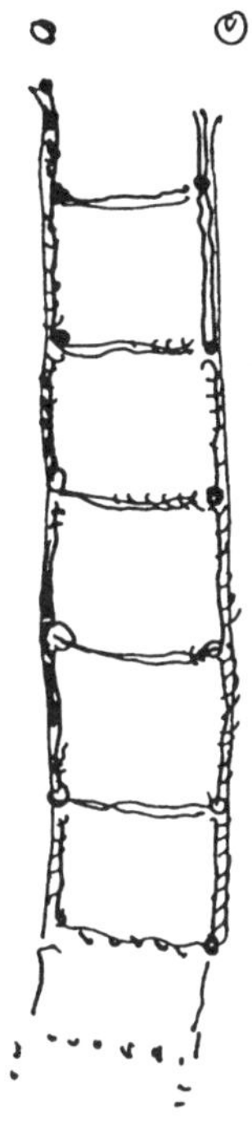

Strickleiter

Knotentau

Ringe

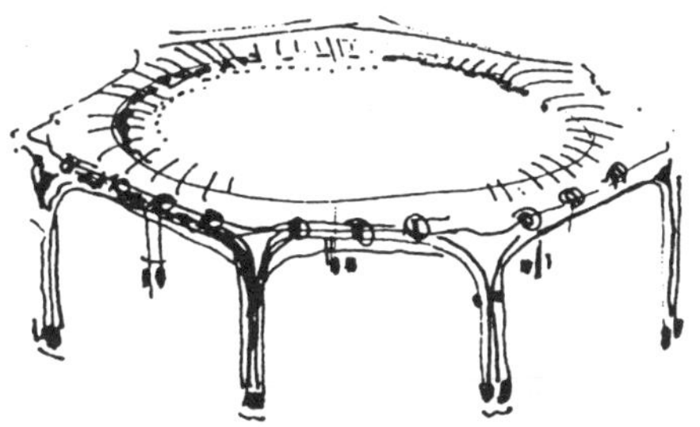

Trimpolin

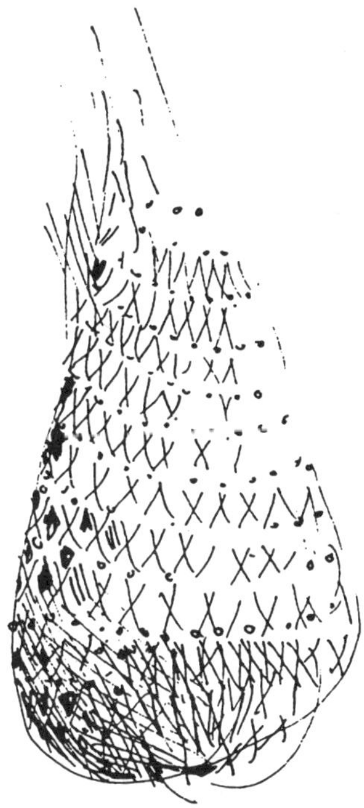

Schaukelnetz

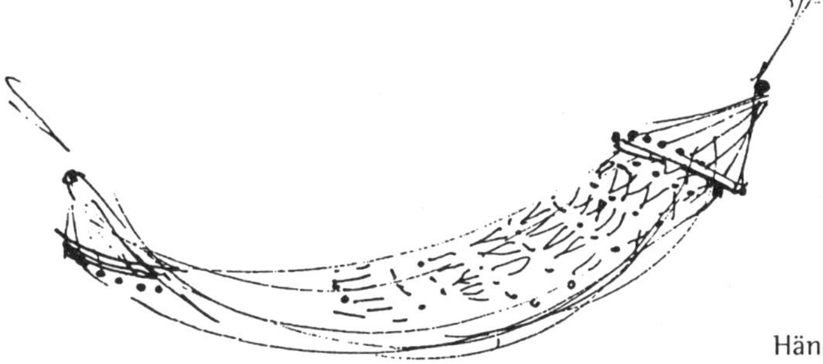

Hängematte

Therapie-Kreisel

Roll-Wipp

Therapie-Kreisel
mit großer Auflage

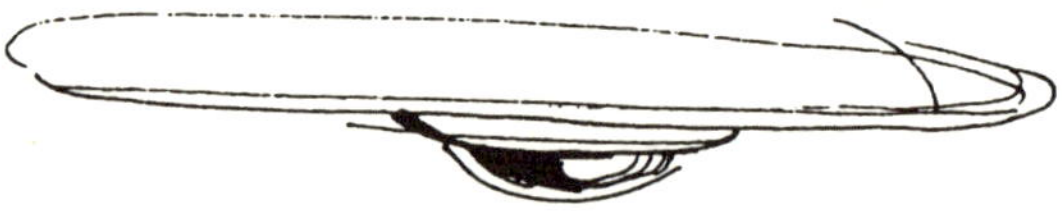

Sport-Kreisel

Gymnastik-Drehscheibe

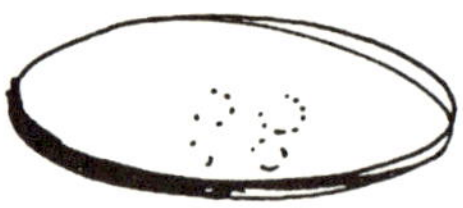

Wackel-Brett

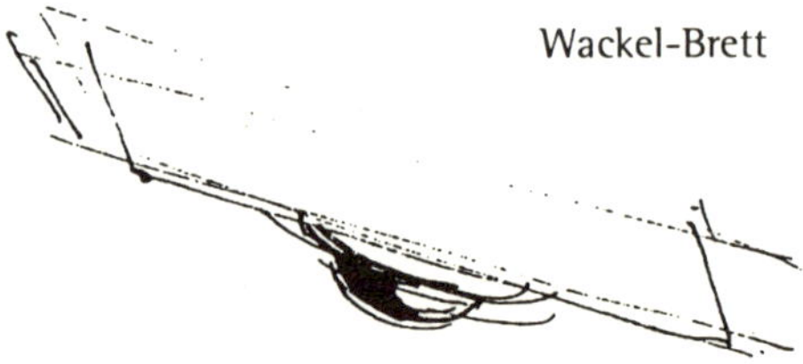

Einbein-Schemel
(T-Hocker)

Wipp-Flipp

Material zur Förderung der propriozeptiven Wahrnehmung

- Balanciertonne
- Bleischnüre
- Drehscheibe
- Fingerpuppen
- Gliederpuppe
- Hängematte
- Holz- und Steckperlen
- Hüpfbälle
- Kästen
- Knotentau
- Kriechtunnel
- Langbank
- Laufdollis
- Luftballons
- Luftkissen
- Matratzen/Schaumstoffteile
- Medizinbälle
- Noppenbälle
- Pedalo
- Pertra-Spielsatz
- Pinzette
- Rhythmikinstrumente
- Rollbrett
- Rutsche
- Sandsäckchen
- Schaukelbretter
- Schaukelnetz
- Schlauchrolle
- Seile/Taue
- Sport- und Therapiekreisel
- Sprossenwand
- Teppich
- Therapiebälle
- Trimpolin

- Wäscheklammern
- Wippbretter
- Zeitlupenball

Material zum Augentraining

- Angelspiel
- ferngesteuerte Autos
- Bälle
- Balancierbalken
- Bauklötze
- Bleischnüre
- Blitzlicht
- Einbeinhocker
- Holzbretter/Linolplatten mit Rillenfräsung
- Kästen
- Kegel/Kegelspiel
- Kugelbahn
- Labyrinth
- Luftballons
- Muggelsteine
- Pertra-Spielsatz
- Pinzette
- Puzzle
- Schusser
- Schwungtücher
- Softball mit Schläger
- Spiegel
- Tafel
- Taschenlampe
- Therapieball
- Tore/Hürden
- Wäscheklammern
- Zeitlupenball

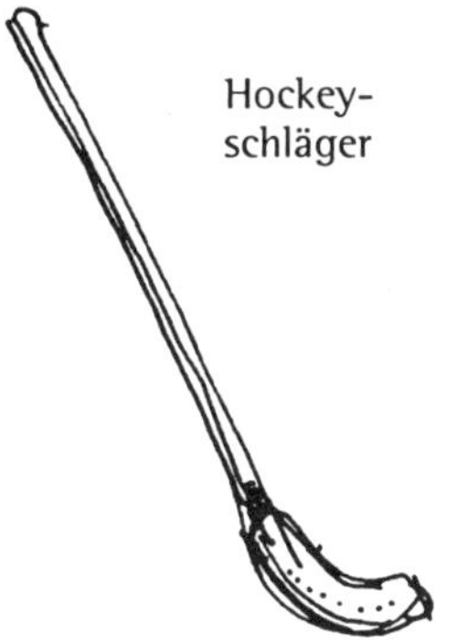

Hockey-
schläger

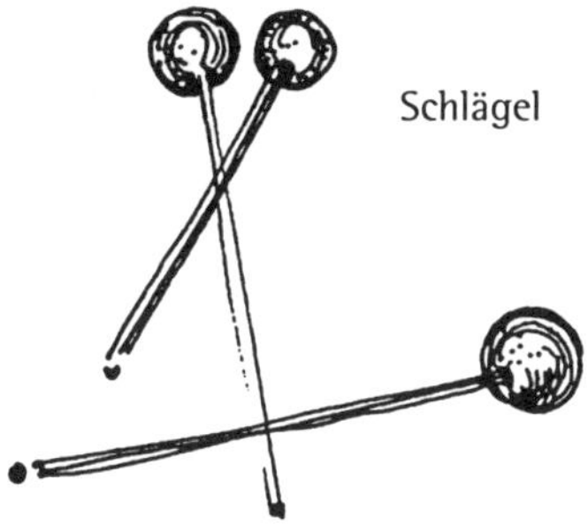

Schlägel

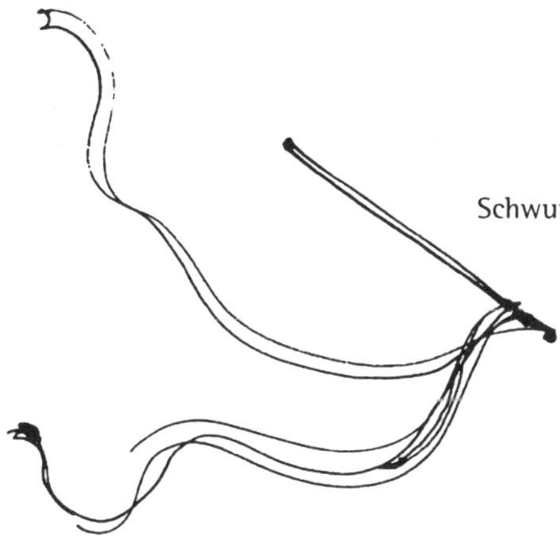

Schwungbänder

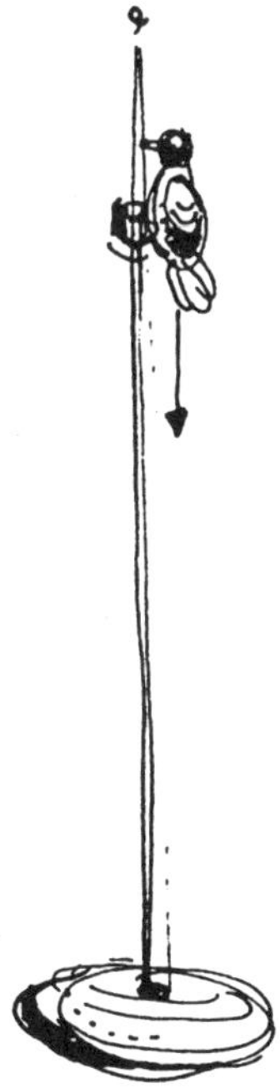

Kletter-Specht

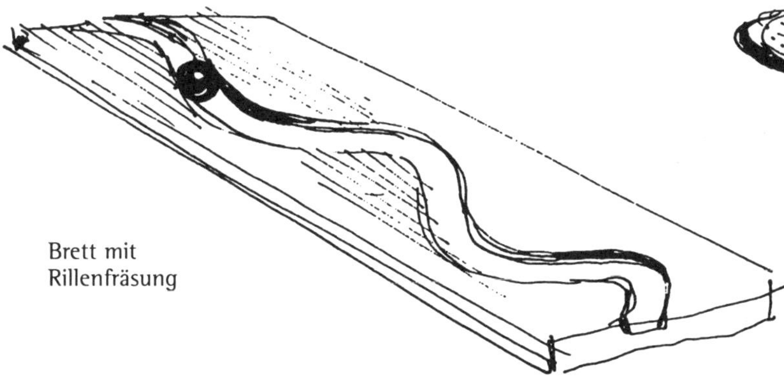

Brett mit
Rillenfräsung

Weiterführende Literatur

(die Ziffern weisen auf die Eignung in der entsprechenden Förderstufe hin; 0 = Basisbereich, 1 = 1. Förderstufe, 2 = 2. Förderstufe, 3 = 3. Förderstufe)

3 ARENHÖVEL/WILDE: Hören-sehen-schreiben-kontrollieren. Münster, 1982

2–3 ARNDT, M./SINGER, W. (Hg.): Das ist der Daumen Knudeldick. Ravensburg, 1980

3 ARNOLDY, P.: Achtung aufgepaßt. Ein audiovisuelles Lernprogramm zur Förderung der Hör-, Sprech- und Lesefertigkeit. München, 1978

0–3 ARNS/HÜTER-BECKER: Krankengymnastik bei neurologischen Erkrankungen. München, 1977

0–3 AYRES, J.: Lernstörungen. Sensorisch-integrative Dysfunktionen. Berlin, 1979

0–3 AYRES, J.: Bausteine der kindlichen Entwicklung. Berlin, 1984

0–3 BARLIN, A.L.: Fliegen möcht ich, Kreative Bewegungserziehung mit Kindern. Ravensburg, 1982

3 BETZ, D./BREUNINGER, H.: Teufelskreis Lernstörungen. München, 1987

1–3 BLÖCHER, E.: Schwierigkeiten beim Schreibenlernen, Erkennen und Behandeln von Grundursachen, Graphie und Orthographie. Langenau-Ulm, 1983

1–3 BOBATH, B.: Abnormale Haltungsreflexe bei Gehirnschäden. Stuttgart, 1971

0–3 BRACK, U. (Hg): Frühdiagnostik und Frühtherapie. München – Weinheim, 1986

0–3 BRAND, I.: Kreatives Spielen, Entwicklungsförderung mit dem Pertra-Spielsatz. Dortmund, 1988

0–3 BRAND, I./BREITENBACH, E./MAISEL, V.: Erziehung und Förderung in den Schulvorbereitenden Einrichtungen für behinderte Kinder. Würzburg, 1987

0–3 BRAND, I./BREITENBACH, E.: Tollpatschig, ungeschickt und viele Fehler im Diktat. Sportpäd. 4, 1987

3 BREUER, H./WEUFFEN, M.: Gut vorbereitet auf das Lesen- und Schreibenlernen? Berlin, 1986

0–3 Callies, E./Döpp, W., u.a.: Spiel- und Lernladen für Vorschulkinder. Stuttgart, 1977

0–3 Caprez, G.: Neuropsychologische Therapie nach Hirnschädigungen, Grundlagen und Praxis des Hirnleistungstrainings für Ergotherapeuten. Berlin – Heidelberg – New-York – Tokyo, 1984

0–3 Carr, R.: Bewegungsspiele und Yoga mit Kindern. München, 1980

1–3 Clauss, A.: Förderung entwicklungsgefährdeter und behinderter Heranwachsender. Erlangen, 1981

3 Crickmay, M.C.: Sprachtherapie bei Kindern mit zerebralen Bewegungsstörungen auf der Grundlage der Behandlung nach Bobath. Berlin, 1976

1–3 Delacato, C.H.: Diagnose und Behandlung der Sprach- und Lesestörungen. Freiburg, 1970

1–3 Delacato, C.H.: Ein neuer Start für Kinder mit Lesestörungen, Eine Anleitung für die Eltern. Freiburg, 1973

3 Delft, P. van: Denkspiele der Welt. München, 1977

1–3 Dennison, P.E.: Befreite Bahnen. Freiburg, 1987

0–3 Dt. Gesellschaft für Sprachheilpädagogik, Landesgruppe Baden-Württemberg, Zentral bedingte Kommunikationsstörungen. Hamburg, 1984

0–3 Dt. Gesellschaft für Sprachheilpädagogik, Landesgruppe Rheinland, Spracherwerb und Spracherwerbsstörungen. Hamburg, 1987

0 Desmond, M.: Liebe geht durch die Haut. Zürich, 1972

1–3 Dordel, S.: Bewegungsförderung in der Schule. Dortmund, 1988

0–3 Eberlein, G.: Autogenes Training für Kinder mit Märchen. Düsseldorf – Wien, 1976

0–3 Eggers, O.: Ergotherapie bei Hemiphlegie, Konzepte zur Behandlung von Funktionsstörungen erwachsener Hemiplegiker. Berlin – Heidelberg – New York 1982

0–3 Eggert, D.: Psychomotorisches Training. Weinheim, 1975

1–3 Ehrlich, P./Heimann, K.: Bewegungsspiele für Kinder, Wie ein Kind in seiner Entwicklung gefördert werden kann. Dortmund, 1982

1–3 Ehrlich, P./Heimann, K.: Bewegungsspiele mit dem Pedalo, Ein Praxishandbuch für Spiel, Sport und Therapie. Dortmund, 1986

3 Fackelmann, J.: Hören und Üben. Materialien zur akustischen Wahrnehmungsdifferenzierung für Legastheniker. München, 1975

0–3 Feldenkrais, M.: Bewußtheit durch Bewegung, Der aufrechte Gang. Frankfurt, 1978

1–3 FELDKAMP/DANIELCIK: Krankengymnastische Behandlung bei zerebralen Bewegungsstörungen. München, 1982

3 FRITZE/PROBST/REINARTZ/REINARTZ: Hören – auditive Wahrnehmungsförderung. Dortmund, 1976

0–3 FRÖHLICH, A.D. (Hg.): Wahrnehmungsstörungen und Wahrnehmungstraining bei Körperbehinderten. Rheinstetten, 1977

0–3 FROSTIG, M.: Bewegen – Wachsen – Lernen, Bewegungserziehung. Hannover, 1972

3 FROSTIG. M.: Visuelle Wahrnehmungsförderung, Band 1,2,3. Dortmund, 1972

3 FROSTIG, M.: Individualprogramm zur visuellen Wahrnehmungsförderung. Dortmund, 1972

0–3 FROSTIG, M./MÜLLER, H.: Teilleistungsstörungen, Ihre Erkennung und Behandlung bei Kindern. München – Wien – Baltimore, 1981

2–3 GARLINER, D.: Myofunktionelle Therapie in der Praxis. München, 1982

3 GEEST VAN DER/DVIJSENS/SWÜTE: Sprachaktivierung. Dortmund, 1976

0–3 GESSLEIN, I./LIPPERT, H.: Schule macht Spaß. Würzburg, 1987

1–3 GETMAN, G.N.: Intelligente Kinder durch Erziehung. Freiburg, 1967

1 GOODRICH, J.: Natürlich besser sehen. Freiburg, 1986

3 GRISSEMANN, H.: Klinische Sonderpädagogik am Beispiel der psychiatrischen Legasthenietherapie. Stuttgart, 1980

3 HEERMANN, M.: Schreibbewegungstherapie. Bielefeld, 1965

3 HEUSS, G.: Sehen, Hören, Sprechen, 1–3. Ravensburg

3 HOGREFE, S./KONRAD, M./OSWALD, K./REDECKER, H.: Toben, Turnen, Bewegen mit Kindern. Hamburg, 1982

0–3 HOLLE, B.: Die motorische und perzeptuelle Entwicklung des Kindes, Ein praktisches Lehrbuch für die Arbeit mit normalen und retardierten Kindern. München – Weinheim, 1988

0–3 HORSCH, U./DING, H.: Sensomotorisches Vorschulprogramm. Heidelberg, 1981

0–3 JENSEN, V.A./HALLER, D.W.: Was ist das? Frankfurt, 1978

3 KALB/RABENSTEIN/ROST: Lesen und Verstehen, Diagnose. Braunschweig, 1979

3 KALB/RABENSTEIN/ROST: Lesen und Verstehen, Therapie. Braunschweig, 1979

0–3 KIPHARD, E.: Bewegung heilt. Gütersloh, 1977

1–3 KIPHARD, E.: Motopädagogik, Dortmund, 1982

1–3 KIPHARD, E.: Mototherapie, Teil 2. Dortmund, 1983

1–3 KEPHART, N.C.: Das lernbehinderte Kind im Unterricht. München, 1977

3 KLEIKAMP, L.: Wörter sprechen – Laute hören. Ravensburg, 1987

0–3 KNISTER/ MAAR P.: Frühling, Spiele, Herbst und Lieder. Ravensburg, 1981

3 KRUEGER, E.: Spielschrift. Ein Vorkurs zum Schreiben- und Lesenlernen. Weinheim, 1978

0 LEBOYER, F.: Sanfte Hände. München, 1979

1–3 LÖSCHER, W.: Bewegungsspiele zur Förderung der Feinmotorik. München, 1979

0–3 LÖSCHER, W.: Der Wind, das himmlische Kind, Spiele und Materialien zum Thema Naturerscheinungen. München, 1985

3 LÖSCHER, W.: Hörspiele, Sinnvolle Frühpädagogik. München, 1982

0–3 LÖSCHER, W.: Riech- und Schmeckspiele, Sinnvolle Frühpädagogik. München, 1983

0–3 LÖSCHER, W. (Hg.): Sand und Wasser, Spiele – Geschichten – Reime – Bilder. München, 1984

0–3 MERTENS, K.: Körperwahrnehmung und Körpergeschick. Dortmund, 1986

0–3 MERTENS, K.: Lernprogramm zur Wahrnehmungsförderung. Dortmund, 1986

1–3 MERTENS, K./WASMUND-BODENSTEDT, U.: 10 Minuten Bewegung. Dortmund, 1988

3 MEIXNER, T.: Hör genau und spiele mit. Wien, 1985

1–3 MIEDZINSKI, K.: Die Bewegungsbaustelle, Kinder bauen ihre Bewegungsanlässe selbst. Dortmund, 1983

0–3 Montessori-Vereinigung e.V. Aachen, Montessori-Material Teil 1. Zehlheim/ Niederlande, 1978

0–3 MÜLLER, E.: Hilfe gegen Schulstreß, Übungsanleitungen zu Autogenem Training, Atemgymnastik und Meditation für Kinder und Jugendliche. Hamburg, 1984

0–3 MÜLLER, E.: Auf der Silberlichtstraße des Mondes. Frankfurt, 1985

3 MÜLLER, H.: Optisches Differenzierungs- und Konzentrationstraining. Hamburg 1982

3 MÜLLER, R.: Materialien für gezieltes Rechtschreibtraining.

3 NAVILLES, S./MARBACHER, P.: Vom Strich zur Schrift. Zürich, 1980

3 OCHSNER, H.: Besser lesen und schreiben. Winterthur, 1977

0-3 OY, C.M. von: Montessori-Material zur Förderung des entwicklungsgestörten und behinderten Kindes. Ravensburg, 1978

0–3 PAUSEWANG, E.: Spiele zur Förderung der Kreativität im Vorschulalter. München, 1983

0–3 Pertra-Spielsatz. Holz-Hoerz, Münsingen

3 PETERMANN, G.: Vorschulkinder lernen Sprachlaute differenzieren. Berlin, 1986

1–3 PFENNINGER, B.: Ergotherapie bei Erkrankungen und Verletzungen der Hand. Berlin – Heidelberg – New York – Tokyo, 1984

0–3 PLATANOW, K.: Unterhaltsame Psychologie. Köln, 1986

0–3 PICHLER, M./HÖRMANN, S.: Clown Xibos Buchstaben zum Fühlen. München, 1986

0–3 PORTMANN, R./SCHNEIDER, E.: Spiele zur Entspannung und Konzentration. München, 1986

0–3 PRECOP, J.: Wahrnehmungsübungen im Bereich des Tastsinnes und des Bewegungssinnes. Fachverband des Diakonischen Werkes der EKD, 1982

0–3 PRECOP, J.: Förderung der Wahrnehmung bei entwicklungsgestörten Kindern. In Akademiebericht Dillingen, Sprach- und Entwicklungsverzögerungen, Band 2, Dillingen, 1986

3 REINARTZ, A./REINARTZ, E.: Wahrnehmungsförderung behinderter und schulschwacher Kinder. Berlin, 1979

3 REINHARDT, F.: Spiele mit Klängen. München, 1983

3 REISER, H.: Starthilfen zum Lesenlernen. Ravensburg

3 RÖBE, E./SPENGLER, F.: Spaß mit Spuren. Augsburg

3 SCHOPLER, E./LANSING, M./WATERS, L.: Übungsanleitungen zur Förderung autistischer und entwicklungsbehinderter Kinder. Dortmund, 1987

0–3 SEITZ R.: Ästhetische Elementarbildung – ein Beitrag zur Kreativitätserziehung. Donauwörth, 1974

3 SEITZ R. (Hg.): Sehspiele, Sinnvolle Frühpädagogik. München, 1982

3 SEITZ R. (Hg.): Spiele mit Licht und Schatten. München, 1984

0–3 SEITZ R. (Hg.): Tastspiele, Sinnvolle Frühpädagogik. München, 1983

3 SIGNER, M.: Hörtraining bei auditiv differenzierungsschwachen Kindern. Bern 1974

0–3 SINNHUBER, H.: Spielmaterial zur Entwicklungsförderung. Dortmund, 1982

3 SINNHUBER, H.: Optische Wahrnehmung und Handgeschick. Dortmund, 1983

0–3 Staatsinstitut für Schulpädagogik und Bildungsforschung München, Erstlesen, Handreichung für die Schulen für Sprachbehinderte sowie für Diagnose und Förderklassen (Schulversuche). Dt. Gesellschaft f. Sprachheilpägogik e.V., Würzburg, 1985

0–3 Staatsinstitut für Schulpädagogik und Bildungsforschung München, Erstrechnen, Handreichung für Diagnose und Förderklassen, Teil 1, Grundlegende mathematische Fähigkeiten. Dt. Gesellschaft f. Sprachheilpädagogik e.V., Würzburg, 1986

0–3 Staatsinstitut für Schulpädagogik und Bildungsforschung München, Erstschreiben, Handreichung für Diagnose und Förderklassen, Dt. Gesellschaft f. Sprachheilpädagogik e.V., Würzburg, 1988

1–3 STÖCKLIN-MEIER, S.: Eins, Zwei, Drei, Ritsche, Ratsche, Rei. Ravensburg, 1987

0–3 STRASSMAIER, W.: Frühförderung konkret. Basel, 1981

1–3 Thema: Gleichgewicht halten. Sportpädagogik, Heft 5, 8, 1984

0–3 Verband Dt. Sonderschulen e.V.: Bericht über die Fachtagung Sonderpädagogik. Mainz, 1985. Zeitschrift für Heilpädagogik, Beiheft 12, 1985

0–3 WETTSTEIN/REY: Sinnes- und Sprachförderung. Zürich, 1981

0–3 ZEBRÖFF K.: Yoga für Mütter und Kinder. Frankfurt, 1975

1–3 ZÖLLER, G.: Musik und Bewegung im Elementarbereich, Ein Beitrag zur Kommunikations- und Kreativitätserziehung. Donauwörth, 1974

Verzeichnis der Testverfahren

ANGERMAIER, M.: Psycholinguistischer Entwicklungstest, PET. Weinheim 1973

AYRES, A.J.: Southern California Sensory Integration Tests. Revised 1980. Los Angeles 1980

BECKER, SCHALLER, SCHMIDTKE: Raven-Matrizen-Test. Coloured Progressive Matrices. Weinheim 1976

BONDY, C. (Hrsg.): Hamburg-Wechsler Intelligenztest für Kinder. Stuttgart 1966

EGGERT, D.: Lincoln-Oseretzky-Skala. KF 18. Weinheim 1974

EGGERT, D. (Hrsg.): Hannover Wechsler Intelligenztest für das Vorschulalter. Stuttgart 1978

LOCKOWANDT, O.: Frostigs Entwicklungstest der visuellen Wahrnehmung. Weinheim 1979

MELCHERS, P./PREUSS, U.: Kaufman assessment battery for children: K-ABC. Frankfurt 1991

STEINGRÜBER, H.-J./LIENERT, G.A.: Hand-Dominanz-Test. Göttingen 1971

SCHILLING, F.: Körperkoordinationstest für Kinder. Weinheim 1974

TEWES, U.: Hamburg-Wechsler Intelligenztest für Kinder. Revision 1983. Stuttgart 1983

WEISS: Osterland, Grundintelligenztest CFT 1. Braunschweig 1977

Literaturverzeichnis

AFFOLTER, F.: Wahrnehmungsprozesse, deren Störungen und Auswirkungen auf die Schulleistungen, insbesondere Lesen und Schreiben. Zeitschrift für Kinder- und Jugendpsychiatrie, 1975, 3, 223–234

AJURIAGUERRA DE, J.: The body percept. In Werner, S./Wagner, H., The Body percept. New York, 1965

AKERT, K.: Probleme der Hirnreifung. In Lempp, R. (Hg.), Teilleistungsstörungen im Kindesalter. Stuttgart, 1974

ALBRECHT, P.: Diagnose und Therapie von Wahrnehmungsstörungen nach Jean Ayres. Dortmund, 1980

ASCHMONEIT, W.: Motorik und ihre Behinderungen im Kindes- und Jugendalter. Dornburg – Frickhofen, 1974

AYRES, A.J.: Lernstörungen. Sensorisch-integrative Dysfunktionen. Berlin, 1979

AYRES, A.J.: Bausteine der kindlichen Entwicklung. Berlin, 1984

BARTLEY, S.: Principles of Perception. New York, 1958

BELMONT, H./BIRCH, J.: Lateral dominance and right-left-awareness in normal child. Child Dev., 1963, 34, 253–270

BECKER, R.: Früherziehung geschädigter Kinder. Berlin, 1975

BERGER, E., (Hg.): Teilleistungsschwächen bei Kindern. Stuttgart, 1977

BREITENBACH, E.: Material zur Diagnose und Therapie auditiver Wahrnehmungsstörungen. Würzburg 1995

BREITENBACH, E./JAROSCHEK, E.: Tolpatschig und ungeschickt. Kindliche Dyspraxien. Würzburg 1995

BROCA, P.: Remarques sur le siege de la faculte du langage articule. Bulletin of the Society of Anatomy, 1861, 6, 330–357

CALANCHINI, P.R.: Neurologie der Lernstörungen. In Tarnopol, L. (Hg.), Neurogene Lernstörungen. München, 1981

COHEN, G.: Hemispheric differences in a letter classification task. Percept. Psychophys., 1972, 11, 137–142

DELACATO, C.H.: Diagnose und Behandlung der Sprach- und Lesestörung. Freiburg, 1970

DIAMOND, M.C./JOHNSON, R.E./INGHAM, C./LINDNER, B./BENNET, E.L./ROSENZWEIG, M.R.: Effects of different environments for varied durations on rat brain morphology. Proc. Int. Union Physiol. Sci., 1974, 10

ECCLES, J.C. (Hg.): Brain and Conscious Experience. New York, 1966

ECCLES, J.C.: Hirn und Bewußtsein. Mannheimer Forum. Mannheim, 1977/78

ECCLES, J.C.: Das Gehirn des Menschen. München, 1979

EMRICH, R.: Die "Southern California Sensory Integration Tests" von A.J. Ayres. Der Kinderarzt, 1984 a, 15, 1059–1063

EMRICH, R.: Vergleich des Neuropsychologischen Diagnostikprogramms nach Ayres mit dem „Körperkoordinationstest für Kinder", dem „Göttinger Formreproduktionstest" und Daten aus der "Münchner Pädiatrischen Längsschnittstudie". Unveröffentlichte Diplomarbeit, Universität Freiburg, 1984 b

ESSER, G./FOCKEN, A.: Entwicklung von Gedächtnis und Lernen. In Remschmidt, H./ Schmidt M. (Hg.), Neuropsychologie des Kindesalters. Stuttgart, 1981

FALLER, A.: Der Körper des Menschen. Stuttgart, 1967

FELDKAMP/DANIELCIK: Krankengymnastische Behandlung der cerebralen Bewegungsstörung. München, 1982

FESSARD, A.: The role of neuronal networks in sensory communications within the brain. New York, 1961

FLEHMIG, I.: Normale Entwicklung des Säuglings und ihre Abweichungen. Stuttgart, 1983

FRENCH, J.D.: The reticular formation. In Field/ Magoun/ Hall (Hg.), Handbook of Physiology (Bd. 2). Washington, 1960

FRITZE, CH.: Die Förderung der auditiven Wahrnehmung bei schulschwachen Schülern im Primarbereich. Regensburg, 1979

FROSSMANN/ HEYM: Neuroanatomie. Berlin, 1982

FROSTIG, M./MASLOW, PH.: Lernprobleme der Schule. Stuttgart, 1978

FROSTIG, M.: Bewegungserziehung – neue Wege der Heilpädagogik. München, 1980

FROSTIG, M./MÜLLER, H. (Hg.): Teilleistungsstörungen – Ihre Erkennung und Behandlung bei Kindern. München, 1981

FROTSCHER, M./MANSFELD, B./WENZEL, J.: Umweltbedingte Differenzierung der Dendritenspines an Pyramidenneuronen des Hippocampus (CA 1) der Ratte. Jahrbuch für Hirnforschung. 1975, 16, 443–450

GEFFEN, G./BRADSHAW, J.L./NETTLETON, N.C.: Hemispheric asymmetry: Verbal and spatial encoding of visual stimuli. Journal of Experimental Psychology, 1972, 95, 25–31

GESELL, A./AMES, L.B.: The development of handedness. J. Genet. Psychol., Bad Nauheim, 1954

GIBSON, J.J.: Die Sinne und der Prozeß der Wahrnehmung. Bern, 1973

GRAICHEN, J.: Teilleistungsschwächen, dargestellt an Beispielen aus der Sprachbenützung. Zeitschrift für Kinder- und Jugendpsychiatrie, 1, 1973, 112–143

GRAICHEN, J.: Zum Begriff der Teilleistungsstörungen. In Lempp, R. (Hg.),Teilleistungsstörungen im Kindesalter. Stuttgart, 1979

GRAICHEN, J.: Störungen der Integration. In Remschmidt, H./Schmidt, M. (Hg.), Neuropsychologie des Kindesalters. Stuttgart, 1981

GSTETTNER, P.: Funktion der Entwicklungspsychologie im Bereich der Erziehung. Düsseldorf, 1977

HARBAUER, H./LEMPP, R./NISSEN, G./STRUNK, P.: Lehrbuch der speziellen Kinder- und Jugendpsychiatrie. Berlin, 1980

HARTJE, W.: Funktionelle Spezialisierung der Großhirnhemisphären. In Poeck, K. (Hg.), Klinische Neuropsychologie. Stuttgart, 1982

HEILMANN, K M./SYPERT, G.W.: Korsakoff's syndrome resulting from bilateral fornix lesions. Neurology, 1977, 27, 490–493

HERGENRÖTHER, M.: Der Southern California Sensory Integration Test als Diagnoseinstrument zur Erfassung von Wahrnehmungsstörungen bei sprachbehinderten Kindern. Unveröffentlichte Zulassungsarbeit, Universität Würzburg, 1982

HOLLE, B.: Die motorische und perzeptuelle Entwicklung des Kindes. Ein praktisches Lehrbuch für die Arbeit mit normalen und retardierten Kindern. Weinheim 1988

JACOBI, P.: Entwicklung der Wahrnehmung. In Remschmidt, H./Schmidt, H. (Hg.), Neuropsychologie des Kindesalters. Stuttgart, 1981

JOHN, E.R.: Switchboard versus statistical theories of learning and memory. Science, 1972, 177, 850-964

KEPHART, N.C.: Das lernbehinderte Kind im Unterricht. München, 1977

KIPHARD, E.J.: Motopädagogik, Dortmund, 1979

KIPHARD, E.J.: Mototherapie (Bd. 1). Dortmund, 1983

LANDRETH, C.: Early Childhood: Behaviour and Learning. New York, 1976

LEMPP, R.: Organische Psychosyndrome. In Harbauer, H./Lempp, R./Nissen, G./Strunk, P. (Hg.), Lehrbuch der speziellen Kinder- und Jugendpsychiatrie. Berlin, 1980

LENNEBERG, E.: Biologische Grundlagen der Sprache. Frankfurt, 1972

LIENERT, G.A.: Testaufbau und Testanalyse. Weinheim, 1969

LURIA, A.R.: Higher Cortical Functions in Man. New York, 1966 a

LURIA, A.R.: Human Brain and Psychological Processes. New York, 1966 b

LURIA, A.R.: The working brain. Harmondsworth, 1973

MAIN-PADILLA, M.: Abnormal neuronal differentiation (functional maturation) in mental retardation. Birth Defects, Original Article Series, 1975, 11, 133-153

MARTINIUS J.: Funktionelle Asymmetrie des Gehirns und Lateralität. In Remschmidt. H./Schmidt. M. (Hg.), Neuropsychologie des Kindesalters.

MICHAELIS, E.: Sensorische Integrationsdysfunktion und gestörte Sprache. Unveröffentlichte Zulassungsarbeit, Universität Würzburg, 1983

MILNER, B.: The memory defect in bilateral hippocampal lesions. Psychiatric Associations: Psychiatric Research Reports, 1959, ll, 43-58

MILNER, B.: Memory and the medial region of the brain. In Pribram/ Broadbent (Hg.), Biology of memory. New York, 1970

MILZ, J.: Emotionale Störungen in ihren Beziehungen zu Teilleistungsschwächen. Berlin, 1980

MISKE-FLEMMING, D.: Theorie und Methode zur Behandlung von perzeptionsgestörten Kindern. Dortmund, 1980

MUSSEN/CONGER/KAGAN: Lehrbuch der Kinderpsychologie. Stuttgart, 1976

NAVILLE, S.: Therapie und Musik. In Pahlen (Hg.), Musiktherapie. München, 197.

NICKEL, H.: Entwicklungspsychologie des Kindes- und Jugendalters (Bd. 1). Stuttgart, 1976

OERTER, R.: Moderne Entwicklungspsychologie. Donauwörth, 1973

OERTER, R./MONTADA, L.: Entwicklungspsychologie. München, 1982

PAWLIK, K.: Modell- und Praxisdimensionen psychologischer Diagnostik. In Pawlik, K. (Hg.), Diagnose der Diagnostik. Stuttgart, 1976

PERRET, E.: Gehirn und Verhalten. Neuropsychologie des Menschen. Bern, 1973

PRIBRAM, K.H. et al.: The holographic hypothesis of memory structure in brain function and perception. In Kranz, et al. (Hg.), Measurement, psychophysics and information processing. New York, 1974

POECK, K./ORGASS, B.: Die Entwicklung des Körperschemas bei Kindern im Alter von 4-10 Jahren. Neuropsychologie, 1964, 2, 109-130

PRECOP, J.: Wahrnehmungsstörungen im Bereich des Tastsinns und Bewegungssinns. Reutlingen, 1980

PURPURA, D.P.: Dendritic differentiation in human cerebral cortex: normal and aberrant developmental patterns. Adv. Neurol., 1975, 12, 91-116

PURPURA, D.P.: Factors contributing to abnormal neuronal development in the cerebral cortex of the human infant. In Berenberg, S. (Hg.), Brain, Fetal and Infant. Current Research on Normal and Abnormal Development. Hague, 1977

RAKIC, P.: Synaptic specificity in the cerebellar contrex: study of anomalous circuits induced by single gene mutations in mice. Cold Spring Harbor Symposia on Quantitative Biology. 1976, 40, 333-346

REINARTZ, A./REINARTZ, E./REISER, H.: Wahrnehmungsförderung behinderter und schulschwacher Kinder. Berlin, 1979

REMSCHMIDT, H./SCHMIDT M./NIEBERGALL, C.: Tests und standardisierte Beobachtungen. In Remschmidt, H./Schmidt, M. (Hg.), Neuropsychologie des Kindesalters. Stuttgart, 1981

REMSCHMIDT, H.: Störungen der Handlungsabläufe. In Remschmidt, H./Schmidt, M. (Hg.), Neuropsychologie des Kindesalters. Stuttgart, 1981

REXRODT, F.W.: Gehirn und Psyche. Stuttgart, 1981

RIEBEL, H.J.: Bewegungsdiagnose und Sportförderungsprogramm im Grundschulalter. Bad Homburg, 1980

ROHEN, J.W.: Funktionelle Anatomie des Nervensystems. Stuttgart, 1975

SALAS, M./DIAZ, S./NIETO, A.: Effects of neonatal food deprivation and cortical spines and dendritic development of the rat. Brain Research, 1974, 73, 139-144

SCHADE, J.P.: Einführung in die Neurologie. Stuttgart, 1970

SCHEIBEL, M.E./SCHEIBEL, A.B.: Differential changes with aging in old and new cortices. In Nady, K./Sherwin, I. (Hg.), The aging brain and Senile Dementia. Adv. Behav. Biol., 1977, 23, 39-58

SCHILDER, P.: Brain and Personality. New York, 1951

SCHILLING, F.: Die Entwicklung der Lateralität unter dem Aspekt der Umweltadaption. Marburg, 1974

SCHILLING, F.: Entwicklung der Motorik. In Remschmidt, H./Schmidt, M. (Hg.), Neuropsychologie des Kindesalters. Stuttgart, 1981

SCHMIDT, M.H.: Umschriebene Entwicklungsrückstände und Teilleistungsschwächen. In Remschmidt, H./Schmidt, M.H. (Hg.), Kinder- und Jugendpsychiatrie in Klinik und Praxis. Bd. 2, Stuttgart, 1985

SCHMIDT, R.F.: Der Aufbau des Nervensystems. In Schmidt, R.F. (Hg.), Grundriß der Neurophysiologie. Berlin, 1977

SCHUBERT, M.TH./BERLACH, G.: Neue Richtlinien zur Interpretation des Hamburg-Wechsler-Intelligenztests für Kinder (Hawik). Zeitschrift für klinische Psychologie, 1982, 11, 253-279

SEGALOWITZ, S.J./STEWART, C.: Left and right lateralization for letter matching: Strategy and sex differences. Neuropsychologia, 1979, 17, 521-525

SILVER, A./HAGIN, R.: Profile of first grade. A basis for preventive Psychiatry. J. Am. Acad. Child Psychiatr., 1972, 11, 645

SINNHUBER, H.: Optische Wahrnehmung und Handgeschick. Dortmund, 1983

SPECKMANN, E.J.: Einführung in die Neurophysiologie. Darmstadt, 1981

TARNOPOL, L.: Neurogene Lernstörungen. Eine Einführung. In Tarnopol, L. (Hg.), Neurogene Lernstörungen. München, 1981

TEUBER, H.L./WEINSTEIN, S.: Ability to discover hidden figures after cerebral lesions. American Medical Association Archives of Neurology and Psychiatry, 1957, 76, 369-379

UEXKÜLL, J.V.: Der Sinn des Lebens. Godesberg, 1947

UMILTA, C./SAVA, D./SALMASO, D.: Hemispheric asymmetries in a letter classification task with different type faces. Brain and Language, 1980, 9, 171-181

VALVERDE, F.: Rate and extent of recovery from dark rearing in the visual cortex of the mouse. Brain Research, 1971

VYGOTSKY, L.S.: Psychology and location of functions. Neuropsychologia, 3, 1965, 381-386

WALDEYER, A.: Anatomie des Menschen. Teil 2. Berlin, 1973

WEIZSÄCKER, V. V.: Der Gestaltkreis. Stuttgart, 1950

WERNICKE, C.: Der aphastische Symptomkomplex. Breslau, 1984

WHITE, B.L.: The initial coordination of sensorimotor schemas in human infants, Piagets ideas and the role of experience. In Elkind/Flavell (Hg.), Studies in cognitive development. New York, 1969

WOODWORTH, R./SCHLOSBERG, F.: Experimental Psychology. New York, 1954

ZILCHER, R.: Optische und akustische Wahrnehmungsförderung sprachentwicklungsverzögerter Kinder im Leselernprozeß. München, 1980

Glossar

Afferenzen (afferent): Gesamtheit der Erregung, die aus der Peripherie zum Zentralnervensystem gelangt (sensorischer Input)

Auge-Hand-Koordination: Verbindung von visuell aufgenommener Information mit der Handmotorik

Augensprung: schneller Wechsel des Fixationspunktes

Bilateralintegration: Koordiniertes Zusammenspiel beider Körperhälften. Bei einer gestörten Bilateralintegration besteht die Tendenz, z. B. jede Hand unabhängig von der anderen zu benutzen und zwar jeweils auf der zugehörigen Seite.

Codierschwäche: Bei der Sprachwahrnehmung analysiert der Hörer das Wort nicht bis hin zu den einzelnen Schallmerkmalen des Phonems. Dies würde zu viel Zeit kosten und die Sinnentnahme erschweren. Beim Vorgang des Codierens werden größere Einheiten als Lautkomplexe auf einmal erfaßt. Die Codierschwäche äußert sich auf zweierlei Art:

a) Einzelne Phoneme können nur mühsam und langsam zu komplexen Klanggestalten eines Morphems zusammengesetzt werden.
b) Die Detailanalyse beim Hören komplexer Sprachgebilde gelingt nur unvollständig.

Deprivationsforschung: Dieser Forschungszweig untersucht die Entwicklung von Mensch und Tier unter reizarmen Umweltbedingungen. Bei Deprivationsexperimenten werden Tier oder Mensch in Situationen versetzt, in denen ihnen bedürfnisbefriedigende Objekte oder Reize vorenthalten werden.

Dyspraxie: mangelhaft ausgebildete Fähigkeit, eine motorische Tätigkeit zu planen und diese in einer zeitlich geordneten Reihenfolge von koordinierten Bewegungen auszuführen. Bewegungen, die schon sehr oft durchgeführt wurden, sind habituelle Bewegungen und benötigen keine motorische Planung. Dyspraktische Kinder erscheinen ungeschickt, schwerfällig und unkoordiniert. Sie haben meist Probleme mit dem

An- und Ausziehen sowie im Gebrauch von Werkzeugen (Hammer, Zange, Messer, Gabel, Zahnbürste , Schere, ...)

Efferenzen (efferent): Gesamtheit der Erregung, die vom Zentralnervensystem in die Peripherie strömt.

Dominanz: Hemisphärendominanz: Dominieren einer Gehirnhälfte über die andere. Meist wird unter der dominanten Gehirnhälfte die linke, sprachdominante verstanden. Da man aber für viele andere Funktionen eine ebensolche Dominanz feststellen kann, wird in der neueren Fachliteratur die Bezeichnung "Hemisphärendominanz" durch "funktionelle Asymmetrie des Gehirns" ersetzt.

Präferenzdominanz zeigt sich im überwiegend spontanen Gebrauch einer Hand oder eines Beines bei Verrichtungen des täglichen Lebens. Mit Leistungsdominanz ist die größere Geschicklichkeit, Genauigkeit, Schnelligkeit und Kraft einer Hand gemeint.

Figur-Grundwahrnehmung: Das menschliche Gehirn ist so angelegt, daß es aktiv aus der Gesamtheit der einströmenden Reize eine begrenzte Anzahl auswählt, die dann zum Zentrum seiner Aufmerksamkeit werden. Diese ausgewählten Reize bilden die Figur in unserem Wahrnehmungsfeld. Das heißt, diese Figur wird differenziert wahrgenommen, die anderen Reize bilden nur einen ungenau erfaßten Hintergrund.

Formkonstanzbeachtung (Wahrnehmungskonstanz): Ein Objekt oder Muster wird so wahrgenommen, als hätte es unveränderliche Eigenschaften, trotz des veränderten Abbildes auf der Netzhaut, das je nach Richtung, Entfernung, Farbe, Schattierung usw. variieren kann.

Hemisphäre: eine der beiden Gehirnhälften

kinästhetische Wahrnehmung: Wahrnehmung der eigenen Bewegung durch Informationen aus den Muskeln, Sehnen und Gelenken.

Körperschema: Konzept, Vorstellung vom eigenen Körper. Das Körperschema enthält Informationen über jeden Abschnitt des Körpers, die Beziehungen zwischen den einzelnen Körperteilen und über alle Bewegungsmöglichkeiten, die jeder einzelne Körperabschnitt durchführen kann. Ein gut geordnetes Körperschema ermöglicht es dem Menschen, jederzeit zu fühlen, was sein Körper im Moment tut, ohne daß er hinsehen oder ihn mit den Fingern berühren muß. Das Körperschema entsteht im Gehirn als Folge von Empfindungen von der Haut, den Muskeln und Gelenken, der Erdschwere und der Bewegungswahrnehmung.

Körpermittellinie: gedachte senkrechte Linie, die den Körper in zwei symmetrische Hälften teilt.

Läsion: Verletzung

Muskeltonus: Grundspannung der Muskeln, die durch Summation von Einzelzuckungen vieler Muskelfasern entsteht. Alle Muskeln im lebenden Organismus haben einen solchen Tonus, der als Widerstand bei einer passiven Bewegung der Extremitäten spürbar wird.

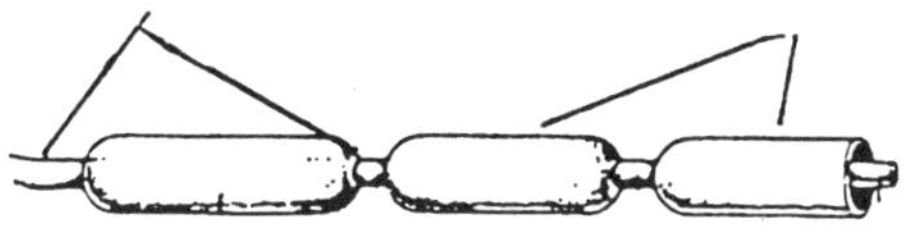

Myelinisierung: Bei der Myelinisierung bilden sich Markscheiden um die Nervenfasern. Durch diese Markscheiden wird die Leitungsgeschwindigkeit der jeweiligen Nervenfaser erhöht.

Neuron: Nervenzelle

Oberflächensensibilität: taktile Wahrnehmung

Ontogenese: Individualentwicklung von der befruchteten Eizelle bis zum Tod des Individuums.

*Priost:*Knochenhaut

Physiologie (spezielle): Lehre von den Funktionen der einzelnen Organe (z.B. Sinnesphysiologie)

Propriozeptive Wahrnehmung (Propriozeption): Wahrnehmung des eigenen Körpers.

Rezeptor: Sinneszelle, die den auf sie treffenden Reiz aufnimmt und als Erregung weitergibt.

Sensomotorik: Funktionseinheit von Reiz und Reaktion, von Wahrnehmen und Handeln.

Synapse: Verbindungsstelle zwischen zwei Nervenzellen.

taktile Abwehr: Tendenz, negativ und gefühlsbetont auf Berührungsempfindungen zu reagieren. Taktile Reize werden als Gefahr interpretiert, die den Körper zu verletzen drohen. Die Menschen reagieren in einem solchen Fall mit Abwehrbewegungen, Flucht oder verbaler Abwehr.

taktile Wahrnehmung: Wahrnehmung mit der Haut

Tiefenwahrnehmung, Tiefensensibilität: bewußtes oder unbewußtes Wahrnehmen der einzelnen Körperteile.

Vestibularapparat: Gleichgewichtsorgan

vestibuläre Wahrnehmung: Gleichgewichtswahrnehmung

Visuomotorik: Auge-Hand-Koordination

Wahrnehmungskonstanz: Formkonstanzbeachtung

Zentralnervensystem (ZNS): Das ZNS besteht aus Gehirn und Rückenmark. Diese beiden Anteile des ZNS liegen in knöcherne Hüllen eingebettet: das Gehirn in der Schädelhöhle und das Rückenmark im Wirbelkanal. Damit ist das hochempfindliche Nervengewebe optimal vor mechanischer Beschädigung geschützt.